ママとパパの

赤ちゃんと子どもの病気・ホームケア事典

［0～6歳］最新版

監修 岡本光宏
兵庫県立丹波医療センター小児科医長

朝日新聞出版

はじめに

子育ては楽しくて幸せ、そして大変です。
初めての子育てとなれば、パパとママもなりたてほやほやの新人。
これから先、子育てにどんな試練が待っているのか想像できないかもしれません。
健診、予防接種、離乳食の進め方、夜泣きがひどい、
初めて熱が出た、吐いた、ぶつぶつが出た、
さまざまな経験を通して、パパとママはお子さんと一緒に成長していきます。
その道のりは、ときに不安なものとなるでしょう。

とくに0～6歳という時期は風邪をひきやすく、せきや鼻水、熱が出やすいです。

子どもが病気になっただけでも不安ですが、病院に連れていくこと自体も不安に感じるもの。

「子どもを連れて小児科を受診したら、どんなことを聞かれるのでしょうか」

「どんな準備をして行けばいいのでしょうか」

「処方された薬はどうやって飲ませればいいのでしょうか」

「今日はおふろに入ってもいいのでしょうか」

「再受診のタイミングは」「保育園に行ってもいいめやすは」などなど。

最近は、パパと受診する子どもも増えてきました。

普段の子どもの様子を知らないパパにとっては、余計に不安を感じるかもしれません。

気持ちに余裕がないと、医師に伝え忘れたり、逆に聞き逃したりするかもしれません。


そんな不安に打ち勝つには、知識が必要です。

子育て、子どもの病気、ホームケアについての知識です。

知識があれば、不安が和らぎ、気持ちに余裕ができて、受診の効率・効果が上がります。

そして、それはお子さんのためにつながります。

風邪をひかない元気な子どもであっても、予防接種や健診は必要です。

どんな状況でも、この本はお子さんの成長を支えてくれるでしょう。

兵庫県立丹波医療センター（旧柏原病院）がある丹波という地域は、
「子どもを守りたい」というパパ・ママの気持ちが一つになって、
2007年に「小児科を守る会」が発足し、子どものホームケアが浸透しました。
10年以上続く子どものホームケアのノウハウと、
最新の小児科学情報とがミックスし、本書は誕生しました。
この本を通じて、安心で楽しい子育てライフが送れることを望みます。

岡本光宏（兵庫県立丹波医療センター 小児科医長）

赤ちゃんが生まれてから
かわいいね〜 愛おしいね〜
ほんとに♡ 大切だからこそ…
些細な事でも心配
ど、どうしよ ベビちゃん鼻水出てる
うわっ大変… 目やにも出てるんじゃない？
だって… ベビちゃんの
手も
足も
鼻も
口も
ぜーんぶ全部 小さくて びっくりするくらい やわらかくって ちょっとしたことで 急に具合が…って お空に行ってしまうんじゃないかって…
心配で…
すぐに不安になっちゃうよね
ベビちゃん6カ月を過ぎた頃…
発熱39度
エ〜ン!!
パパ
ど…どうしよう
日曜の夜じゃ どのお医者さんも 閉まってるよね
き、救急車…
オロオロ
呼ぶべき?! 呼ぶべき?!
ワナワナ

あっ!!
お姉ちゃんからもらった本があったよ!!
パパこの本読んでみて
う、うん
病気とホームケア
あ!ここに書いてある!
『心配しすぎないで』だって!ふむふむ、おっぱい飲むかなあ?
パパ!!おっぱいゴクゴク飲んでくれてるよ!大丈夫だね
うん!大丈夫!!よかったー
ゴクゴク
ゴクゴク
たっぷりおっぱいを飲んで赤ちゃんはぐっすり眠った
ホッ。。。。♡
スヤスヤ
スヤスヤ
スヤスヤ

そして翌朝・・・
チュンチュン
昨日、39度の発熱で
その後、おっぱいをたくさん飲んで
カクカクシカジカ
驚いたでしょ
うんうん
そうですか
2人でよく頑張られましたね
もう大丈夫ですよ
赤ちゃんが病気をしてもママパパ2人の力を合わせれば乗り越えられる
ベビちゃんよく頑張ったね
私たちも頑張ったよねおいしいものテイクアウトして帰ろう♫
頑張って

本書の使い方と特徴

最新情報に基づいた効果的な実践法が満載

本書は、最新の医療情報に基づいた健康に役立つ予備知識と、もしもの病気やけがに役立つ実践的な知識をふんだんに掲載しています。予備知識も実践法も、時間のあるときに目を通しておくと、病気やけがの予防に役立ちますし、いざというときにもあわてずに対処できます。ぜひ、お子さんが6歳になるまでしっかり役立ててくださいね。

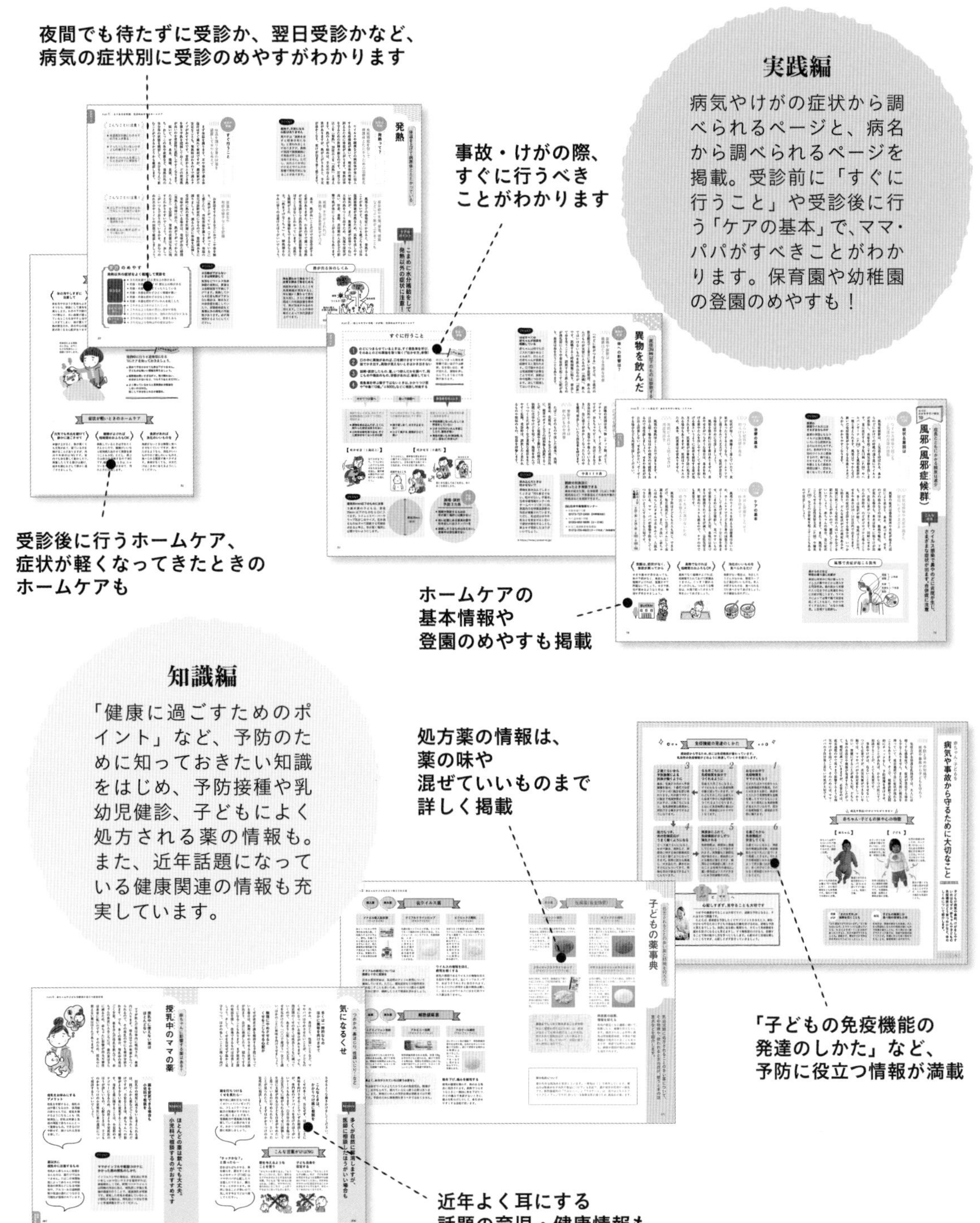

最新版
〔0～6歳〕ママとパパの
赤ちゃんと子どもの
病気・ホームケア事典

目次

PART 1

〈症状別〉受診のめやすとホームケア

PART 2

〈事故・けが別〉受診のめやすとホームケア

PART 3

〈0〜6歳まで〉かかりやすい病気・トラブル

かかりやすい病気 10

ゼリー
麦茶

PART 4

予防接種と乳幼児健診

PART 5

赤ちゃんや子どもによく処方される薬

PART 6

赤ちゃんや子どもの健康に役立つ最新情報

※本書の情報は、2021年1月現在のものです。

赤ちゃん・子どもを

病気や事故から守るために大切なこと

子どもが病気や事故、けがをしやすいのはなぜか、赤ちゃんや子どもの免疫機能はどう育つのかなど、体のしくみについて紹介します。

予防と早めの対処で病気や事故から子どもを守ろう

免疫力が未発達な乳幼児では、大人には軽くすむ感染症でも、症状が悪化する場合も少なくありません。また先天的に病気を持っていて、成長過程で急に症状が現れることもあります。そこで、健康診断で定期的にチェックをし、予防接種を受けさせ、心配なことがあれば、かかりつけ医にすぐ相談することが、とても重要です。

事故やけがは、危ないことをさせないしつけも必要ですが、状況判断ができない年齢では、ママやパパが予防対策をしっかり行い、習慣にすることが最も大切。どちらも体の各器官や機能が発達するにしたがって、頻度は減っていきますが、必要なのは、成長過程の中で後々まで影響するような病気やけがを防ぐこと。そのためには、ママ・パパの予防対策と素早い対処が大切です。

病気や事故・けがにつながりやすい

赤ちゃん・子どもの体や心の特徴

【赤ちゃん】

赤ちゃんは何でも口に入れて物を確かめようとするので、誤飲に注意。

赤ちゃんの体の水分量は70～80%と多く、また発汗機能なども未発達です。嘔吐や下痢での脱水に注意。

寝返りができる前の赤ちゃんでも、足の力を使ってずり動くことも。転落に注意。

【子ども】

小さい子どもは3頭身で頭が大きいうえに、バランスを保つ力も未発達です。転落・転倒に注意。

幼児の目線は低いため、大人が気づかないところにある危険な物に手を伸ばすことも。やけど、コンセントでの感電などに注意。

好奇心旺盛なうえに周囲を判断する力は未発達です。交通事故、転落・転倒など事故全般に注意。

具合が悪くても的確な症状を訴えることができず、大人が症状の進行を見逃すことも。

事故・けが　「まだ大丈夫」が危険を招くことも

「まだ寝返りができないはず」「まだ登れないはず」とママ・パパは思っていても、たまたまサポートになる物があったりすると、何かの拍子でできることも。過信せず、事故やけが予防は早め早めに行うようにしましょう。

病気　子どもの健康には食べ物の管理も大切

乳幼児は、胃腸の働きも未発達。大人なら問題ない生ものや刺激の強いもので体調を崩すことも。大人用の甘い菓子やスナック菓子は、虫歯や肥満を招くリスクが。発達に合った食べ物を与えることも、健康管理には大切です。

郵便はがき

おそれいりますが切手をお貼り下さい

104-8011

東京都中央区築地5－3－2

株式会社
朝日新聞出版
生活・文化編集部 行

ご住所　〒 電話　（　　）		
ふりがな お名前		
Eメールアドレス		
ご職業	年齢 歳	性別 男・女

このたびは本書をご購読いただきありがとうございます。
今後の企画の参考にさせていただきますので、ご記入のうえ、ご返送下さい。
お送りいただいた方の中から抽選で毎月10名様に図書カードを差し上げます。
当選の発表は、発送をもってかえさせていただきます。

愛読者カード

お買い求めの本の書名

お買い求めになった動機は何ですか？(複数回答可)

1. タイトルにひかれて　2. デザインが気に入ったから
3. 内容が良さそうだから　4. 人にすすめられて
5. 新聞・雑誌の広告で(掲載紙誌名　)
6. その他（　）

表紙　1. 良い　2. ふつう　3. 良くない
定価　1. 安い　2. ふつう　3. 高い

最近関心を持っていること、お読みになりたい本は？

本書に対するご意見・ご感想をお聞かせください

ご感想を広告等、書籍のPRに使わせていただいてもよろしいですか？

1. 実名で可　2. 匿名で可　3. 不可

ご協力ありがとうございました。
尚、ご提供いただきました情報は、個人情報を含まない統計的な資料の作成等に使用します。その他の利用について詳しくは、当社ホームページ https://publications.asahi.com/company/privacy/ をご覧下さい。

免疫機能の発達のしかた

感染症から守るため、体には免疫機能が備わっています。
乳幼児の免疫機能がどのように発達していくかを紹介します。

1 おなかの中で免疫物質をママからもらう

生まれたばかりの赤ちゃんは免疫機能が未発達。そのため生まれる前に、病原体とたたかう免疫物質を胎盤を通してママからもらいます。また母乳にも免疫物質が含まれているので、両方の免疫物質で、感染症の予防に備えます。

2 6カ月ごろには免疫物質を自分でつくれるように

生後６カ月ごろになると、ママからもらった免疫物質の量が減っていきます。けれどもそのころには赤ちゃん自身で徐々に免疫物質をつくれるようになります。とはいえ免疫物質の量は少なく、感染症にかかりやすくなります。

3 2歳ぐらいから予防接種による抗体が働くように

基本、生後２カ月から予防接種を始め、１歳代でほぼワクチンのⅠ期分を受け終わります。その後ワクチンの働きで免疫物質がつくられますが、２歳ごろになると、各免疫物質は病原体に対抗できる働きができるようになります。

4 筋力もつき、体の防御反応がうまく働くようになる

２～３歳ぐらいになると、せきや鼻水、発熱など、病原体に対する体の防御反応がうまく働くようになってきます。同時に筋力も発達し、せき込む力、鼻水を出す力などもついてきて、異物を自分で排出できるようにもなります。

5 病原体にふれて、免疫機能が少しずつ強化される

免疫物質は、病原体に遭遇してたたかうことで強化されます。保育園など集団生活が始まると、感染症にかかる機会が増えますが、風邪などの感染症に軽くかかることは免疫力の強化に。重い感染症はリスクが大きいため予防接種が大切。

6 6歳ごろから免疫機能が安定してくる

６歳ぐらいになると、神経系の発達は約９割、免疫機能もかなり大人に近づくまで発達してきます。それまでの感染症にかかる頻度によって多少違いはありますが、多くの子がこのころになると感染症にかかりにくくなります。

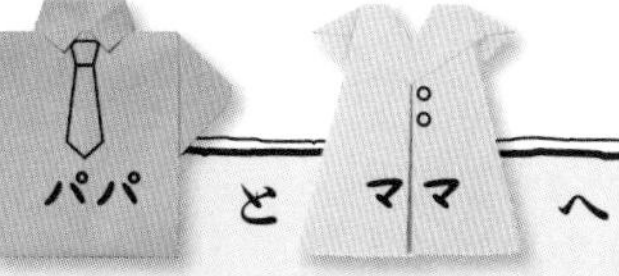

心配しすぎず、見守ることも大切です

わが子の健康を守ることは大切ですが、過剰な予防となると、それはそれで問題です。

たとえば、感染症を予防したくてサプリメントを与えたり、事故・けがから守るために子どもの自由な行動を妨げるのは、過剰な予防と言えるでしょう。自然に治る軽い風邪なら、かえって免疫機能を高める助けになるとも言えますし、すり傷程度のけがなら、経験することで体の動かし方を学べたりもします。心配のさじ加減は難しいところですが、心配しすぎず見守っていきましょう。

変化を見逃さず、体調を整えるために

毎日の生活で心がけたいこと

赤ちゃんや子どもの健康を守るには、毎日の生活が基本になります。ママ・パパはどんなことに気をつけたらいいか知っておきましょう。

子どもの普段の様子をよく確認しておこう

子どもの普段の様子を知っておくと、ママやパパは体調の変化に早く気づくことができます。また、診察時、医師が知りたいのは親から得る「普段の健康な様子とどう違うか」という情報です。医師から適切な診断を受けるためにも、次のことを毎日確認して情報をアップデートし、ママ・パパで共有しておくといいでしょう。

①平熱が何度か②食欲は（旺盛なのか小食か）③普段の機嫌はどうか④よく寝る子かどうか、どんな睡眠リズムか⑤毎日どのようなスケジュールで過ごしているか⑥おしっこやうんちの回数や量や状態

ほかにも受診時には、身長・体重、成育歴、病歴、服薬の記録なども必要ですが、母子健康手帳やお薬手帳があればわかるので、受診時には忘れずに持参しましょう。

健康に過ごすためのポイント

外遊びも積極的にさせて

外で体を動かして遊ぶと、エネルギーをたくさん使います。結果、食事をしっかり食べられ、夜もよく眠れます。また紫外線を約30分浴びることで体内でビタミンDがつくられ、免疫機能や、骨の成長が促されます。

早寝早起きを心がけよう

食事の時間や、起きる・寝る時間など、毎日生活のリズムを一定に保つことで、体のリズムが整います。また体や脳に必要なホルモンが分泌されるのは、眠っている間。ホルモンが十分分泌するよう、早寝早起きをさせて。

バランスのいい食事にしよう

いろいろな食材を使い、なるべく薄味を心がけることが、バランスのいい健康的な食事につながります。子どもがよく食べてくれる、好きなメニューが多くなりがちですが、いろいろな食材を試す機会をつくってみてください。

「いつもと違う」という感覚を大切に

毎日わが子の様子をみているママやパパは、普段との違いに気づきやすいもの。「機嫌が」「食欲が」「行動が」…その直感的な違いが、病気の予兆なこともよくあります。直感を大切にして、気になるときは受診しましょう。

テレビやスマホなどは時間を決めて

テレビやスマートフォンなどの電子機器は、いまや必要不可欠。でも長時間の使用は、生活への支障や体への負担もあるので、時間を決めて見せるのが大切。そのためには、ママやパパの使い方にも節制が必要でしょう。

子どもとしっかり向き合う時間を

ママやパパが自分をいつも見ていてくれるという安心感は、子どもの成長発達や心身の健康にいい影響を与えます。忙しい毎日ですが、短時間でもしっかり向き合う機会をつくり、子どもの気持ちを受けとめてあげましょう。

【布マスクの洗い方】

1 洗剤液を作る

洗面器に水を張り、衣料用の液体洗剤を溶かします（水２Lに標準濃度の洗剤約0.7mLがめやす）。

2 布マスクを洗剤液につけ置きする

10分程度つけ置きしたあと、やさしく押し洗い。洗った水は飛び散らないよう注意して捨てます。

3 すすいだら、タオルに挟んで水けをとる

水で布マスクをよくすすいだら、水けを切り、清潔なタオルに挟んで水けをよくとります。

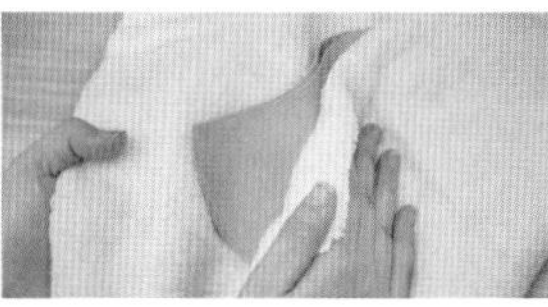

4 形を整えて、陰干しする

水けをとったら、形を整えて、陰干しにします。マスク本体を洗濯ばさみに挟んで干しましょう。

子どものマスクについて

２歳未満の子にマスクは使わないで

赤ちゃんや自分で着脱が難しい小さい子どもでは、マスクを着けると危険な場合もあります。たとえば暑い時期には、マスクは熱がこもりやすいため熱中症のリスクが高まります。また呼吸がしにくくなるため、窒息の危険もあります。基本的に、２歳未満の子には、マスクは使わないほうが安心でしょう。２歳以上の子でも、マスクを着けているときはこまめに様子を確認し、長時間の着用は避けましょう。

子どものマスクQ&A

Q ２歳以上の子は病院ではマスクをさせたほうがいい？

A 着けられる場合は着けさせましょう

嫌がらないのなら着けさせて、苦しそうでないか、体調に変化がないか、こまめに様子をみましょう。嫌がるようなら病院に相談を。方針に則った指示をしてくれるでしょう。

Q 人込みでもマスクを取ってしまうので困ります

A なぜマスクが必要かを話して聞かせてみて

マスクを着けるのは、怖い病気にかからないために必要ということを話して聞かせたり、好きなマスクを選ばせる手も。難しい場合は人込みに連れていかないことも必要でしょう。

Q 手づくりの布マスクでは効果がないですか？

A 布マスクでも効果はあります

マスクの着用は、手についた病原体を口や鼻から取り込ませないためでもあります。そのため布マスクでも効果はあります。子どものお気に入りの布で作ってあげてください。

Q 子どもは、マスクを着けるよりフェイスシールドがいいですか？

A 様子を見やすいが予防効果は不明

フェイスシールドのほうが、顔の様子がわかりやすいですが、口や鼻を触りやすいこともあり、予防効果の程度は不明です。いずれにせよこまめな確認は必要でしょう。

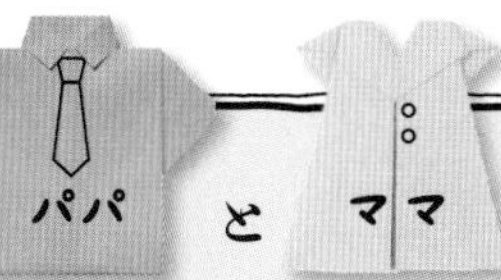

パパとママへ　きょうだいの１人が病気になったとき

家庭内感染に気をつけて

集団生活が始まっている上の子がいると、下の子は感染症にかかりやすいもの。ある程度はしかたないと割り切ることも大切ですが、できるだけうつさないように注意を。

日用品の共有を避けて

ウイルス性の病気では、家族で共有する日用品からうつる可能性もあります。１人が感染したら、タオルや食器・食具、おもちゃなどを家族で共有しないようにしましょう。

嘔吐物や便の処理に注意

ウイルス性胃腸炎や細菌性胃腸炎の一部では、嘔吐物や便を処理した手を介して感染することもあります。汚物の処理はもちろん、処理したあとの手洗いも入念に。

ほかのきょうだいの気持ちを受けとめて

きょうだいが病気になり親が看病にかかりきりになると、ほかの子は赤ちゃん返りをすることも。甘えたい気持ちを受けとめ、いつもよりふれあう時間を多めにしてあげて。

上手な病院のかかり方を知っておこう

病院とのお付き合い＆受診のしかた

子どもの病気やけがで受診する病院の選び方は？　子どもに適切な治療を受けさせるために大切なポイントなども紹介します。

子どもの病気の治療は医師と親との共同作業

病気を診断し、治療のしかたを考えるのは医師の役目です。しかし、治療のために生活環境を整えたり、薬を飲ませたりと治療を実践するのは、乳幼児の場合はママやパパ。要するに、子どもの病気を治すというのは医師と親の共同作業なのです。ですから、疑問や不安があれば何でも医師に相談しましょう。そして医師からママやパパへの提案は、しっかり実践する…そんな協力関係があると、治療もうまく進みます。

かかりつけ医を持つメリット

病気の早期発見には、子どもの成長や普段の様子を知っておく必要が。成育歴や病歴を確認し、健診や予防接種で普段の様子もみているかかりつけ医は、何かあれば異変に気づきやすく、早めに対処してもらえます。

パパへ

受診のときに医師に伝えること

病気のときには、症状はもちろん、成育歴や病歴など、医師には確認したいことがいろいろあります。とくにパパが病院に付き添う際は、「よくわからなくて…」ということが多くなりがちです。以下の内容を確認しておきましょう。

受診メモ例

受診メモは、メールやSNSの家族グループで共有しておくと便利でしょう。

1. いつから症状（発熱・せき・鼻水・嘔吐・下痢など）が始まったか。
2. 症状について詳しく（最高体温、夜中にせき込んで起きるか、嘔吐や下痢の回数、下痢便の色など）。
3. 周囲（きょうだい、通っている保育園・幼稚園など）に同じような症状の人がいるか。
4. 家での機嫌はどうか。
5. 水分はとれているか。おしっこは出ているか。
6. 最後に食べたものは何か。量は普段と比べて半分より多いか少ないか。
7. 薬の剤形（粉、シロップ、坐剤など）で得意・苦手はあるか。
8. アレルギーはあるか。
9. 今まで入院したことは？　その病気は？
10. どういう病気（インフルエンザ、アデノウイルス感染症など）を心配しているか。

\\ かかりつけ医の選び方 //

POINT

通いやすく、何でも相談しやすいところに

些細なことも相談できて、子どもの病気をママ・パパと協力しながら治療しようと考える医師がいいでしょう。地域によっても異なりますが、何かあればすぐに受診できる距離にある小児科専門医だとベストでしょう。

先輩ママに評判を聞いてみるのも一案

近所の先輩ママに、評判のいい小児科を紹介してもらうのも手。相性もあるので、いくつか教えてもらうといいかも。口コミサイトやSNSの評判は誰がどんな目的で投稿しているかわからないものもあるので、あまりおすすめできません。

まずは予防接種でお試し受診をしてみても

候補が決まったら、まずは予防接種で受診してみて、病院の様子や医師の対応を自分で確認するのがいいでしょう。いろいろ質問するなどして、話しやすい、安心できるなどを確かめておくと、本格的に受診するときの安心材料になるはず。

休日や夜間に受診するときに気をつけること

休日や夜間診療では、医療スタッフが少ないため、必要な検査を受けにくくなることがあります。また専門医がいなくて、応急処置となってしまうこともあるでしょう。せっかく受診しても、休み明けや翌朝に、かかりつけ医に再受診が必要なことも多いもの。緊急受診の必要がない症状の場合は、休み明けや翌朝に受診するほうが賢明です。受診の目安がわからないときは、#8000番などを利用しましょう。

こういう受診のしかたはやめよう

「子どもが心配」「仕事の都合」など理由はいろいろあるものの、以下の受診のしかたはNG。結果、治療の妨げにもなるのでやめましょう。

かかりつけ医を頻繁に変える

「処方された薬が効かない」などの理由で治療途中で病院を変更するドクターショッピング。履歴のわからない初診の患者さんは不明点が多く、診断しにくいもの。処方した医師に薬の変更を相談するほうが適切な治療を受けられます。

緊急度が低いのに時間外診療にかかる

「すいてる」「日中は連れていけない」などで、時間外診療を利用するコンビニ受診。時間外は、あくまでも急場をしのぐための診療。かかりつけ医にみてもらうのとは内容が違います。大人の都合を優先させないようにしましょう。

こども医療でんわ#8000番で受診のめやすを相談できます

夜間や休日に生じた、赤ちゃんや子どもの心配な症状やけがなど受診のめやすを小児科医・看護師に相談できます。全国同一の短縮番号（＃8000）にかけると、各都道府県の相談窓口に転送されます。都道府県により実施時間が異なるので、厚生労働省のホームページで確認を。

休日・夜間診療を行う医療機関を確認しておく

休日や夜間の診療を行う医療機関は、自治体のホームページや広報誌などで確認ができます。地域によっては、医療機関を案内する電話を設けているところもあります。いざというときのために確認しておくと安心です。

育てにくさや心の不安定さを感じたら…

赤ちゃんや子どもの心の気がかり

育てにくさを感じたり、機嫌がひどく悪い、夜泣きがひどい、急に気になるくせが出たといったときは、何らかの問題が隠れていることも。

育てにくさには何かの原因が。まずかかりつけ医に相談して

穏やかで育てやすい子もいれば、泣いてばかりいるなどで育てにくい子もいます。また何かのきっかけで急に育てにくくなることも。育てにくさを感じたら、まずかかりつけ医に相談しましょう。育児に不慣れなだけでなく、子ども側に何らかの誘因があることも。その場合は、早めの対策が必要な場合もあります。いずれにしても、ママ・パパが我慢しないことが大切です。

また、子どもが普段よりもぐずる、甘える、夜泣きがひどい、赤ちゃん返りをする、気になるくせがあるときも、かかりつけ医に相談しましょう。赤ちゃんや小さい子どもは、不安な気持ちなどからこのような様子になることもあります。隠れた病気がないかも含めて、医師は原因を調べ、解決策や対処法を考えてくれるでしょう。

授乳中のママの医療相談も小児科でOK

子どもの健康には、環境を整えることも大切なことから、小児科では子育てのカウンセリングのほか、授乳中のママの医療相談も受けつけています。「私のことなんですけど」と医師に声をかけてみてください。授乳中の薬については、内科より小児科のほうが詳しいことも多いです。

PART 1

〈症状別〉
受診のめやすと
ホームケア

「急に熱を出した」「せきがひどい」など、赤ちゃんや子どもに心配な症状が出たときに気になるのは、「どんなケアをしたらいいのか」「すぐに受診したほうがいいのか」「これはどんな病気なのか」といったことではないでしょうか。そんな悩みを解決する最新のお役立ち基本情報や知っておくと安心な知識を、症状別に詳しく紹介します。

発熱

体温を上げて病原体とたたかっている

病気の知識

発熱って?

免疫機能を促して病原体とたたかうための防御反応

ウイルスや細菌などの病原体が体に侵入すると免疫機能が働いて、病原体の増殖を抑えるために体温が上がります。発熱は体を守るための防御本能なのです。37度5分以上を「発熱」、38度以上を「高熱」と考えます。熱の上がり始めは、手足の冷えや悪寒がありますが、熱が上がりきると、手足が温かくなり、寒けが治まり暑く感じます。

POINT

高熱で、不妊になる心配はありません

男の子は「高熱を出すと将来不妊になる」と言われることがありますが、高熱が原因で精巣機能に不具合が生じることはありません。ただし、おたふくかぜにかかるとウイルスの影響で男性不妊になることがあります。

ケアのポイント

こまめに水分補給をして発熱以外の症状に注意!

感染症や気温、厚着、運動などにより熱が上がることも

風邪などの感染症にかかると、発熱することが多いです。とくに4歳ごろまでは体温調節機能が未熟なため、高熱を出しやすい傾向が。また、新陳代謝が活発でつねに大量の熱をつくり出すため、気温や湿度が高い、厚着、運動、長時間の入浴などの影響で熱が体にこもり上がることもあります。

睡眠、水分がとれれば高熱でも至急受診せずOK

基本、熱が高いことだけで至急受診する必要はありません。わきの下で測って発熱が41度未満なら高熱自体が脳に悪影響を及ぼすことはないとわかっています。高熱でも睡眠がとれ、水分補給もできるなら大丈夫。「熱を下げなくちゃ」と、解熱剤をむやみに使うのは避けたほうがいいでしょう。

熱が出る体のしくみ

体を震わせて熱をつくり、血管を締めて熱をためる

病原体が侵入したことを免疫機能が感知すると、体を細かく震わせて熱を生み出し、さらに皮膚表面近くの毛細血管を締めて、熱が放出されるのを抑えます。これらの体の働きによって体内温度が上がります。

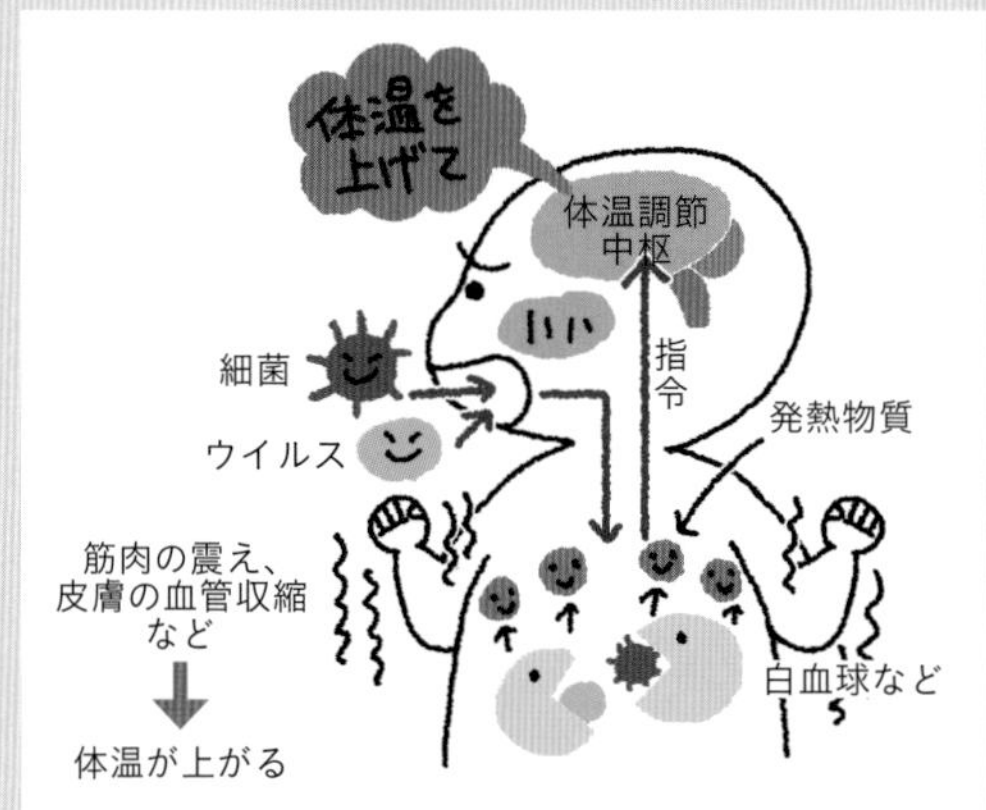

受診の準備

すぐ行うこと

体温を測り全身の状態を確認して水分を与えて

まず体温を測ります。耳や体表で測る体温計はすぐ測れて便利ですが、測定値が不安定なことも。発熱時はわきの下で測るタイプがおすすめです。普段からときどき熱を測り平熱を把握しておくと、どの程度熱が高いのか受診時に説明しやすくなります。続いて、せき、鼻水、機嫌、食欲、うんち・おしっこの色や状態など、発熱以外の体全体の状態を観察して、水分を与えて飲むことができるかどうかも確認します。

こんなことに注意！

- 体温測定の前にわきの下の汗をふき取る
- ぐったりしていないか子どもの様子をチェック
- 初めてけいれんを起こしたときはすぐに受診を！

体温の変化や発疹の様子などを記録

お世話をするときなどにおでこや体を触り、「熱が上がっている（下がっている）」と感じたら、再度体温を測ります。体温の変化は診断材料になるので、数時間おきに測りましょう。測るたびに体温を記録し、受診時に熱の変化を医師に伝えます。

発疹が出ている場合は、発疹が出た時期（発熱と同時に出た、熱が下がってから出たなど）を記録し、発疹の状態は写真に残すとわかりやすいでしょう。また、おしっこがいつもどおり出ているかを、おむつのぬれ具合やトイレの回数で確認しましょう。

こんなことに注意！

- 少しずつでも水分がとれておしっこが出ているか
- 普段どおりママやパパと目が合うか
- 41度以上に熱が上がっていないか

受診のめやす

発熱以外の症状をよく観察して受診を

緊急受診
- 3カ月未満で37.5度以上の熱がある
- 月齢・年齢を問わず41度以上の熱がある
- 月齢・年齢を問わずぐったりしている
- 月齢・年齢を問わずひどく機嫌が悪い
- 月齢・年齢を問わず水分もとれない
- 月齢・年齢を問わずけいれんを起こした

かかりつけ医へ
- 3カ月以上で水分はとれている
- 3カ月以上で発熱の翌日に症状が悪化
- 3カ月以上で元気だが、発熱以外の症状がある

様子をみてOK
- 3カ月以上で元気があり、食欲もある
- 3カ月以上で発熱以外の症状はない

POINT

4日熱が下がらないときは再受診して

風邪などウイルス性感染症の発熱は、普通は3日間程度で平熱に下がります。発熱してから4日目も熱が下がらない場合は、肺炎などの合併症を起こしていたり、尿路感染症など風邪以外の病気の可能性があります。必ず再受診するようにしてください。

ホームケアのしかた

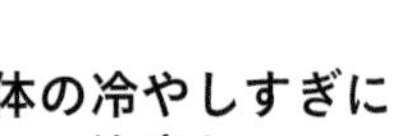

体の冷やしすぎに注意して

体を冷やすほうが気持ちよさそうなら、薄着にして掛布を減らします。わきの下や脚のつけ根など、太い血管が通っているところを冷やすと冷やしすぎてしまい、体が震えて熱が産生され、体の中心の温度が高くなる心配があります。

安静にして寝かせて

病原体とたたかう力をつけるために、たっぷり寝かせ日中も安静にさせましょう。睡眠が十分とれるように、静かで快適な環境を整えることが大切です。子どもが眠りたいだけ眠らせますが、ときどき様子を確認するのを忘れないで。

水分を少しずつこまめに

おっぱい・ミルク、湯冷まし、麦茶など、飲みたがるものを少しずつこまめに飲ませます。電解質を補給できる経口補水液や乳幼児用イオン飲料でもいいですが、子どもが嫌がる場合は無理に飲ませず、嫌がらないもので水分補給を。

感染症による発熱のときは、おでこなどを気持ちいい程度に冷やします。

発熱時に行うと逆効果になるNGケアを知っておきましょう。

- 温めて汗をかかせても熱は下がりません。子どもが心地いい環境を保ちましょう。
- 解熱剤の使いすぎはダメ。熱で眠れない、水分がとれないなど、つらそうなときだけに。
- よく眠っているからと長時間水分補給をしないのはNG。起こして水分をとれるか確認を。

症状が軽いときのホームケア

元気でも外出を避けて静かに過ごさせて

年齢が上がると、熱が高くても元気があり、寝ているのを嫌がることがありますが、外出や外遊びはNGです。室内でも体を激しく動かしたり、興奮したりする遊びは避け、絵本を読むなどして静かに過ごさせましょう。

機嫌がよければ短時間のおふろもOK

発熱しているときは汗をたくさんかくので、機嫌がいいなら短時間入浴させて清潔を保つことも大切。ただし、長ぶろは体力を消耗するのでNGです。機嫌が悪いときは、シャワーをサッと浴びさせて、汚れと汗だけ流します。

食欲があれば消化のいいものを

食欲がないときは無理に食べさせなくていいですが、食べたがるようなら、消化がいいものやのど越しのいいものを、食べられる範囲で食べさせます。食欲がなくても、水分だけはこまめに与えるようにしてください。

けいれん

熱があるかどうかが診断のポイントに

ケアのポイント

あわてず横向きに寝かせ継続時間と状態を確認

病気の知識

けいれんとは？

脳の神経細胞の興奮などで神経回路がショートした状態

けいれんとは、急に意識を失って体が硬直し、白目をむいて震えたりする状態。熱性けいれんとてんかんは、脳の神経細胞が過剰に興奮したことで起こる反応で、憤怒けいれんの原因は脳血流の一時的な低下。胃腸炎関連のけいれんは、「Ｎａ（ナトリウム）チャネル」というたんぱく質が関係しているのではと考えられています。

POINT

5歳になったら熱性けいれんは通常起こらない

熱性けいれんは、未熟な脳が熱のストレスを処理できずに起こります。５歳を過ぎると脳が成熟してくるため、通常熱性けいれんは起きません。発熱時のけいれんでも５歳以上は熱性けいれんでない可能性が高まります。

熱性けいれんは熱の上がり始めに起こる

けいれんには、発熱時に起こる熱性けいれんと、発熱に関係なく起こる憤怒けいれん、胃腸炎関連のけいれん、てんかんがあります。乳幼児のけいれんで最も多いのは熱性けいれんです。憤怒けいれんは激しく泣いたときに起こり、胃腸炎関連のけいれんは下痢や嘔吐の数日後に現れます。てんかんは病気の症状がなく、突然起こります。

子どもの様子とけいれんの継続時間を確認

初めて子どもがけいれんを起こしたとき、ママやパパはパニックになりがち。でも、気持ちを落ちつかせ、冷静に子どもの様子を観察することが大切です。けいれん中の様子やけいれんの継続時間は、診断を受けるうえでとても重要です。

熱性けいれんが起こる体のしくみ

未熟な脳が発熱に対応できず異常に興奮

５歳未満の子どもの脳は未熟なため、急な体温の上昇に脳神経細胞がうまく対応できず、異常に興奮して脳神経回路がショートすることで起こります。多くは１～２分で終わり、治まると普段の状態に戻ります。

受診の準備

すぐ行うこと

平らな場所に寝かせて体を横向きにする

まず平らな場所に寝かせ、嘔吐があれば、吐いた物が気管につまらないように体を横向きにします。背中にクッションなどをあてるといいでしょう。そしてすぐに時計を見て、けいれんが続く時間を確認。けいれんが5分以内か5分以上かは、診断を受けるうえで非常に重要な材料になります。けいれん中に息がしやすいよう衣類やおむつをゆるめるといいですが、手早くできそうになければ、しなくてもかまいません。

こんなことに注意！

- 抱っこ中にけいれんを起こしたら、平らな場所に下ろす
- けいれん中、瞳がどこを向いているか、体の動きは左右対称かを観察
- ポットや暖房器具など危険な物は、寝かせた場所から遠ざける

意識が回復したらけいれん前の様子を思い出す

けいれんが治まったら、まず意識の状態を確認します。顔に赤みが出る、手や足のつっぱりやかたさがなくなった、目を開ける、泣くなどで判断します。その後、体温を測り、熱があるかどうかを把握します。

子どもが落ちついたら、けいれんを起こす前の様子（急に熱が上がった、大泣きした、下痢をしていた、暑い場所にいた、何らかの刺激を受けたなど）を思い出し、受診時に説明できるようにしておきます。思いあたることが何もないのにけいれんを起こしたときは、ただちに受診してください。

こんなことに注意！

- けいれん後に疲れて寝てしまったときは、寝かせたまま状態を観察
- 発熱していて子どもが起きている場合は、少しずつ水分補給を
- 家族にけいれんを起こしたことがある人がいるかを確認

してはダメ！なNGケア

口の中にタオルなどを入れるのは厳禁！

口の中にタオルなどを突っ込むのは絶対にダメ。タオルによって窒息する危険があります。歯を食いしばることで舌を少しかんでしまい、血が出ることがありますが、舌をかみ切ってしまうことはないので、そのままにして。

子どもから目をそらさないで

「子どもの様子をみていられない」という気持ちになるかもしれませんが、受診時に様子を伝えることは非常に重要なので、目をそらすのはNG。子どもの目の動きや手足の動き、顔色をよく見るようにしましょう。

抱きしめたりゆさぶったりしない

抱き起こす、抱きしめる、体をたたく、ゆさぶるなどしても、けいれんが止まったり、意識が回復したりすることはありません。大切なのは、しっかり様子を観察すること。けいれんの最中は触らず、そばで見守ってください。

受診のめやす

基本、けいれんを起こしたときはその都度受診

緊急受診

- 初めてけいれんを起こした
- けいれんが５分以上続いた
- 繰り返しけいれんが起こる
- 熱がないのにけいれんを起こした
- けいれん中の体の動きに左右差があった
- けいれん後、ボーッとして意識が戻らない
- 顔色が悪く、唇が紫色になっている
- 頭を打ったあとにけいれんを起こした

かかりつけ医へ

- ２回目以降のけいれん
- けいれんが５分以内で治まり、その後いつもどおり
- けいれんが 24 時間以内に再発していない
- 激しく泣いたあとにけいれんを起こした

パパへ

車で病院に行くときは運転を

５分以内にけいれんが治まった場合は、自家用車で病院に行ってもOKですが、ママ１人で子どもの様子を見ながら運転するのは無理。パパが運転を受け持ち、ママは子どもの横で様子をみましょう。また、ママの気が動転していたら、パパが冷静に対応することも重要です。

ホームケアのしかた

熱が下がったら普段どおりの生活でOK

熱性けいれんと診断された場合は、熱が下がったら普通に生活をして大丈夫です。ただし、熱の原因が感染症のときは、熱が下がっても数日は人にうつす可能性があるので、外出や登園については医師の指示に従ってください。

当日の入浴は短時間で済ませて

治まったあと、いつもどおり過ごせていても、入浴は体力を消耗します。その日は短時間で済ませるか、シャワーでさっと流す程度に。てんかんの場合は１人での入浴は避けましょう。また、発熱や下痢など症状のケアも行います。

飲みたがるもので少しずつ水分補給を

熱があるときは、母乳・ミルク、湯冷まし、麦茶などで少しずつ水分補給を。飲みたがらないときは無理に飲ませなくてもかまいませんが、脱水状態を防ぐために、しばらく時間をおいたあと、再度飲ませましょう。

診察後のホームケア 「けいれん重積」と診断されたら

７日以内に再度けいれんが起きたら緊急受診

けいれんが30分以上続く「けいれん重積」と診断された場合は、基本的には入院が必要になります。脳の興奮を抑える抗けいれん薬ジアゼパムなどを使って治療し、脳波検査なども行います。

症状が治まって退院しても、数日後に再度けいれんを起こすことがあります。その場合は、すぐに救急車を呼んでください。２回目のけいれん時間を短くすることが、後遺症の軽減につながります。

嘔吐・下痢

吐いた物やうんちをよく観察して

病気の知識

嘔吐・下痢って？

原因の多くは胃腸炎。嘔吐が先に現れることが多い

赤ちゃんは胃腸の機能が未熟なので、ウイルスや細菌が胃腸に侵入すると、下痢や嘔吐を起こしやすくなります。多くの場合は嘔吐が先に起こります。炎症は胃から腸へと進むので、多くの場合は嘔吐が先に起こります。また、赤ちゃんは胃の形がとっくりのようなまっすぐな形をしていて、噴門（胃の入り口）の筋肉が弱いため、ちょっとした刺激で吐くこともよくあります。

POINT

飲みすぎ・食べすぎが原因のことも

おっぱい・ミルクの飲みすぎ、食べすぎ、おなかの冷えなど、病気以外の理由で嘔吐や下痢をすることもよくあります。病気なのかを見極めるには、嘔吐・下痢の回数や状態に加え、全身の様子を観察することが大切です。

ケアのポイント

水分をこまめに与えて、脱水を予防することが大切

アレルギーや腸重積症、髄膜炎などが原因のことも

嘔吐・下痢は、細菌やウイルスの感染による胃腸炎が原因なことが多いですが、食物アレルギーや腸重積症でも見られます。また、肥厚性幽門狭窄症（ひこうせいゆうもんきょうさくしょう）や髄膜炎でも嘔吐します。嘔吐・下痢の症状に加えて、ぐったりしている、意識がぼんやりしている、機嫌が悪い、水分もとれないなどの症状が見られたら、すぐに受診してください。

失われた水分をこまめに補給することが重要

嘔吐・下痢が続くと、体内の水分が失われて脱水状態に。世界ではロタウイルス胃腸炎で年間約50万人の乳幼児が亡くなっていますが、直接の死因は脱水症です。年齢が小さいほど脱水症は危険。1歳以下の赤ちゃんは、とくにこまめな水分補給を。

嘔吐する体のしくみ

病原体やアレルギー物質などを排出する防御反応

病原体やアレルギー物質が体内に侵入したときに起こる嘔吐・下痢は、異物を体内に排出するための防御反応です。また、赤ちゃんの胃は大人のように湾曲していないので、ちょっとした刺激で嘔吐することもあります。

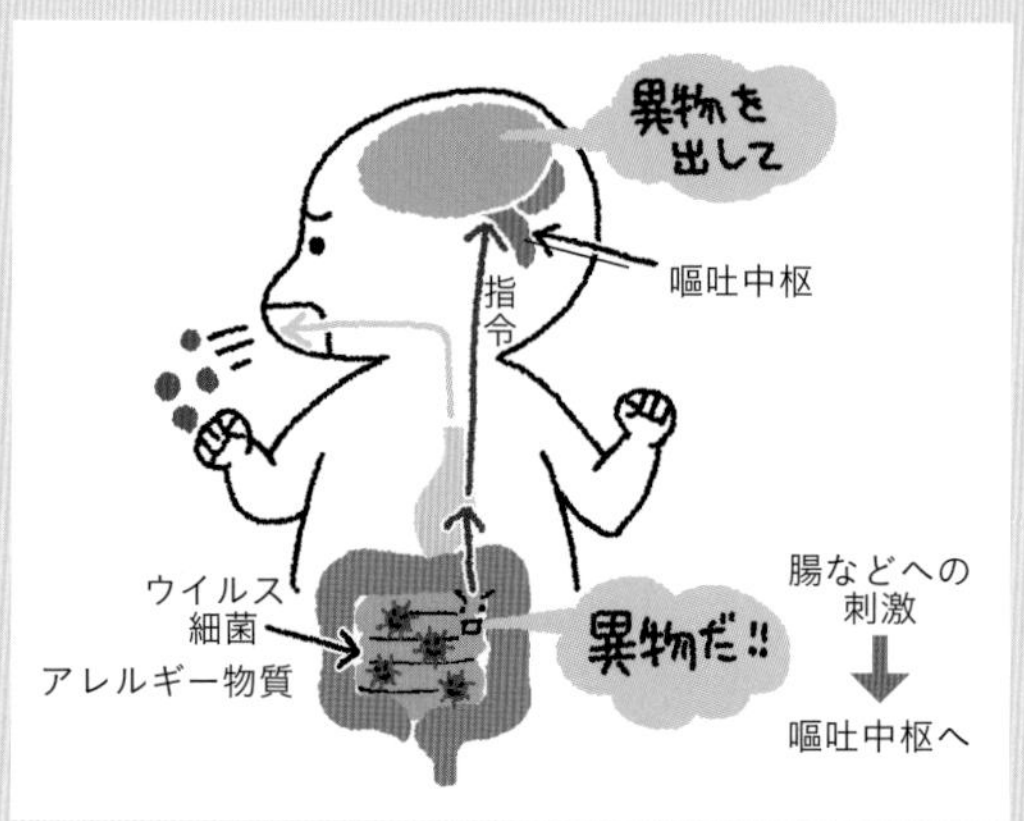

受診の準備

すぐ行うこと

吐いた物をつまらせないように横向きに寝かせて

嘔吐が治まるまでは、吐いた物をのどにつまらせないように、体を横に向きにして寝かせ、背中に丸めたバスタオルなどをあてて固定します。吐き終わったら、ガーゼで口のまわりと口の中の汚れをやさしく取り除きます。その後、たて抱きにしたり座らせたりして様子を観察し、吐きけが落ちついたら着替えさせます。

下痢のときは、下痢の回数とうんちのやわらかさ、においなどを確認します。

嘔吐やうんちの回数や様子に加え、全身状態を観察

まず嘔吐や下痢の状態を確認。回数、吐いた物やうんちの形状、色、においなどを観察し、どんなときに吐くかも思い出してメモしておきます。下痢のうんちがついたおむつをビニール袋に入れて持参したり、撮影したりして医師に見せましょう。

さらに、体温を測って発熱を調べ、食欲、機嫌、元気はあるか、発疹、せき、鼻水の有無などの全身状態を観察します。水分を与えるときは、嘔吐の場合は吐きけが治まってから30分～1時間後に与えます。

こんなことに注意！

- 嘔吐物のにおいで吐くことがあるので、落ちついたらすぐに着替えを
- 下痢便は肌への刺激が強いので、出たらすぐにおむつを交換して
- 吐くからと水分を与えないのはNG。30分～1時間後に1度必ず水分を与えて

こんなことに注意！

- 頭を打ったあとに嘔吐した場合は、すぐに救急車を呼んで
- ぼんやりしている、けいれんを起こすなどが見られたらすぐ受診を
- 脱水になっていないか、おむつのぬれ具合や、トイレに行く回数で確認

POINT

嘔吐物を処理する際は二次感染に注意

吐いた物に含まれる細菌やウイルスでの二次感染を防ぐため、処理する際は注意を。マスク・手袋を着け、嘔吐物はペーパータオルなどで覆って取り除いてから、次亜塩素酸ナトリウム液をかけてふき取ります。汚物やマスク・手袋はビニール袋に入れ、口を縛って捨てます。

受診のめやす

ぐったりしていたらすぐに受診が必要

緊急受診
- 血液や緑色のもの（胆汁）を吐く
- 授乳のたびに噴水のように吐きぐったりしている
- 頭を打ったあとに吐いた
- 激しい下痢が12時間以上続く
- おしっこが出ない、唇が渇いている
- 元気がなく、ぐったりしている

かかりつけ医へ
- おなかをひどく痛がる
- せき、鼻水、発熱などの症状もある
- 白っぽい下痢便が出る
- 水のような下痢便が出る
- 血便が出る

様子をみてOK
- 下痢便が2日以上続くが元気はある
- 授乳のたびに吐くが機嫌がいい
- 1～2回下痢便が出たが機嫌がいい
- 少しうんちがゆるいが水分はとれている

ホームケアのしかた

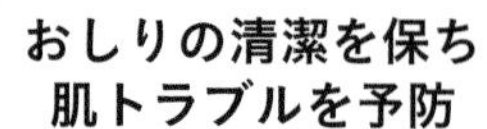

おしりの清潔を保ち 肌トラブルを予防

下痢のときはおしりがかぶれやすいので、うんちが出たら座浴かシャワーで汚れを流したり、お湯で絞ったガーゼでふいたりして清潔に保つことが大切。洗って乾かしたあとワセリンなどを塗って皮膚を保護するのも効果的です。

食欲がないときは 水分補給のみでOK

食欲がないときは無理に食べさせず、こまめに水分補給をするだけで大丈夫。食欲が戻って食べたがるようになったら、食べさせてあげましょう。ただし、量はいつもより控えめにして、消化がよく、刺激のないものにします。

飲みたがるものを 少しずつ与えて

脱水症を予防するために、飲みたがるものを1分に一口の間隔でこまめに与えます。水分とともに電解質も失われるので、電解質、塩分、糖分を補える乳幼児用イオン飲料や経口補水液（OS-1など）も与えるといいでしょう。

嘔吐・下痢のケアで注意したいことを覚えておきましょう。

- 吐くからといって水分を与えないと、脱水症になってしまいます。
- 自己判断でミルクの濃度を変えると、症状の悪化につながることがあります。
- 嘔吐や下痢のケアのあと手をしっかり洗わないと、家族への感染リスクが高まります。

症状が軽いときのホームケア

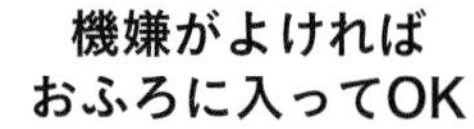

機嫌がよければ おふろに入ってOK

吐きけがなく、水のような便や回数が多い下痢でなければ、手短におふろに入れてもOK。おしりがかぶれやすいので、清潔にしてあげましょう。元気がない、機嫌がよくないときは、シャワーでさっと流すだけでもいいでしょう。

離乳食を休んだり 一段階戻したりしない

離乳食を始めている赤ちゃんは、嘔吐が治まったら離乳食は普段どおりに与えます。一段階戻したり休んだりする必要はありません。母乳やミルクを飲ませているときも、やめることなく、いつもどおりに続けて飲ませましょう。

症状が軽くても こまめな水分補給を

症状が軽くても水分が失われやすくなっているので、脱水症を予防するために、こまめな水分補給は欠かせません。水分は飲みたがるものを飲ませてかまいません。2倍に薄めた市販のりんごジュースでもいいでしょう。

その子なりのペースで出ているかチェック

うんちのトラブル（便秘）

ケアのポイント

ホームケアで様子を見てつらそうなら受診

病気の知識

便秘って？

いつもより間隔があいて排便に苦労していれば便秘

排便リズムは個人差が大きいので、「毎日うんちが出ない＝便秘」ではありません。普段より排便の間隔があく、うんちがかたくて出すのに苦労する、痛がるという状況があれば便秘です。母乳のみの子で腹痛がなく、食欲があり機嫌もいいなら、1週間に1回でも大丈夫。逆に毎日出ても、かたくて排便に苦労するなら便秘と考えます。

POINT

便秘の悪循環は薬を使って解消

腸内に長時間うんちがとどまるとかたくなり、出すときに痛い→痛いから出すのを我慢する→我慢するとさらにかたくなる、という悪循環に。便秘になったら下剤や浣腸を使い、排便リズムを整えることが大切です。

飲食する量やトイレ環境が便秘を招く原因に

母乳・ミルクや水分の量がたりない、小食、離乳食・食事の食物繊維が少ないなどの理由で便秘になることがあります。幼児期はトイレトレーニングのプレッシャーや、トイレに座ったとき足が不安定でふんばれないことが、便秘の原因になることも。

母乳にうんちの材料が少なくて便秘になることも

母乳のみの赤ちゃんは、母乳の吸収がよすぎてうんちの材料ができず、「母乳性便秘」になることが。おなかの張りがなく機嫌がいいなら、週に1回程度の排便でも問題ありません。また、いきむたびに顔色が赤色や紫色になり、叫んだり泣いたりしながら排便するのは「乳児排便困難症」。9カ月未満ならまず心配なく自然に治ります。

便秘が起こる体のしくみ

次々にうんちがたまると便意を感じにくくなる

大腸でつくられたうんちが、肛門につながっている直腸にたまった状態が便秘。便秘が続くと水分が腸に吸収され、直腸にかたくなったうんちが次々とたまり、直腸が伸びきった状態に。これが続くと、便意を感じにくくなり、便秘が悪化します。

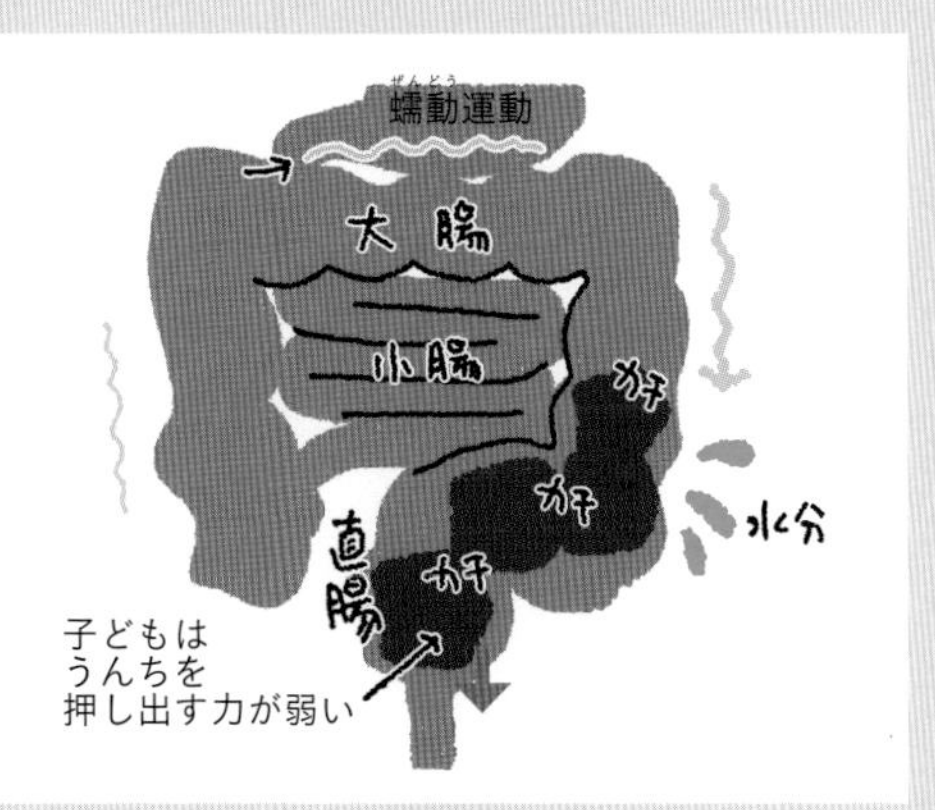

受診の準備

確認すること

うんちの間隔、かたさ、うんちをする様子を観察

普段と比べてどれくらいうんちが出ていないか、かたさの違い、おなかの張り具合をチェック。うんちを出すときに、子どもが苦労したり、痛がったりしていないかを観察し、おしりをふいたときに血がついていないかも確認しましょう。

さらに、食欲があるか、機嫌よく過ごせているかなどもよく見ましょう。おなかが張っていると食欲が落ちるので、体重が減っていないかも体重を測って確認します。

こんなことに注意！

- おなかを軽くたたいたとき、ポンポンと音がしたら張っている証拠
- かたいうんちのせいで肛門が切れていないか、おしりまわりを観察
- 水分や母乳・ミルク、食事の回数や量をメモしておいて

受診のめやす

うんちを出すのに苦労するときは受診が必要

緊急受診
- おなかをひどく痛がる・ひどく機嫌が悪い
- おなかが張っていて嘔吐する

かかりつけ医へ
- うんちを出すとき肛門が切れて出血した
- うんちに血が混じっている
- 1週間以上の便秘が頻繁に起こる
- いきむのにうんちが出ず苦しそうにしている
- うんちをするのを嫌がって泣く
- おなかが張っていて食欲がない

様子をみてOK
- うんちの回数が少ないが機嫌がよく食欲もある
- 排便が2日に1度くらい

POINT

かたくて出せないうんちは浣腸で出す

排便リズムを整えるには、たまっているうんちを出すことが大切。自然に出すのが難しいかたいうんちは、1歳未満なら綿棒浣腸を、1歳以上なら市販の浣腸を使ってもいいでしょう。浣腸を1～2回使っても排便の状態が改善しないときは受診を。

ホームケアのしかた

軽い運動を習慣にして腸の動きを活発に

体を動かすと腸が刺激され、動きが活発になるので、うんちを出しやすくなります。月齢・年齢に適した軽い運動を習慣にしましょう。低月齢の赤ちゃんは、抱っこするなど体の位置を変えるだけでうんちが出ることもあります。

食物繊維の多い献立とこまめな水分補給を

食物繊維は便秘解消に役立ちます。離乳食や食事には、さつまいも、りんご、バナナ、小松菜など食物繊維の多いものを取り入れましょう。また、うんちをやわらかくするために、こまめな水分補給も意識してください。

「の」の字を書いておなかをマッサージ

ママやパパの手のひらで、子どものおなかに「の」の字を書くようにマッサージします。おなかが少しへこむくらいの、やや強めの力でマッサージすると腸を刺激できます。朝起きたときやおふろ上がりに行うと効果的です。

赤・白・黒のうんちが出たら受診して

うんちの色がおかしい

ケアのポイント

全身の症状を確認し、うんちを持って受診しましょう

トイレで排せつするようになったら、普段から「うんちが出たら流す前に見せてね」と伝えて、ママやパパが普段の色を知っておくことが大切。トイレにしたうんちを持参するのは難しいので、可能なら撮影し、難しかったら口頭で説明すれば大丈夫です。熱や嘔吐などほかの症状もよく見ましょう。

病気の知識

正常でないうんちって？

いつもと色が違うときは何らかの病気の場合も

うんちの色は健康のバロメーター。健康なうんちは黄褐色をしています。赤や黒、白いうんちが出たら、病気の可能性があります。なお、緑のうんちは、うんちの成分が酸化したものなので心配いりません。

赤、黒は消化管の出血 白は感染症や先天性疾患

下部消化管で出血が起こると赤いうんちが出ますが、上部の消化管（胃や十二指腸）で出血すると血液が酸化し、うんちが黒っぽくなります。嘔吐に続いて米のとぎ汁のような白く水っぽい下痢便が出たらロタウイルス胃腸炎、黄疸が長引いて灰白色便が出たら胆道閉鎖症の可能性があります。

受診の準備

受診の際はうんちの実物か写真を持参

実際のうんちは診断の材料になるので、おむつごとうんちをビニール袋に入れて持参。赤いうんちは時間とともに黒くなるため、出たときに写真も撮るとベターです。なお、トマトなど食べた物でうんちの色が違って見えることもあるので、よく観察を。

POINT

心配な便の色リスト

腸重積症はジャム状のドロッとした赤いうんちが特徴です。白いうんちは、ロタウイルス胃腸炎か胆道閉鎖症のときに見られます。黒いうんちは、何らかの病気で消化管から出血しているときに出ます。

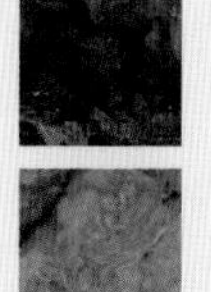

受診のめやす

うんちの色とともに全身の症状のチェックが大切

緊急受診
- 白い下痢便が出てぐったりしている
- うんちに大量の血が混じっている
- うんちの色がおかしく、間欠的に激しく泣く

かかりつけ医へ
- 便の色が白っぽいが水分はとれている
- 黒いうんちが出る
- 吐いた物に血が混じっている
- うんちに少し血が混じっている

様子をみてOK
- うんちの中に食べた物が混じっている
- 緑色のうんちが出る

せき・鼻水・鼻づまり

体に入った異物を体外に出している

病気の知識

せき・鼻水って？

異物を外に押し出す体を守る防御反応

せきは、ウイルスや細菌に感染して気管が炎症を起こして増えたたんや、吸い込んだ異物を外に出し、呼吸機能を正常に保つために出るもの。鼻水は、鼻に入った刺激物を押し出すために出るもの。どちらも体を守る防御反応です。子どもの粘膜は敏感なので、ほこりや室温・湿度の変化で粘膜が刺激され、せきや鼻水が出ることも。

POINT

せきのしかたや状態の変化に注意

呼吸が苦しそうなせきをする、ヒューヒュー、ゼーゼー音がする、オットセイが鳴くようなせきなど、せきのしかたはいろいろ。徐々に悪化することもあるので、全身状態と合わせて、せきの変化に気を配りましょう。

ケアのポイント

飲食できない、眠れないなどほかの症状があれば、早めに受診

異物の刺激や粘膜の炎症で症状が悪化

風邪などの病原体によって鼻やのどの粘膜が炎症を起こすと、鼻水やせきの症状が強くなります。鼻水が多くなると中で固まったり、鼻の粘膜が腫れて鼻の穴が狭くなり、鼻水が出しにくくなり鼻づまりに。防御反応とはいえ症状がひどくなると、息苦しくて眠れない、飲食できないなど体に悪影響を及ぼすため治療が必要になります。

急にせき込み苦しそうなときは誤嚥を疑って対応を

食事中や遊んでいるときなどに急にせきをし始め、苦しそうにしていたら、誤嚥を疑ってください。誤嚥は窒息することがあるので、すぐに救急車を呼び、待っている間に背中をたたいて吐き出させる処置をします（53ページ「吐かせ方」参照）。

せきや鼻水が出る体のしくみ

粘膜への刺激が脳に伝わり反応

のどや鼻の粘膜に異物が付着するなどの刺激を受けると、その刺激が脳に伝わり、体はせきや鼻水を出す反応を起こします。乳幼児の鼻の中（鼻腔）は狭く、鼻をかめないので、大人よりも鼻がつまりやすくなります。

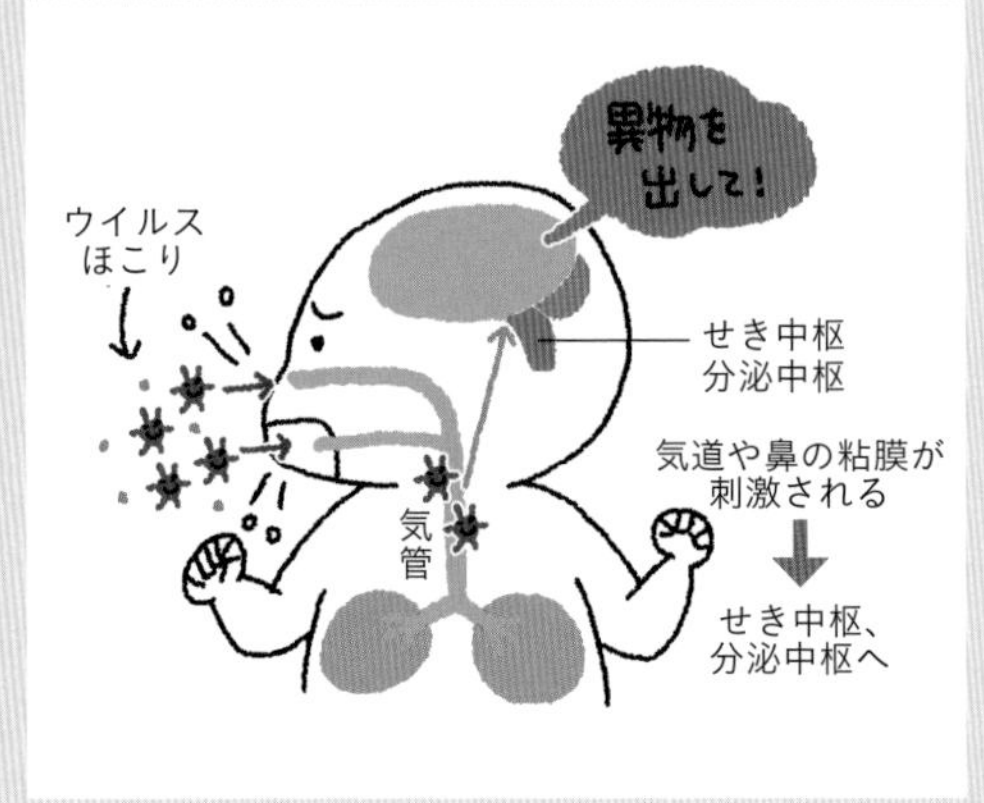

受診の準備

すぐ行うこと

せき・鼻水の原因になるものを取り除く

部屋がほこりっぽい、室内に温度差がある、乾燥しているなど、せきや鼻水を誘発する要因がないかチェックし、思いあたることは改善します。また、鼻水はこまめに取って、鼻づまりを予防しましょう。

たばこの煙はのどの粘膜を刺激してせきを誘発します。家の外で吸ってきても、洋服や体にたばこの煙がついているため、せきの原因に。子どもはもちろん、自分や家族の健康のためにも禁煙してください。

こんなことに注意！

- 部屋を清潔にして、子どもがほこりを吸い込まないようにして
- 空気が汚れているとせきや鼻水が出やすくなるので、定期的に換気を
- 乾燥した空気はのどや鼻の粘膜を刺激します。湿度40～60%をめやすに加湿

眠れなかったりほかに症状があったら受診

せきや鼻水を誘発しないように、室内環境を改善してもよくならなかったり、だんだんとひどくなっているときは、要注意。せきや鼻水が出るときの状況や、せきをするときの様子を確認します。さらに、熱、機嫌、食欲、眠れるか、水分がとれるか、下痢・嘔吐、発疹がないかなど、せき・鼻水以外の状態をみます。

せきの音が気になる、眠れないほどせきが続く、鼻がつまって授乳量、食事量が減っている、全身状態が悪いときは受診が必要。とくに呼吸困難になったら至急受診を。

こんなことに注意！

- 母乳・ミルク、水分が飲めるか、離乳食・食事がとれるか、与えてみて確認を
- 機嫌が悪い、眠れないなど、普段と違う様子がないかチェック
- 特定の食べ物を食べたときにせきが出ていないか、食事の内容を思い出して

受診のめやす

呼吸がしづらく苦しそうなときはすぐに受診

緊急受診
- 唇が紫色に変色している
- 突然、激しくせき込み苦しそうにしている
- 眠れないほどの激しいせきが続く
- 水分がとれない

かかりつけ医へ
- 発熱、下痢、嘔吐などの症状がある
- せき・鼻水・鼻づまりが長引いている
- 食欲がない・せき込んで吐く
- せきはないが、鼻づまりで眠れない
- 鼻づまりで母乳・ミルクが飲みにくい
- 鼻がつまって鼻呼吸ができない

様子をみてOK
- せきは出るが元気で食欲もある
- 鼻水・鼻づまりだけでせきは出ない

POINT

鼻をかむ練習をさせてみよう

両方の鼻を一度にかむと必要以上に呼気量が増えてしまい、中耳炎などの原因になることも。「ティッシュロケット」で、遊びながら片方ずつ鼻をかむ練習をさせてみましょう。片方の鼻にティッシュをつめ、反対側の鼻の穴を指で押さえて、鼻から息を出してティッシュを吹き飛ばします。

ホームケアのしかた

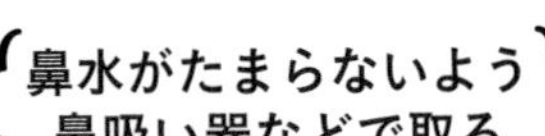

鼻水がたまらないよう鼻吸い器などで取る

自分で鼻水をかめないうちは、鼻吸い器でこまめに取りましょう。鼻吸い器は強く吸うより長く吸うほうが取りやすいもの。嫌がる子が多いので、ママ・パパ共同で行うといいでしょう。2歳以上なら、子どもにノズルを持たせても。

上半身を少し高くして寝かせると呼吸が楽に

平らな布団に寝かせて体を横にすると、せき込みやすくなってしまいます。クッションなどを布団の下に入れて、上半身を少し高くしてあげましょう。のどにからんだたんが切れやすくなり、せきが出にくくなります。

背中をトントンしてたんを出しやすくする

子どもをたて抱きにしたり、座らせたりして背中をやさしくトントンすると、気道の内側にはりついたたんが動いて取れやすくなり、たんが出やすくなります。トントンする手は少しすぼめる（丸くする）とたたきやすいでしょう。

せきや鼻水を誘発してしまうケアを確認しておきましょう。

- 部屋を暖めて換気をしないと、室内が乾燥してせきを悪化させることに。
- せきにはいろいろな原因が考えられるので、自己判断でせき止めを飲ませるのはダメ。
- 鼻吸い器や綿棒を鼻の奥まで押し込むと、鼻の粘膜を傷つけてしまいます。

症状が軽いときのホームケア

元気ならおふろに入れて清潔に

元気があって、ひどいせき込みもないのなら、39～40度くらいのぬるめのおふろにサッと入れて、体を清潔にしましょう。一時的な効果ですが、湯気で呼吸が楽になることもあります。長ぶろは体力を消耗するのでNGです。

温かくてやわらかめの食べやすいものを

せき込んで吐くことがあるので、離乳食・食事はいつもより少なめの量でもOK。鼻づまりで食べにくいこともあるので、やわらかめで食べやすいものを与えましょう。温かい汁物は、水分で粘膜もうるおうのでおすすめです。

授乳や水分補給は少しずつこまめに

鼻がつまると息が苦しくて、母乳・ミルクを飲みづらくなります。飲む量が減っているときは、授乳回数を増やして、少しずつ飲ませましょう。水分補給もこまめに。のどの粘膜がうるおって、せきや鼻づまりが和らぎます。

肌トラブル

肌の状態をチェックする習慣をつけて

ケアのポイント

肌だけでなく全身を観察し、早めにケアすることが大切

病気の知識

肌トラブルって？

皮膚が乾燥しやすく赤みや発疹が出やすい

乳幼児の肌は薄く乾燥しやすいので、少しの刺激で赤くなったり、発疹が出たりします。あせもなどの丘疹、じんましんなどの膨疹、りんご病などの感染症による紅斑、とびひなどの水疱が代表的な発疹です。

【発疹の種類】

紅斑　丘疹　水疱　膨疹

刺激、感染症、アレルギーなど原因はさまざま

おしっこ・うんち、唾液や汗、母乳・ミルク、食べ物などの刺激でかぶれるほかに、ウイルスや細菌が原因の発疹も乳幼児期にはよく見られます。食物アレルギーが原因なことはまれです。肌トラブルは原因によってケアが異なるため、肌の状態だけでなく、全身をよく観察することが大切です。

発疹が出る病気は感染力が強いものも

発疹が現れる病気は、麻疹、風疹、水ぼうそう、手足口病、水いぼ、とびひなどがありますが、中には感染力が強く、ほかの子どもにうつすものがあります。発疹が見られたら外出は控え、病院に行くときも発疹が出ていることを事前に伝え、指示に従って受診しましょう。

肌トラブルが起こるしくみ

バリアー機能が未熟で肌が乾燥しやすい

乳幼児は皮膚が薄く生後4カ月以降は皮脂の分泌も少なめ。そのうえ皮膚のバリアー機能が未熟なので、皮膚のすき間から有害物質やアレルゲンなどが入りやすく乾燥しやすいため、肌トラブルを起こしやすくなります。

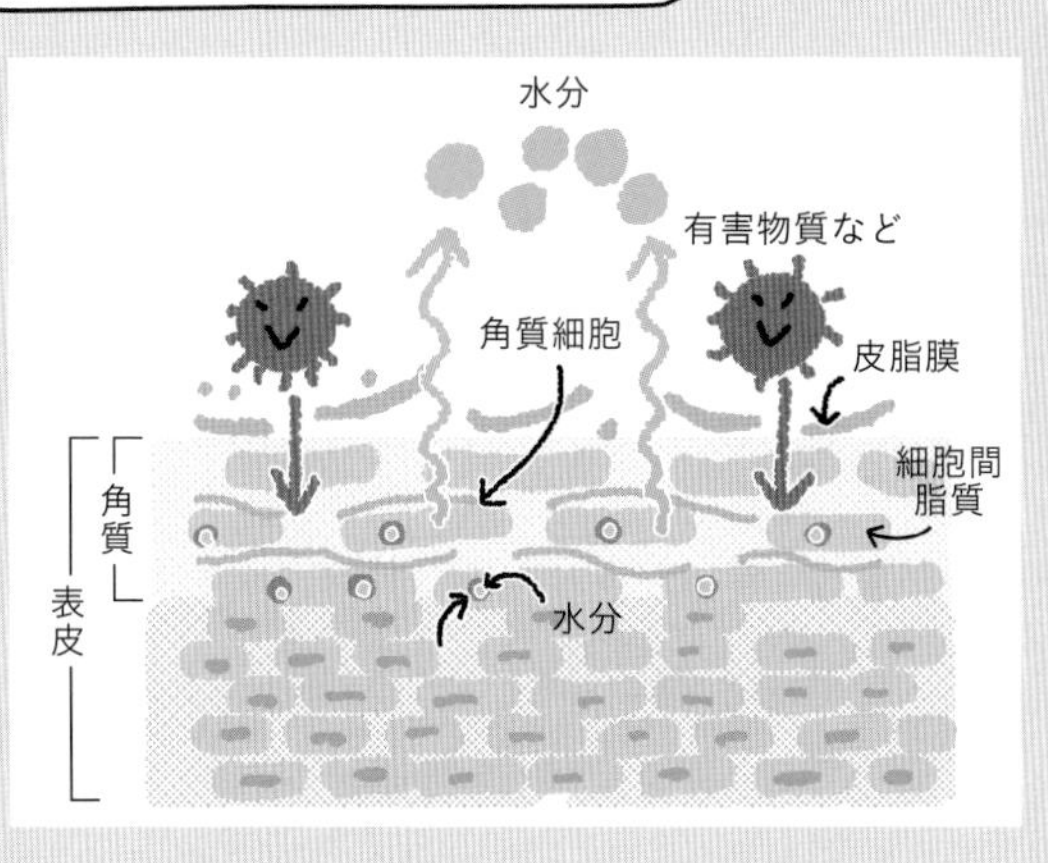

受診の準備

すぐ行うこと

発疹の様子や発疹以外の症状を観察

かゆみを伴っていないか、ジュクジュクしたり、発疹が広がったりして悪化していないかなどを、おふろ上がりや着替えのときなどに観察します。肌がカサカサしているときは、通常より念入りに保湿しましょう。また、発熱やせき、鼻水など、発疹以外の症状がないかも確認します。

なお、かきこわし防止のために赤ちゃんの爪は切りますが、ミトンは、指の自由な動きを妨げるので避けましょう。

こんなことに注意！

- 汗をかいたりむれたりすると悪化するので、肌着やおむつをこまめに交換
- 肌トラブルが現れた前後の様子を思い出してメモ。可能なら写真も撮影
- 熱があるときは少しずつ何度も水分補給をして脱水症を予防して

受診のめやす

発疹が出て苦しそうなときはすぐに受診

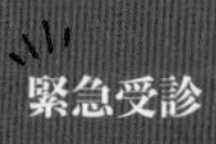

緊急受診
- 発疹とともに高熱が出てぐったりしている
- せきを伴い呼吸が苦しそう
- じんましんが出て眠れないほどかゆがる
- ハチに刺されて呼吸がしづらくなっている

かかりつけ医へ
- 発熱やせき、鼻水などの症状もある
- 目が充血している
- 手足が腫れている
- かゆがる
- 発疹が広がったり、ジュクジュクしてきた
- 発疹がなかなかひかない

様子をみてOK
- 肌がカサカサしている
- 発疹以外の症状はない

おふろ上がりに肌トラブルのチェックを

子どもをおふろに入れるのをパパが担当している場合は、おふろで体を洗うときやふくときなどに、子どもの肌の状態を観察する習慣をつけましょう。毎日見ていると、ちょっとした肌の変化や発疹などを早期に発見でき、悪化する前に適切なケアができます。

肌トラブルから食物アレルギーにつながることも！

乳児期のスキンケアはとても大切

肌トラブルで肌のバリアー機能が低下していると、まだ食べたことがない食べ物のアレルゲン物質が皮膚から体内に入り込み、その食べ物を初めて食べたときにアレルギーを起こすリスクがあることが、最近の研究でわかってきました。乳児期にスキンケアをきちんと行い肌を健康な状態に保つことは、食物アレルギーの予防にも役立ちます。

ホームケアのしかた

爪を切ってかきこわしを予防

爪が伸びていると、子どもが発疹をかきこわし、それが原因で発疹が広がることがあります、爪が伸びていないかこまめにチェックし、伸びていたらすぐに切りましょう。爪の角は落とさずスクエアカットにします（69ページ参照）。

保湿剤をたっぷり塗って保湿

肌が乾燥しているとバリアー機能が低下し、肌トラブルが悪化する原因に。おふろ上がりや着替えのときなどに、赤ちゃん用の保湿剤やワセリンで保湿しましょう。塗った部分がテラテラ光るくらい、たっぷり塗ることが大切です。

おふろに入って肌を清潔に保って

肌に汗や汚れがついているとかゆみが増し、症状を長引かせる原因に。元気があり機嫌がいいなら、おふろに入って肌を清潔にしましょう。上がったらタオルでポンポンと押さえるようにして、水気をしっかりふき取ります。

症状が治まったあとのホームケア

肌ざわりのいい衣類を着せて

肌に直接触れる衣類は、肌を刺激しない素材で、汗をしっかり吸ってくれる吸湿性のいいものを選びましょう。また、汗や汚れがついた衣類を長時間着せていると、肌を刺激して肌トラブルの原因に。こまめに取り換えてください。

水分をふき取ったらすぐに保湿を

入浴後、肌を乾燥させないように水分をざっとふき取ります。そして水分がやや残っているうちに手早く保湿剤を塗り、肌にうるおいを与えます。乾燥しやすい冬はクリームタイプ、夏はさっぱりするローションタイプがおすすめです。

石けんを使い手でやさしく洗う

毎日入浴し、石けんや洗浄剤の泡をつけた手で洗います。石けん成分をよく洗い流すのも忘れずに。暑い季節は汗をかくたびにシャワーを使っても。水洗いだけで十分ですが、石けんを使うなら、保湿剤を塗りましょう。

間違ったケアを行うと、症状が長引いたり悪化したりするので気をつけて。

- 乳児脂漏性湿疹のかさぶたを無理にはがすと、治りが悪くなります。
- 保湿剤以外の市販薬を自己判断で使うのはNG。保湿剤も、使って１～２週間で治らないときは受診を。
- 薬を塗るママやパパの手が汚れていると、患部に雑菌が入って悪化することが。

耳のトラブル

耳管が短いため中耳炎を起こしやすい

病気の知識

ウイルスや細菌がのどや鼻から入り込む

耳は耳管でのどや鼻とつながっています。子どもの耳管は短く平らなので、のどや鼻から侵入した病原体が耳まで入り込みやすく、中耳炎などを起こしやすくなります。耳に違和感があると、耳を触ることが多くなります。また、声や音への反応が鈍いときは、聞こえに問題が起きたことも疑ってみます。

【耳のしくみ】

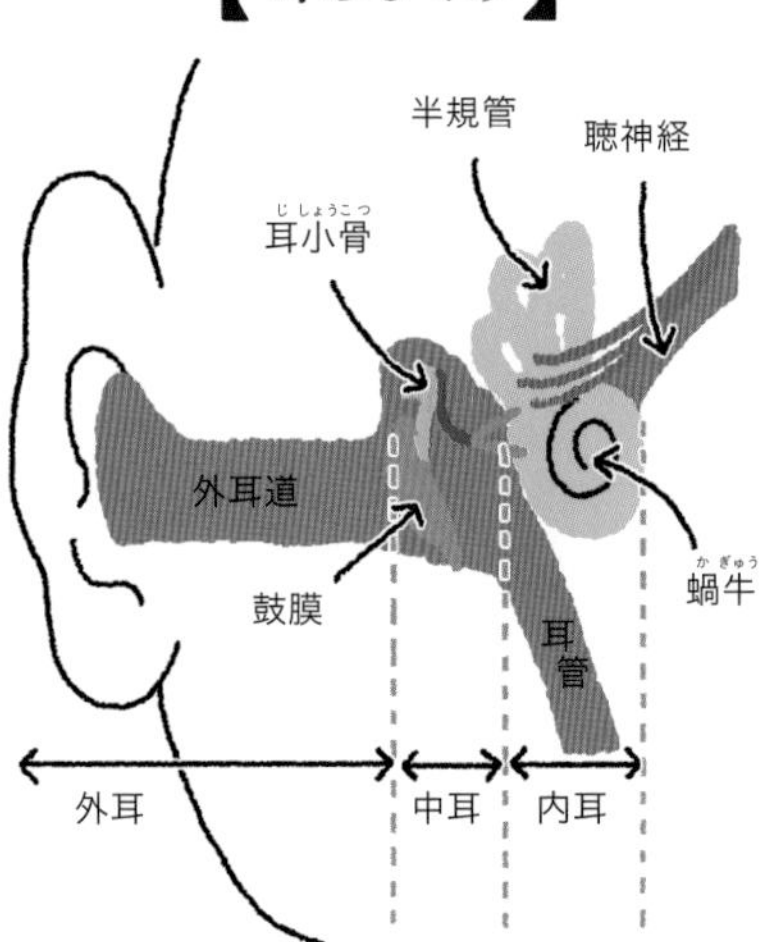

受診の準備

耳の様子を観察し声かけの反応も見て

耳を触ると嫌がるなど、耳にトラブルがあると感じたら、見える範囲で耳を観察し、耳だれや耳切れなどがないか確認。耳あかを見つけても、取らずにそのまま耳鼻科を受診します。後ろから話しかけたときの反応も確かめて。また、発熱やせき、鼻水など、耳以外の症状がないかも確認します。

ホームケア

痛がったら冷たいタオルで耳の後ろを冷やしても

耳だれが出ていたら、お湯で絞ったガーゼでこまめにふき取ります。耳を痛がるときは、冷水で絞ったタオルを耳の後ろにあてると、痛みが和らぎますが、嫌がるときは無理にしなくてもＯＫ。鼻水がたまっていると耳の症状が悪化することがあるので、鼻吸い器でこまめに吸い取りましょう。

ケアのポイント

耳の様子をよく観察し、痛そうなときは早めに受診を

受診のめやす

耳以外の症状や子どもの反応も含めて判断

緊急受診	● 耳をひどく痛がっている ● 耳だれが出ていて発熱もしている
かかりつけ医へ	● 耳だれが出ているが発熱はない ● 耳をしきりに触り、機嫌が悪い ● 音や声に対する反応が鈍い・反応がない
様子をみてOK	● 耳たぶを蚊に刺されて腫れた ● 耳切れがあるが、保湿したら改善してきた

POINT

耳の奥の掃除はトラブルの元に

耳掃除をすると、子どもが気持ちよさそうにするかもしれませんが、外耳道を傷つけたり耳あかを奥に押し込んでしまうこともあり逆効果。耳掃除は、指にタオルを巻いて耳の入り口だけをふき取る程度にとどめ、耳あかが気になるときは、耳鼻科で取ってもらいます。

いつもより目やにが増えたら要注意

目のトラブル

病気の知識

目やにが増えたり目が充血したら病気を疑う

子どもは、涙が目から鼻へ流れる鼻涙管が狭く、涙が鼻へ抜けにくいため目やにがよく出ます。でも、大量に目やにが出る、白目が赤い、かゆがる、まぶたが腫れる、目を頻繁にこするなどは、感染症の疑いがあります。また目以外の病気の可能性もあるので、発熱や発疹なども確認しましょう。

受診の準備

目以外の症状も出ていたら小児科を受診

目やにや白目・黒目の様子が普段と違う、子どもが物を見るときの目つきが気になる、子どもが目を気にするしぐさをするなどの場合は受診しましょう。目だけに症状が現れている場合は眼科へ、目の症状以外に発熱、発疹、せき、鼻水なども見られる場合は小児科を受診します。

ホームケア

子どもの手を清潔にして爪は短く切って

目やには、お湯で絞ったガーゼで、目頭から目じりに向かって一方通行でそっとふき取ります。目に雑菌が入らないよう、子どもの手はぬれタオルなどでこまめにふいて清潔に。目を傷つけないように、爪は短く切ります。かゆがるときは、冷やしたタオルをまぶたにあてると和らぎます。

ケアのポイント

目の様子とそれ以外の症状を確認して早めに眼科へ

【涙の流れのしくみ】

涙腺
涙小管（るいしょうかん）
涙嚢（るいのう）
鼻涙管

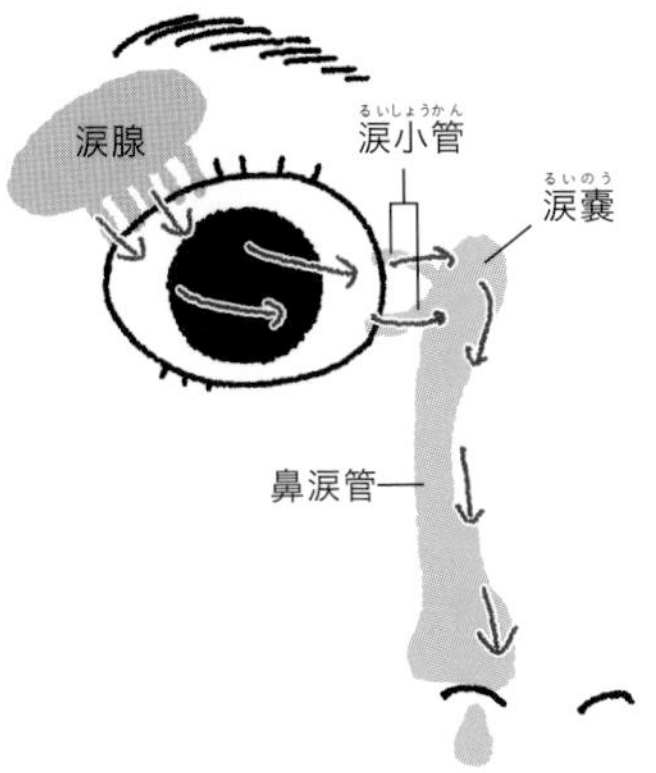

POINT

目をこすり続けるとトラブルの原因に

目に痛み、違和感、かゆみなどがあると、子どもは目をこすります。頻繁にこすり続けると角膜を傷つけたり、細菌に感染したりして目の病気を発症し、場合によっては視力が低下することも。早めに眼科を受診してこする原因を突き止め、適切な治療を受けることが大切です。

受診のめやす

まぶたが赤く腫れたらすぐに受診を

緊急受診
- まぶたが赤く腫れて目が開かない
- 目に異物が入って痛みやかゆみがある
- 目やにが増えて、痛みやかゆみがある

かかりつけ医へ
- 黒目の位置や目つきが気になる
- 目の症状とともに熱や発疹がある
- しきりに目をこする
- まぶしそうにすることが多い
- テレビに近寄っていく
- しょっちゅう涙目になっている

様子をみてOK
- 目やにが出ているがほかに症状はない

口の中のトラブル

口の中の発疹や炎症は痛みが強く出やすい

病気の知識

飲む・食べる量が減ったら口の中をチェック

口の中に水疱（水ぶくれ）や潰瘍（ただれ）ができると痛むので、飲む量や食べる量が落ちることがあります。食が進まないときは、口の中を観察してみてください。口内炎は、感染症の症状の一つですが、食物の刺激やかみ傷から生じる場合も。舌や頬の内側に独特な症状が出る病気もあります。

受診の準備

口の中以外の症状と水分がとれるかを確認

ヘルペス性口内炎、ヘルパンギーナ、手足口病などの感染症で口の中に症状が出ているときは、発熱、せき、鼻水、下痢・嘔吐、目の充血、発疹なども伴うことがあります。口の中だけでなく全身もよく観察しましょう。また、少しずつでも水分がとれているか、こまめに与えながら確認します。

ホームケア

患部にワセリンを塗ると飲食物がしみにくい

水疱や潰瘍にワセリンを塗ると、飲食したときにしみるのを和らげることができます。ただし、すっぱいものや熱いものはしみやすいので、痛みがある間は避け、ゼリー、プリン、冷ましたおかゆなど、口あたりのいいものを食べさせて。水分は少し冷やしたほうが飲みやすいでしょう。

ケアのポイント

口の中の様子とそのほかの症状をよく確認して受診を

【 口内炎のできる場所 】

歯肉炎
口唇炎
口内炎
舌炎

歯みがきは毎日必要。でも普段よりソフトに

口の中を清潔にすることは大切なので、口の中に症状があるときも歯みがきは必要です。でも、患部に歯ブラシが当たると非常に痛いので、普段よりていねいにやさしくみがいてください。とくに力が強いパパは、ソフトタッチでみがくことを意識して。

受診のめやす

痛くてつらそうなときはすぐに受診を

- **緊急受診**
  - 熱があり、口の中が痛くて水分がとれない
- **かかりつけ医へ**
  - 発熱、歯ぐきの腫れ、口の中に水疱がある
  - 高熱が出て舌に赤いブツブツが出ている
  - 口の中、手のひら、足の裏に水疱ができた
  - のどの奥に赤い水疱ができた
  - 全身に水疱ができ、かゆみがある
- **様子をみてOK**
  - 口内炎があるが、ほかの症状はなく元気
  - 舌に赤と白のまだら模様ができている
  - 上唇と歯ぐきの間に筋がある

歯のトラブル

乳歯のトラブルは永久歯に影響することも

ケアのポイント

歯の様子が気になるときは早めに小児歯科を受診して

病気の知識

歯を痛がる＝虫歯とは限らない

子どもが「歯が痛い」と言うときは、虫歯以外に口内炎や中耳炎などで痛みを感じていることも。口の中をよく観察するとともに、発熱などほかの症状がないかも確認しましょう。歯が欠けた、変色した、歯がぐらぐらしているなどの場合は、転んだりして歯をぶつけた可能性があります。

受診の準備

鎮痛剤で痛みを和らげ朝になってから受診しても

痛みがひどくて寝られないときは、夜間に受診してもＯＫ。でも、夜間診療を行う歯科は少ないため、小児科で応急処置を受けることになるでしょう。３歳以上なら市販の小児用鎮痛剤で痛みを和らげても。翌朝に小児歯科を受診したほうが、確実な診断・治療を受けられるでしょう。

ホームケア

歯に負担をかけないよう食事と歯みがきは注意を

歯を痛がるときは、食事はいつもよりやわらかめに。あごのあたりに冷やしたタオルをあてると、痛みが和らぎます。子どもが気にして口の中を触ることがあるので、手をこまめに洗って清潔にしておきましょう。歯みがきは行いますが、ぐらついている歯はそっとやさしくみがきます。

【 乳歯の生える順番 】

1 下乳中切歯（９カ月ごろ）
2 上乳中切歯（10カ月ごろ）
3 上乳側切歯（11カ月ごろ）
4 下乳側切歯（１歳ごろ）
5 上第一乳臼歯（１歳４カ月ごろ）
6 下第一乳臼歯（１歳５カ月ごろ）
7 上乳犬歯（１歳６カ月ごろ）
8 下乳犬歯（１歳７カ月ごろ）
9 下第二乳臼歯（２歳３カ月ごろ）
10 上第二乳臼歯（２歳６カ月ごろ）

POINT

小児歯科で定期的に歯の検診を

１歳６カ月健診で歯の検診を行う自治体が多いですが、その後は個人的にかかりつけの小児歯科で検診を受け、歯と歯並びをみてもらいましょう。歯は治療しても元通りには戻りません。また乳歯のトラブルは永久歯に影響することもあります。歯は予防がとても大切なのです。

受診のめやす

歯の様子が気になったら放置せず受診を

緊急受診
- 歯が痛くて眠れない
- 歯が折れた、欠けた、めりこんだ

かかりつけ医へ
- 歯が黒ずんでいる
- 歯が白く濁っている
- 歯の表面がざらついている
- 歯に穴が開いている
- １歳を過ぎても歯が生えてこない

様子をみてOK
- 歯ぐきや上あごに白いふくらみがある
- 歯ぐきに半透明のふくらみができた
- 乳歯の本数が少ない

「いつもと違う」は病気の前ぶれのことも

食欲がない・元気がない

ケアのポイント

全身の状態や体重増加を確認し、気になるときは早めに受診

病気の知識

判断のしかた

普段の半分程度食べていたら様子を見てOK

食べる量は個人差が大きいうえ、暑い、眠い、食べたいものがない、食べるより遊びたいなど、さまざまな理由で子どもの食欲が落ちます。1日の授乳量、食べる量が、普段の半分程度はあり、水分はしっかりとれ、熱や下痢・嘔吐などほかの症状がない場合は、2〜3日は様子をみて大丈夫です。

生活リズムや食べる環境を見直してみよう

食欲以外の症状、とくに口の中のトラブルがあると食欲が落ちやすいので確認を。

原因が見あたらない場合は、生活リズムを見直し、早寝早起きと適度な運動を習慣にすると、食事の時間におなかがすくようになるでしょう。また、足と背中が安定する椅子に替える、テレビを消すなど食事に集中できる環境を整えることも大切です。

なんとなく元気がないときは、睡眠を十分にとって家でゆっくり過ごさせ、心身ともにリラックスさせてあげましょう。

受診の準備

確認すること

いつもと違うと感じたら全身の状態をよく観察

生活リズムを見直したり、食事の環境を変えたり、外遊びをさせたり…食欲アップを試みてもあまり変わらなかったり、食欲低下に加えて、元気がなくてあやしても笑わない、機嫌が悪い、ぼんやりしている、目線が合わないなど、「いつもと違う」と感じるときは、病気の前ぶれのことが。全身の状態を観察し、気になる場合は受診を。

POINT

受診の際に身長・体重を測定

少しずつでも体重が増えていたら、あまり心配しなくて大丈夫。乳幼児身体発育曲線に沿って成長しているか不安なときは、予防接種で受診したときなどにかかりつけ医に相談し、確認してもらうといいでしょう。

受診のめやす

食欲がなく元気もないときは受診して

緊急受診
- 水分もとれずにぐったりしている

かかりつけ医へ
- 飲む量・食べる量が減り体重の増え方が悪い
- 飲んだり食べたりするのを嫌がる
- 発熱、せき、鼻水、下痢・嘔吐などを伴う
- 食欲がなくだるそうにしている
- 口の中がしみて食べたがらない

様子をみてOK
- 食欲は落ちたが体重は増え機嫌はいい
- 食べるものと食べないもののむらがある

ホームケアのしかた

無理に食べさせず、水分だけはしっかり

食べたがらないときに無理じいすると、食べることが苦痛になってしまい逆効果。水分だけはしっかりとらせ、食べたがるものだけ食べさせたら、「ごちそうさまして散歩に行こう」などと声をかけ、親子ともに気分を切り替えて。

おやつや甘い飲み物が多くないか確認を

おやつを多く与えすぎたり、水分補給で甘い飲み物をとらせたりしていると、それだけでおなかがいっぱいになってしまいます。そのあと食事を出しても「食べたい」という気になりません。おやつや飲み物を見直してみましょう。

メンタル面のホームケア

スキンシップをたくさんしてあげて

下の子が生まれた、発表会前で緊張している、友だちとけんかをしたなど、幼児はストレスで食欲が落ちることもあります。そんなときは普段以上にスキンシップを心がけ、気持ちを落ちつかせてあげるといいでしょう。

テレビを消して家族で楽しく食事を

テレビがついていたり、おもちゃが見えるところにあったりすると、食事に集中できません。食事に必要のないものは視界に入らないようにし、「これおいしいよ〜」などと会話をしながら、家族で楽しく食べることが大切。

診察後のホームケア

様子をみましょうと言われたら

いつもどおりの生活を送りながら、子どもの様子はよくみておきます

ママやパパは心配しすぎないで、改善するところは改善しつつ普段と同じ生活をしましょう。ほかの症状が出ていないか、こまめに子どもの様子を確認します。何か心配なことが現れたときは、早めにかかりつけ医に相談を。

話し方のトラブル

言葉だけでなく心身の全体的な発達をみて

病気の知識

判断のしかた

ママやパパの言葉を理解していたら様子をみてOK

言葉の発達は個人差がとても大きく、1歳6カ月で言葉が出ない子もいますが、ママやパパの言うことは理解でき、歩くなど運動の発達が順調なら、まだしばらくは様子をみて大丈夫。子どもの顔を見ながらハッキリ発音して話しかけたり、子どもが話すことを笑顔で聞いてあげたりして、親子の会話を楽しむことが大切です。

POINT

幼児期の吃音は大半が治る

幼児期は吃音（どもり）が出ることがありますが、発症後3年で男児は60%、女児は80%が自然に治ります。吃音を指摘するとしゃべらなくなることがあるので、意識させず、たくさんおしゃべりさせてあげましょう。

幼児期は友だちと会話ができているかを確認

3～6歳ごろは、「さかな」が「あかな」、「えんとつ」が「えんとちゅ」など、正しく発音できないことがよくあります。これは口と舌の動かし方が未熟なことが理由です。でも、同年代の子と問題なく会話できているなら、そのまま見守りましょう。

受診の準備

確認すること

気持ちに寄り添いつつ耳や脳に障害がないか確認

言葉が遅い子は、一気に言葉が出てくることが多いので、あせらず見守ることが大切ですが、同時に、耳や脳に問題がないか確かめる必要もあります。声をかけても反応しない、何度も聞き返すという場合は、

ケアのポイント

全身の症状や環境の変化なども確認して気になるときは受診

耳にトラブルがあることも。また、目を合わせない、あやしても反応が乏しい、極端に落ちつきがないなどの場合は、発達障害の可能性を考えます。気になることがあれば、まずはかかりつけ医に相談しましょう。

受診のめやす

気になることがあったら、まずはかかりつけの小児科へ

かかりつけ医へ
- 話しかけても反応しない
- 1歳6カ月を過ぎても一語文が出ない
- 1歳6カ月を過ぎても意味のない言葉しか話さず会話にならない
- 2歳6カ月を過ぎてもオウム返ししかしない
- 吃音を本人が気にしている
- 言葉が出なくて苦しそうにしている

様子をみてOK
- 1歳代前半でまだ言葉が出ない
- 3歳過ぎで正しく発音できない音がある

ママ・パパの対応のしかた

子どもの言葉のオウム返しはOK

「ぼく、大きくなったら…」のあと詰まったとき、「大きくなったら？」とオウム返しをして、答えを待つのはOK。そして「〇〇になりたい」と言えたら、「そう、〇〇になりたいんだ！」と反応すると、話したい意欲が高まります。

言葉の先取りをするのはNG

たとえば、「ぼく、大きくなったら…」のあと、言葉がつまってつらそうにしていても、「〇〇になりたいんだよね？」と先回りして言うのはNG。子どもが自分の言葉で話すまで、待ってあげることが大切です。

話し方をアドバイスしない

「ゆっくりと話して」「落ちついて」「深呼吸して」など、よかれと思ってアドバイスしていることが、子どもにはうるさく感じられ、黙ってしまうことがあります。子どもの好きなように、自由にしゃべらせてあげましょう。

「今のままでいい」と受け入れてあげる

言葉について友だちにからかわれたら、「今のままでいいよ」とまず受け入れましょう。そのうえで「先生にお願いするから大丈夫よ」と安心させて。また、「病院で練習もできるよ」と子どもに提案してみるのもいいでしょう。

子どもの話し方をまねしない

ママやパパは、話し方がかわいくてまねしているとしても、子どもの自尊心を傷つけることがあります。話し方に注意を向けすぎず、自然に会話をしましょう。それによって、子どもは話すことに自信を持てるようになります。

発音が違っていても言い直しをさせない

「『たらす』じゃなくて『か・ら・す』。言ってみて」などと、言い直しをさせるのはダメ。子どもにストレスを与えるだけで、いいことは何もありません。「いずれは言えるようになる」と、おおらかな気持ちで見守りましょう。

診察後のホームケア

様子をみましょうと言われたら

自治体の発達相談窓口に相談し、適切なケアのしかたを聞きましょう

1歳6カ月健診で言われたときは3歳児健診までの対応について相談。3歳健診で言われたときは、就学前健診までの対応について相談。幼稚園や保育園の先生に、友だちへの対応も含めて相談するのもいいでしょう。

緊急時にあわてないための対処法5

緊急時は、ママやパパが冷静に対処することが何より重要。いざというとき手早く行動するために必要な、5つの対処法を覚えておいて。

救急車呼び方マニュアル

1 **局番なしの「119」にかける**
固定電話でも携帯電話でも局番なし。携帯電話は、場所や電波状態によっては近隣市町に電話がつながることも。あれば固定電話の利用を。

2 **「救急です」と伝える**
「火事ですか救急ですか」と聞かれるので「救急」と答えます。

3 **住所と目印を伝える**
場所を聞かれるので、住所と目印となるものを伝えます。

4 **子どもの容体を簡潔に**
病気やけがの症状や子どもの様子を簡潔に伝えます。

5 **名前と電話番号を伝える**
自分と子どもの名前・年齢、連絡のつく電話番号を伝えます。

6 **救急車が来たら救急隊員に状況報告**
症状、応急手当、診断がついていたら病名などを報告します。

休日夜間診療の可能な医療機関を確認しておく

休日や夜間に子どもの具合が悪くなったときに受診できる医療機関を、あらかじめ調べておきます。自治体の広報誌や新聞の地方版、市区町村のホームページなどに掲載されていることが多いです。先輩ママに聞くのも手。

夜間や緊急の際の対処をかかりつけ医に相談しておく

かかりつけ医の診察を受け、診断がついた場合は、今後どのような経過をたどるのか、夜間に症状が悪化したときはどうすべきか、救急車を呼ぶ必要があるのはどんなケースかなどについて説明を受けておきます。

受診に迷ったら、＃８０００で相談する

「小児医療でんわ相談（#8000）」は、休日や夜間に子どもの具合が悪くなったときに電話で相談できるサービスです。都道府県で実施時間が異なるので、厚生労働省のホームページ*で確認しましょう。

症状が重いときは、救急車を呼べるよう準備を

症状が重いときは、救急車を呼ぶ事態になった場合に備え、健康保険証、母子健康手帳、お薬手帳、紙おむつ、哺乳びん、粉ミルク・湯、飲み物、着替え、タオル、現金など、病院で必要になるものをバッグにまとめておきます。

夜間でも呼べるタクシー会社をチェックしておく

夜間に子どもを病院へ連れていくときは、タクシーを使うことも考えられます。夜間から早朝の急な迎車には対応していないタクシー会社も多いので、24時間予約なしでタクシーを呼べる会社を探しておきましょう。

＊厚生労働省 URL
https://www.mhlw.go.jp/topics/2006/10/tp1010-3.html

PART 2

〈事故・けが別〉受診のめやすとホームケア

転んですりむいたり、熱いものを触ってやけどをしたり…子どもにけがはつきもの。小さいけがはもちろん、心配なけがや事故の対処法も万が一のために知っておきたいものです。「異物を飲んだ」「やけどをした」など、事故・けが別に、応急処置のしかたや、受診のめやす、予防方法、心肺蘇生法まで最新知識を詳しく紹介します。

起こりやすい場所・時間

この場所に要注意！

赤ちゃんや子どもの事故・けがは、屋外でも屋内でも起こりやすい場所があります。
家の中や家の周囲を確認して、事故を未然に防ぎましょう。

屋外で

道路で車にひかれる
子どもは視野が狭いうえに周囲を確認しないため、道路に飛び出し、車にひかれることが。

プールでおぼれる
赤ちゃんや子どもは、浅いビニールプールやバケツの水など浅い水でもおぼれることが。

遊具から転落する
体を支える力が弱く、バランスがとりにくいため、すべり台やブランコなどの遊具から転落することが。

駐車場で車にひかれる
駐車場に停まっている車の後ろなどで遊んでいて、動き出した車にひかれることが。

ベビーカーが転倒
ベビーカーのハンドルに荷物をかけていると、バランスが崩れて横転し、赤ちゃんが転落することも。

車の中で熱中症
炎天下の車内は50度以上に。ほんの数分でも子どもを車内に残すと熱中症を引き起こす危険が。

自転車が倒れる
スタンドを下ろしていても、バランスを崩して自転車が横転し、子どもが頭を打つ危険が。

事故を防ぐ行動は習慣にし、親が模範を見せるのも大切

屋外での事故・けがは、幼稚園などに入園し行動範囲が広がる年代から増えてきます。けれども、大人と一緒に行動する0～2歳の時期でも、大人の不注意から事故を引き起こすこともあります。「今まで大丈夫だったから」と過信していると、ママやパパがあわてていたり、ほかのことに気を取られて注意が散漫になっているときに、事故につながる恐れも。事故対策の行動は、習慣にしてどんな環境や状況のときも無意識に行えるようにしたいものです。

3歳以降の行動範囲が広がる年齢では、大人の目が行き届かなくなる場面も出てきます。日頃から事故・けがを防ぐ方法についてよく言い聞かせることを心がけて。また、親が事故を防ぐ正しい行動をすることも大切です。

赤ちゃん・子どもの事故・けがが

おふろでおぼれる
水を張った湯船をのぞき込んで落ちることが。入浴中に、大人が一瞬目を離して、湯船の中でおぼれることも。

ソファから転落
ソファに寝かせていると、動いた拍子に転落することが。ベッドも柵をしておかないと危険。

ベランダや窓から転落
ベランダや窓際に踏み台になる物があると、それを使ってベランダや窓から体を乗り出し転落する危険が。

ドアに手を挟む
ドアの取っ手側で手や足を挟んだり、蝶番側で挟むことが。引き出しで手指を挟むことも。

家の中で

階段からの転落
赤ちゃんはもちろん、幼児でもバランスを崩して階段から転げ落ちてしまうことが。

感電
頭につけていたヘアピンを取ってコンセントに差し込んで感電することが。

ぬいぐるみによる窒息
首が座っていない赤ちゃんの顔の上にぬいぐるみや布がかぶさってしまうと、顔を動かせず窒息することも。

炊飯器でやけど
子どもの手の届く高さに炊飯器が置いてあると、湯気に手をかざしてやけどをすることが。

小さいおもちゃや電池などを誤飲
小さいおもちゃや電池などが床に落ちて転がっていると、子どもが口に入れて誤飲する危険が。

事故が起きやすいのは居間。夕方の忙しい時間帯に要注意

家庭内での事故は、居間で起こることが多いと言われます。事故が起こりやすいのは、夕方から夜にかけての夕飯の支度などでママが忙しくしている時間帯。外出の予定があるなどで気ぜわしいときも起こりやすいでしょう。

また、実家への帰省中など、普段と違う環境でも起こりやすいもの。環境的に子どもの事故防止対策が万全でなかったり、ママやパパの気がゆるみやすい、誰かが子どもの様子をみてくれているだろうという責任の希薄感が原因に。大人が忙しいときほど事故やけがは起こりやすくなります。グッズなどを利用して、事故防止対策をしっかり行ったうえで、つねに子どもへの目配りも忘れないようにしましょう。

異物を飲んだ

直径39㎜以下のものは誤飲する心配が

事故の知識

体への影響は？

誤嚥や誤飲は最悪は亡くなる危険な状態

「のどに物がつまる」などは、0歳代の救急搬送で2番目に多い事故原因。飲み込んだものが気管に入るのが「誤嚥（ごえん）」、飲んではいけないものを飲み込むのが「誤飲」です。誤嚥すると呼吸困難に陥り、窒息して命を失うことも。誤飲すると飲んだものが消化器に入り中毒症状を起こす心配があり、最悪は命を失うこともあります。

POINT

ほぼすべての赤ちゃんが誤飲を経験している

赤ちゃんは何でも口に入れて確かめることもあり、ほとんどの赤ちゃんが誤飲を経験すると言われます。口で確かめるのは発達段階で必要なことですが、誤飲は命の危険につながります。決して軽視してはいけません。

応急処置のポイント

固形物がのどにつまっていたら救急車を呼んでから、応急処置を

急に様子がおかしくなったら口の中を確認して

誤嚥の原因は食べ物（ナッツ類、ぶどう、プチトマト、いくら、チーズなど）が多いですが、おもちゃやビー玉、おはじきなど食品以外のことも。食事中や遊んでいるときに、急に様子がおかしくなったら口の中を確認。窒息していたら救急車を呼びます。

受診するときは飲んだものを持参

たばこ（そのものや浸した液体）、洗剤、医薬品、化粧品、アルコールなどの液体以外に、硬貨やボタンなどの固形物も誤飲することが。とくにボタン電池や2個以上の磁石は、粘膜に化学やけどを起こす、腸壁を挟んでくっつくと穴があくなど重篤な症状を生じやすく危険。受診時は、誤飲したと思われるものや類似のもの、容器を持参します。

POINT

飲み込んだときは吐かせないで

異物を飲み込んでしまったときは「何も飲ませない、吐かせない」が基本。日本中毒情報センターのホームページ（※）には、家庭内の化学薬品誤飲の対応が掲載されています。ただし、乳幼児は水や牛乳などを飲ませると吐いて症状が悪化することも。飲ませず受診したほうがいいでしょう。

※ https://www.j-poison-ic.jp/

中毒110番

誤飲の対処法に迷ったとき相談できる

事故が起きた際、化学物質（たばこや家庭用品など）や医薬品などの急性中毒の対処法などを相談できます。

(財)日本中毒情報センター

- 大阪中毒110番
  ☎072-727-2499（24時間対応）
- つくば中毒110番
  ☎029-852-9999（9～21時）
- たばこ誤飲事故専用電話
  ☎072-726-9922（テープ方式／24時間対応）

すぐに行うこと

受診の準備

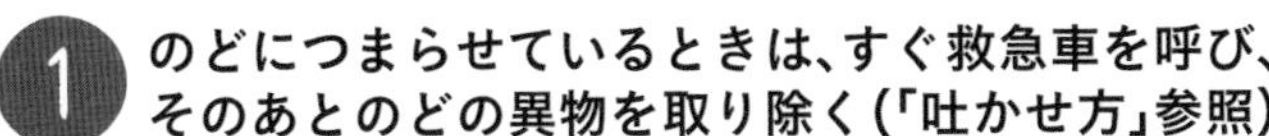
1. のどにつまらせているときは、すぐ救急車を呼び、そのあとのどの異物を取り除く（「吐かせ方」参照）

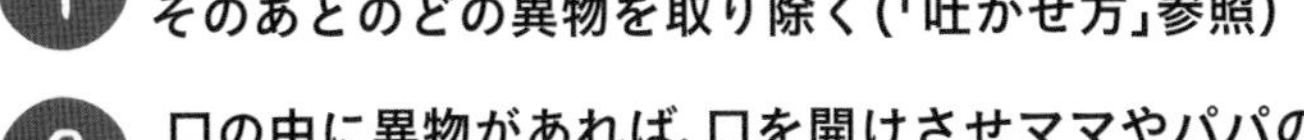
2. 口の中に異物があれば、口を開けさせママやパパの指でかき出す。異物が見えないときはかき出さない

3. 誤嚥・誤飲したもの、量、いつ飲んだかを調べて、同じものや類似のもの、容器があれば、確保しておく

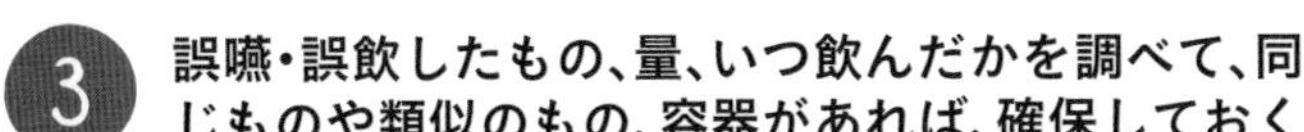
4. 救急車を呼ぶ様子ではないときは、かかりつけ医や「中毒110番」「＃8000」などに相談し対処する

のどにつまった物を掃除機で吸い出すのは厳禁。舌を吸い込む、歯が折れる、異物を押し込んでしまうなどの危険があります。

かかりつけ医へ	急いで病院へ	救急車を呼ぶとき
異変がないときは、あわてずに診療時間内にかかりつけ医に相談する	ひどい症状でなくても、何かしらの症状があれば、すぐ受診	窒息していたら、異物を取る前に、救急車を呼ぶ
● 異物を飲み込んだが、とくに変わった症状は見られない ● 口の中の物を取り出せ、すぐに症状がなくなったが心配	● 繰り返し吐く、せきが止まらない ● ひどく痛がる、機嫌がひどく悪い	● 呼吸困難になった。もしくは呼吸をしていない ● ひきつけやけいれんを起こしたり、顔色が悪い ● 毒性の強いもの（殺虫剤、たばこ、薬など）を飲んだ

【吐かせ方（1歳以上）】

立てひざをついて、うつぶせにした子どものみぞおちをひざで圧迫し、肩甲骨の間を手のつけ根で4～5回たたく。

【吐かせ方（0歳代）】

うつぶせにし、肩甲骨の間を手のつけ根で4～5回たたく。次に体をあお向けにし、2本の指で力強く4～5回圧迫。それを交互に繰り返す。

圧迫するところ

体の支え方

股に手を通してあごを持ち、体とあごを固定します。

POINT

直径39mm以下のものに注意

3歳未満の子どもは、直径39mm以下のものなら口に入ります。トイレットペーパーやラップ芯がこのサイズ。芯を通るものはすべて誤飲する可能性があると考え、手が届く場所には置かないようにします。

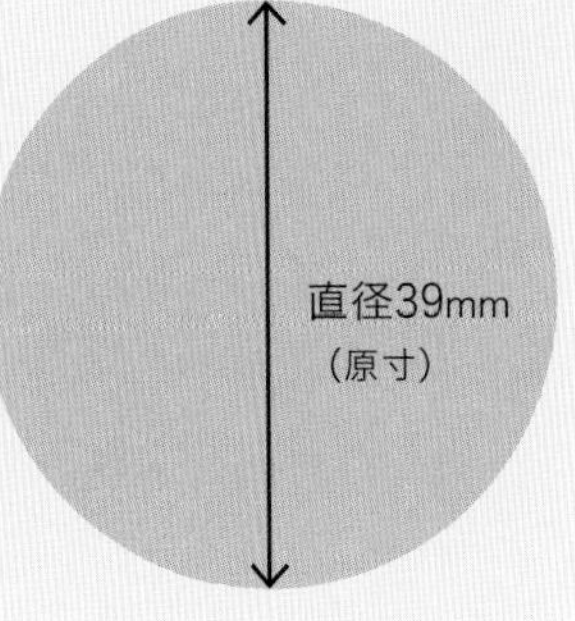

予防対策

誤嚥・誤飲 予防3カ条

- 誤嚥や誤飲するものは手が届く場所には置かない
- 低い位置にある家具の扉や引き出しにはストッパーを
- 誤嚥しそうなものは与えない。食事中は目を離さない

おぼれた

水の事故の多くは家庭内で起きている

応急処置のポイント

意識がないなどのときは、救急車を呼び、心肺蘇生を

事故の知識 体への影響は？

命を失う確率が非常に高く重い後遺症が残る場合も

おぼれると、体内の酸素がたりなくなります。酸素不足で最初にダメージを受けるのは脳です。おぼれている時間が10分以上の場合や3歳以下の子では、脳への障害が強くなり、亡くなる確率が上がります。助かったとしても脳に重い後遺症が残ることも少なくありません。また、意識ははっきりしていても、肺に水が入って肺炎になることもあります。

POINT

子どもは洗面器の水程度でもおぼれる

小さな子どもは、洗面器にはった程度の少量の水でも、口と鼻がふさがるとおぼれます。体のバランスをとる力が未熟なので、顔が水につかったとき体勢をたて直すことができず、水面から顔を上げられないためです。

0～3歳の水の事故は9割が浴室で発生

「子どもがおぼれる」というと海やプールなど水辺の事故を想像するかもしれません。けれども、0～3歳の水の事故の9割以上が浴室で起きています。目を離したすきに子どもが浴室に入り、湯船に落ちたり、ママやパパがシャンプー中などで目を離した一瞬の間におぼれることもあります。

3歳以降は水辺の事故も増加。水遊びには細心の注意を

3歳以降の水の事故も5割程度は浴室で起きていますが、外で活発に過ごすようになることで、池や用水路をのぞいていて落ちる、海や川、プールでおぼれる割合も増えてきます。子どもはおぼれたとき、声を上げることなく沈んでいきます。水のある場所では絶対に目を離さないでください。

子どもはおぼれてももがけず静かに沈む

子どもがおぼれたとき音では気づけません

おぼれたら水面をたたいてもがく、というイメージがありますが、実際におぼれると、子どもは何が起こったのかが理解できないまま静かに沈んでいきます。「おぼれたら音がするから気づく」と考えるのは非常に危険です。

おぼれかかったあとに起こる「遅発性溺水」に注意

おぼれた直後は元気でも、数時間から1～2日後に肺炎や肺水腫（血液の成分が肺胞内にしみ出した状態）を発症する「遅発性溺水（ちはっせいできすい）」を起こすことがあります。おぼれてから数日間は顔色や呼吸の様子などを観察し、様子がおかしいときは早めに受診してください。

受診の準備

すぐに行うこと

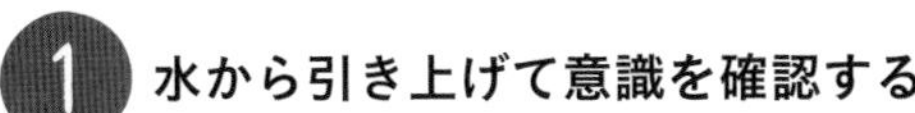

1. 水から引き上げて意識を確認する

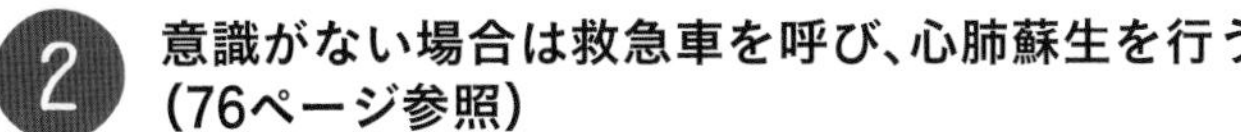

2. 意識がない場合は救急車を呼び、心肺蘇生を行う（76ページ参照）
3. 意識がある場合は回復体位（76ページ参照）をとらせて安静にさせる

これはNG

腹部を押すなどして水を無理に吐かせる必要はありません。吐いた水が肺に入ると肺炎に、気管に入ると窒息の原因になることも。

かかりつけ医へ	急いで病院へ	救急車を呼ぶとき
水から引き上げたあと、大声で泣くなど意識は正常だが、心配な場合は診療時間内にかかりつけ医へ ● おぼれたのは一瞬で、その後は元気そうだが心配	水から引き上げたあと意識は正常でも、何か症状があるときはすぐに受診 ● せきや熱が出た ● 顔色が悪い ● 機嫌が悪い ● いつもと様子が違う	水から引き上げたとき意識がおかしい場合は、何よりもまず救急車を呼ぶ ● 意識や呼吸が戻らない ● 心音がしていない ● 意識がもうろうとしている ● 水を大量に飲んだ

POINT

浴室用の首かけ式浮き輪は使わないで

首かけ式の浮き輪に赤ちゃんを入れて浴槽に浮かせると、頭がすり抜けておぼれることがあります。ママやパパが自分の髪や体を洗う間は、赤ちゃんを洗い場の椅子に座らせるなど、安全な場所で待たせてください。

予防対策

溺水予防3カ条

- 浴槽の湯は必ず抜く
- 洗濯機の近くに踏み台になる物を置かない
- 水遊びや水辺の散歩では、子どもから目を離さない

POINT

子どもでもAEDでの救命処置が可能

子どもがおぼれて心停止した場合、6歳以下でもAEDを使えます。小児用が選べるときは小児用を使いますが、ない場合は大人用を使っても問題ありません。ぬれた胸まわりをタオルなどでふいてから装着します。

POINT

子どもがおぼれやすい場所はこの3つ

浴槽　洗濯機　家庭用プール

子どもの水の事故の多くは家庭内で起きています。浴室や洗濯機など水のある場所には子どもが1人で入れないようにする、水遊びのときは必ず大人がそばにいて目を離さないなど、事故防止策を徹底することが重要です。

転落防止策を施すことが何より重要

落ちた・転んだ・打った

事故の知識

体への影響は？

衝撃が強いと頭や内臓にダメージを受けることも

乳幼児は体に対して頭が大きいためバランスが悪く、バランス感覚も未熟です。そのためベッドなどから落ちたり転んだりすることが多く、あちこちに体を打ちつけます。高所から落ちたり、強く打ったりすると、頭や内臓にダメージを受けたり、骨折したりすることがあります。けいれん、嘔吐、意識障害などが見られたら至急受診を。

応急処置のポイント

意識と症状をチェックし、応急手当てをして病院へ

骨折が疑われたら患部を固定して病院へ

手足を動かすと痛がったり、腕や足をだらりとしている場合は、骨折や脱臼の可能性があります。患部を動かさないようにすることが重要なので、板や丸めた新聞紙、段ボール、わりばし（指の固定用）などを添え木にして患部の上下の関節を固定し、できるだけ早く病院へ連れていきます。

こぶ、あざ、内出血は嫌がらないなら冷やす

こぶやあざ、内出血した部分は、冷やすと痛みが和らぎますが、嫌がる場合は無理に冷やさなくてかまいません。温めると血行がよくなり腫れがひどくなることも。腫れている部分はおふろで温めないように気をつけましょう。入浴は避け、シャワーで済ませるといいでしょう。

串に刺したもの、歯ブラシなどでのどを突くことも

棒状のものをくわえて歩かせるのは厳禁

串に刺した焼き鳥、割りばしに巻いた綿あめ、歯ブラシなど、棒状のものをくわえて歩かせると、転んだ拍子にのどを突くことがあり非常に危険。亡くなった例も。先が丸くても危険度は変わりません。

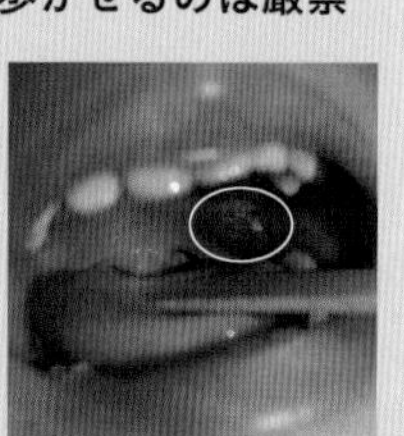

歯ブラシをくわえたまま走り、転んでのどを突いた例。傷口が白く潰瘍になっています。

転倒事故が最も多いのは1～2歳

1～2歳は活発に動くようになるけれど、体のバランスをとるのが下手。転びやすいので、転倒事故が最も多くなる年代です。1～2歳の転倒事故の大半は室内で起きています。転んでぶつかったときけがをするものがないか家の中をチェックし、安全対策を施しましょう。

すぐに行うこと

受診の準備

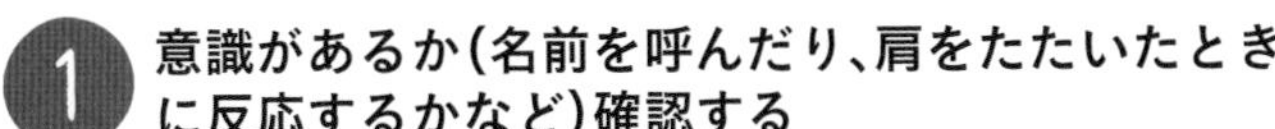
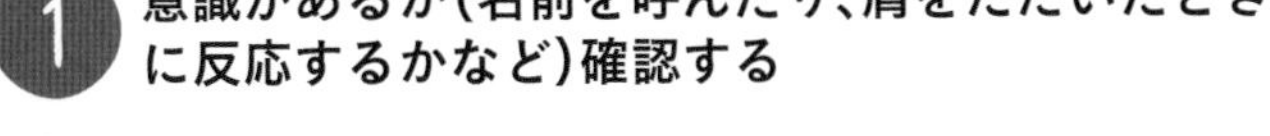

1. 意識があるか(名前を呼んだり、肩をたたいたときに反応するかなど)確認する
2. 呼吸がない場合は、気道を確保して人工呼吸を行う(76ページを参照)

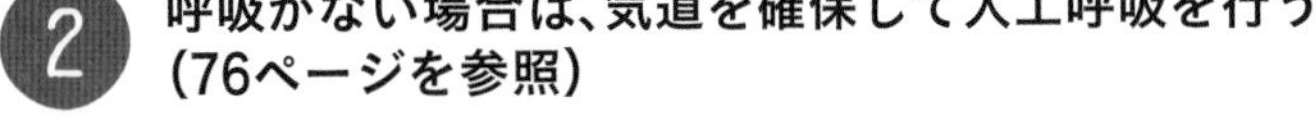

3. 全身をチェック。けがをしている場所を特定し、状態を確認する

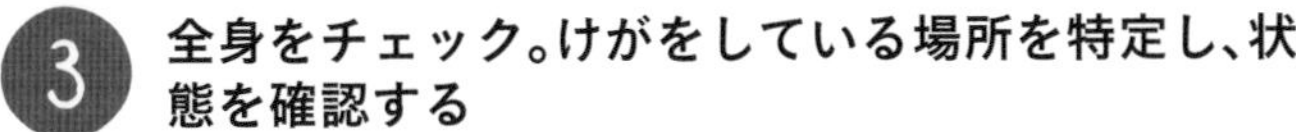

4. 冷やす、固定する、止血するなど症状に合った応急処置を行う

これはNG

「頭を打っても泣けば心配ない」と油断するのは危険。頭を打った子の体をゆすったり、無理に立たせるのも悪化させる心配が。

かかりつけ医へ	急いで病院へ	救急車を呼ぶとき
● 打った場所を動かすと痛がる ● 落ちた・転んだ・打ったあと機嫌が悪い	● 打った場所を動かせない、だらんとしている ● 痛がる場所(腕や足など)が変な曲がり方をしている ● 意識はあるが、ボーッとしていて反応が鈍い	● 意識がなく、呼びかけても反応がない、呼吸をしていない ● けいれんを起こした ● 繰り返し吐く ● 出血が止まらない、出血量が多い

POINT

事故防止グッズを活用しよう

浴室のすべり止めマット、階段の転落防止用ゲート、家具の角を保護するコーナークッションなど、家庭内での事故を予防するグッズはいろいろあります。子どもの発達に合わせて活用しましょう。

予防対策

転倒・転落予防3カ条

- 階段や椅子など高さのある場所には柵やベルトを
- ベランダや窓際に踏み台になるものを置かない
- 遊具で遊ばせるとき、外にいるときは目を離さない

POINT

打った箇所の冷やし方

タオルをあてた患部に、ビニール袋に氷を入れた氷のうをのせます。タオルでくるんだ保冷剤や、冷水に浸して絞ったガーゼを患部にあてても OK。冷やすめやすは 20 ～ 30 分程度。それ以上は効果ありません。

POINT

頭を打ったときは1～2日様子をみることが大切

頭を打った直後は元気そうに見えても、2日程度は注意深く観察を。頭痛が悪化する、ボーッとする、歩き方がおかしいなどの場合は、頭の中で何らかの異常が起こっている可能性があります。至急受診して。

やけどをした

すぐ冷やして皮膚のダメージを抑えて

事故の知識

体への影響は?

皮膚が薄く、体が小さいのでやけどが重症化しやすい

小さな子どもの皮膚は大人に比べて薄いため、やけどをすると熱が皮膚の深い部分まで伝わりやすく、重症化しやすいのが特徴です。また、小さな子どもほど体全体に占めるやけどの面積が大きくなるので、リスクが高くなります。たとえば、大人の手のひら分のやけどは大人の体の約1%ですが、子どもの体では約4%を占めることに。

POINT

やけどの重症度は3段階

やけどはⅠ～Ⅲ度に分類されます。Ⅰ度は皮膚表面が赤くなりヒリヒリする状態。Ⅱ度は真皮細胞まで至り、水ぶくれができた状態。Ⅲ度は皮膚のすべてがダメージを受け、白っぽくなったり、こげたような状態です。

応急処置のポイント

すぐ冷やし、ひどいときは冷やしながら病院へ

できるだけ速やかに流水で20分以上冷やす

流水で20分以上冷やし、熱が皮膚の奥に伝わるのを防ぐことが重要。やけどの面積が広いなど重度のやけどは、保冷剤などで冷やしながら至急受診します。洋服の上からやけどをした場合は、脱がせると皮膚がはがれるなどして損傷が大きくなることがあるので、洋服の上から冷やします。

水ぶくれがつぶれないようにタオルでやさしく保護

水ぶくれができたら、つぶさないように注意を。水ぶくれの中の液体には皮膚を再生させる働きがあり、破れると細菌が侵入して感染することがあるからです。水ぶくれのまわりに清潔なタオルをふんわりと巻き、カバーしましょう。水ぶくれができたら、小さなやけどでも受診が必要です。

ひどい日焼けはやけどと同じ

水ぶくれができたり痛がるときは受診を

日焼けをしすぎると、皮膚はやけどと同じようなダメージを受けます。まずは冷やして炎症を落ちつかせますが、皮膚に赤みがある、水ぶくれができた、痛みがひどいなどの場合は皮膚科を受診してください。

やけどの原因の1位は食べ物・飲み物

年齢を問わず子どものやけどの原因の1位は、汁物、熱い飲み物、めん類などの飲食物。どれも日常的に食卓に出すものですが、一瞬の油断でやけどは起こります。熱い飲食物は子どもの手の届かない場所に置くなど、対策を習慣にすることが必須です。

すぐに行うこと

受診の準備

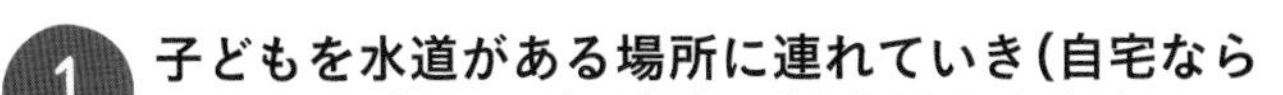

1. 子どもを水道がある場所に連れていき(自宅ならシャワーがベター)、流水で20分以上冷やす

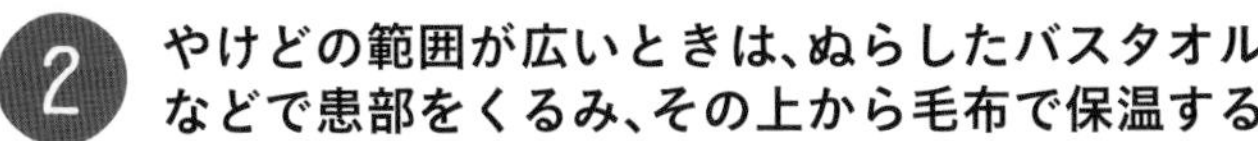

2. やけどの範囲が広いときは、ぬらしたバスタオルなどで患部をくるみ、その上から毛布で保温する
3. 流水を当てられない部位は、タオルでくるんだ保冷剤、ビニール袋に入れた氷などで冷やす
4. 口の中をやけどしたときは、氷を清潔なガーゼに包んで患部にあてる

これはNG

やけどした部位にアロエの葉、みそ、しょうゆを塗るなどの民間療法はNG。細菌感染を起こして、悪化することがあります。

かかりつけ医へ	急いで病院へ	救急車を呼ぶとき
● 500円玉より小さいやけどだが、冷やしても皮膚の赤みがひかない ● やけどの範囲は小さいが、水ぶくれができた ● 範囲が狭く、軽症のやけどだが、痛がる	● やけどをした部分に衣類がはりついている ● 口、鼻、目、関節、性器にやけどをした ● やけどの範囲が本人の手のひらより大きい ● 低温やけどをした	● 全身の10%(本人の手のひら10個分)以上のやけどをした ● 皮膚が白っぽくなっている、黒くこげている ● のど(気道)をやけどした

POINT

子どもの手の届く高さに炊飯器や電気ケトルを置かない

炊飯器の蒸気に触れる、電気ケトルのコードを引っぱって熱湯を浴びるなどの事故が多発しています。暖房器具はもちろんのこと、熱を発する調理器具も子どもの手が届く場所には置かないでください。

やけどの予防3カ条

予防対策

- キッチンには子どもだけでは入れないようにする
- テーブルクロスは固定するか、使わない
- 外食時は子どもから目を離さない

POINT

ホットカーペットやカイロでの低温やけどにも注意

心地よいと感じる温度の湯たんぽやカイロ、ホットカーペットなどでも、長時間ふれていると低温やけどの原因に。低温やけどは長時間熱に接することで深いやけどになることもあり、使わせるときは十分に注意を。

POINT

夏場の金属やアスファルト、鉄製の遊具でのやけども

暑い時期は、太陽光で熱せられたチャイルドシート・ベビーカーの金属、アスファルト、鉄製の遊具などが高熱になり、素手や素足で触るとやけどをすることがあります。子どもに触らせる前にチェックを。

切った・擦った・刺した・挟んだ

傷の深さ、範囲をよく観察して

応急処置のポイント

流水で洗って清潔にし、必要があれば病院へ

汚れを流水で洗い流し傷口を清潔にして

切り傷や擦り傷ができたら、消毒薬でなく、汚れを流水で洗い流すことが重要。野外で水道がなく、持っているのがお茶なら、お茶で洗い流しても（ジュースはNG）。ウエットティッシュを使うときは、汚れを擦り込まないように注意。挟んだ場所は骨折などの損傷がないか、動きを確認します。

出血しているときはガーゼの上から圧迫止血

出血していたら傷口を流水でよく洗って止血します。患部にガーゼなどを当て、手のひらで強く押さえて圧迫止血を。口内の出血は血を吐き出させたあと、ガーゼなどで圧迫止血を行い、鼻血は鼻翼を中央に押して圧迫（66～67ページ参照）。鉛筆の芯やくぎが刺さったときは抜かずに病院へ。

事故の知識

体への影響は？

大量出血や感染症など油断できない事態にも

刃物で切ったり刺したりすると、大量に出血したり、神経を傷つけたりすることがあります。擦り傷に砂、泥、アスファルトなどがついた状態で放置すると感染の原因になるとともに、異物が残ったまま新しい皮が覆うと、入れ墨のように色が残ることも。ドアに指を挟んだ場合は、骨折したり、筋肉や神経に影響することがあります。

POINT

汚いところや錆びたものでけがをしたら病院へ

砂や土の上など汚い場所で深く切ったり、錆びたくぎが刺さるなどした場合は要注意。破傷風菌は四種混合ワクチンで予防できますが、ほかの細菌に感染することが。傷口をしっかり洗ったあと、小児科を受診して。

傷をきれいに治すには乾燥させないこと

湿潤治療被覆材で傷口を覆って治療

以前は、傷は乾かして治していました。しかし、乾燥させると傷跡が残ることがわかってきたので、現在は傷口をきれいに洗ったあと、湿潤治療被覆材を貼って乾燥させないようにする「湿潤療法」が一般的になっています。

子どもは、包丁やはさみで刺す・切る、ドアに挟むけがが多い

大人のまねをして包丁やはさみに触って刺し傷、切り傷を負ったり、ドアや引き出しに自分の手足を挟んだりする事故がよく起きています。刃物による切り傷、刺し傷は大けがにつながる恐れがあり、ドアに手や足を勢いよく挟むと粉砕骨折をすることがあります。

すぐに行うこと

受診の準備

1. 出血が多い場合は、まず傷口を手早く流水で洗ってから清潔なガーゼやタオルで圧迫止血を行う

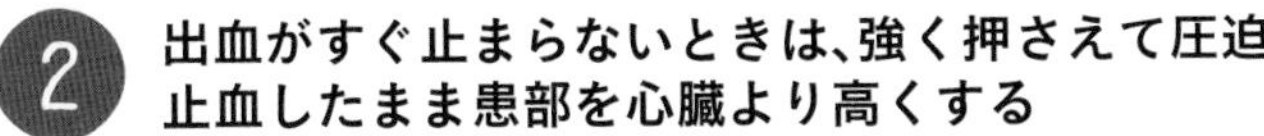

2. 出血がすぐ止まらないときは、強く押さえて圧迫止血したまま患部を心臓より高くする
3. 出血が少ない場合は、傷口の汚れを流水で洗い流して救急ばんそうこうなどを貼る
4. とげは毛抜きで抜いたあと、流水でよく洗う。抜きにくいときは無理に抜かず、そのまま病院へ

これはNG

ガラスなどが深く刺さっている場合は、抜くと大量に出血することがあり危険。刺さったままにしておいて救急車を呼びます。

かかりつけ医へ	できるだけ早く病院へ	救急車を呼ぶとき
● とげが抜けない ● 頭、おでこ、顔に浅い傷を負った ● 擦り傷が化膿してきた ● 患部(指など)を動かしにくい、腫れている	● 止血したが傷が深い、傷が広範囲に及ぶ ● 傷口の異物が取れない ● 錆びたものや汚れたものが刺さった ● 耳、口の奥、のどの奥から出血している ● 患部(指など)が動かない	● 出血量が多い、出血が止まらない ● 意識がない、呼びかけに反応しない ● けいれんを起こした ● 刃物やガラスなど鋭利なものが深く刺さっている ● 患部が変形している

【圧迫止血するとき】

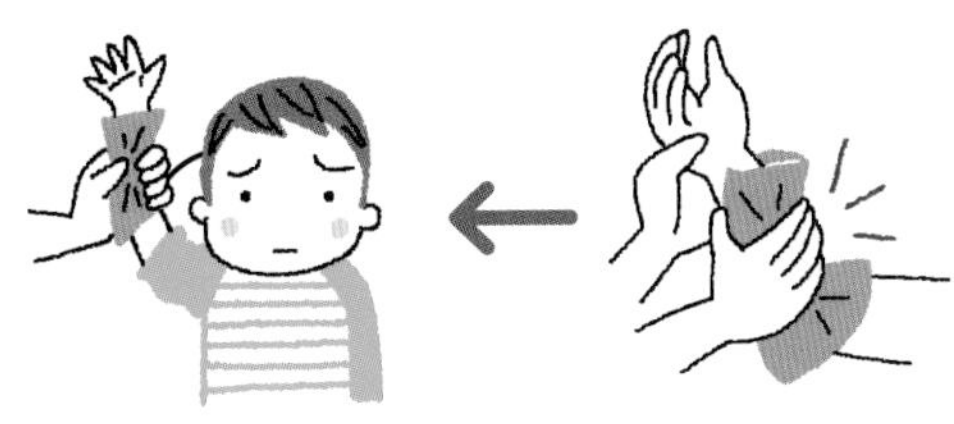

出血している傷口に清潔なガーゼやタオルをあてて押さえ、しばらく圧迫します。

出血が治まらないときは、傷口を圧迫したまま、心臓より高い位置に上げます。

【軽い傷のとき】

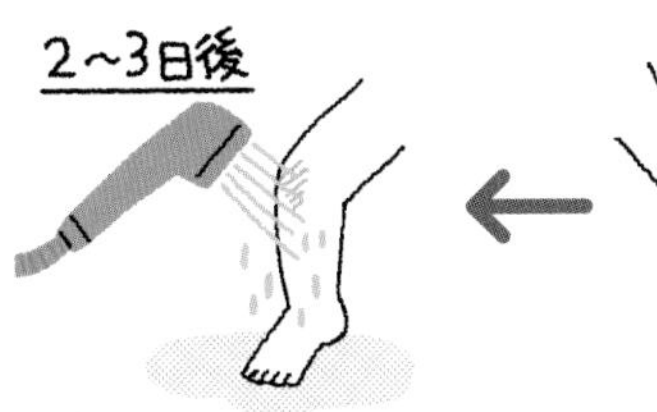

水道水で傷口を洗い、汚れが取れたら、湿った状態で湿潤治療被覆材を貼ります。

2～3日貼ったままにし、傷口を水で洗ってから新しい被覆材に取り換えます。

POINT

刃物など、危ないものは出しっぱなしにしない

包丁やはさみなど小さな子どもが触ったら危ないものは、子どもの前で使わないようにし、出したまま放置するのは厳禁。子どもの手が届かない場所で保管したり、収納場所にロックをつけたりしておきましょう。

けがの予防3カ条

予防対策

- 刃物など危険物の保管場所にはロックをつける
- 車のドアや窓の開閉を子どもにやらせない
- すべらないように室内では基本、靴下を履かせない

歯が折れた・欠けた

乳歯はグラつきやすいので状態を確認

事故の知識

体への影響は？

永久歯の歯並びや発音、そしゃくに不具合が生じる

転んだときとっさに手で支えられずに顔を打つ、遊んでいて友だちの頭が口にあたるなどして歯に強い衝撃が加わると、乳歯が折れたり欠けたりすることがあります。放置すると永久歯の生え方に影響をするほか、発音やそしゃくに不具合が生じることも。子どもが平気そうにしていても、すぐに小児歯科でみてもらってください。

POINT

あごの骨がやわらかいので乳歯は脱臼しやすい

乳幼児のあごの骨はやわらかいので、歯を打つとグラグラしたり、位置がずれたりする「脱臼」や、歯ぐきの中にめり込む「埋入」になることが多いです。乳歯の根がしっかりすると、折れたり欠けたりすることは減ります。

応急処置のポイント

折れた・抜けた歯を持って、すぐに小児歯科を受診

歯がグラグラする、めり込むなどの場合は受診

歯の脱臼や埋入が見られるときは、すぐに小児歯科を受診し、歯の神経や根の状態をチェックしてもらいましょう。打った直後は歯に異常が見られなくても、しばらくたってから歯の色が変わってきたときは、神経が傷んでいる可能性があります。気づいた時点で受診してください。

抜けたり欠けたりしたときは速やかに受診

歯が抜けたり、欠けたりした場合は、欠けた部分から感染を起こすことがあります。また、欠けて尖った部分で舌や唇を傷つけるのも心配です。できるだけ早く小児歯科を受診しましょう。欠損部分を植え直すことが可能なケースもあるので、抜けた歯や欠けた部分は持っていきましょう。

乳歯のトラブルは永久歯に影響することも

乳歯の状態を定期的に診てもらうことが重要

外からの力で乳歯にダメージを受けると、将来、永久歯が生えたときに歯の色が白や茶色っぽくなる、生える方向がずれるなどの問題が起きることがあります。そのため、定期的に歯科検診を受け、適切なフォローを受けることが大切です。

転んだときには歯を打っていないか確認を

小さな子どもは体のバランスをとるのが下手なので、家の中でも外でもよく転びます。転んだときは必ず口の中も観察し、歯がずれたり、欠けたりしていないかチェックしましょう。歯が欠損などしていたら、欠けた歯を飲み込まないように口の中から取り出します。

すぐに行うこと

受診の準備

1. 口の中をよく観察し、歯が抜けたり出血したりしていないか確認する
2. 抜けた歯は口の中から取り出して保存する
3. 出血していたら止血をする

抜けた歯は本人の口の中で保存するといいと言われますが、子どもは誤飲のリスクが高いので、口の中に入れっぱなしにするのは危険。

かかりつけ医へ	できるだけ早く病院へ
● 歯がグラグラしている、歯が欠けた ● 歯ぐきの中に歯がめり込んだ ● だんだん歯が変色してきた	● 歯が抜けた ● 出血が止まらない (救急車を呼んでもOK) ● 歯やその周辺を痛がっている

パパへ

歯が抜けたときは牛乳に浸して受診を

抜けた歯は、乾燥させないように牛乳や生理食塩水につけて小児歯科医へ持っていきましょう。30分以内だと、歯の植え直しができる場合があります。外出中でも牛乳なら手に入りやすいので、覚えておきましょう。

POINT

歯ぐきや口の中の止血のしかた

まず口にたまった血液は吐き出させます。うがいができるなら、うがいをさせてもいいでしょう。その後、清潔なガーゼで出血箇所を圧迫して止血します。出血量が多くて止まらない場合は、救急車を呼んでもいいでしょう。

目をけがした、異物が入った

子どもは目の事故が多いので要注意

応急処置のポイント

異物は流水で洗い流し、すぐ眼科に連絡して受診

事故の知識

体への影響は？

目の機能が低下したり最悪の場合は失明することも

棒状のもので目を突いたり、目や目のまわりをぶつけたりすると、目の中で出血したり網膜剥離（もうまくはくり）を起こすことも。治療が遅れると目の機能が低下したり、最悪の場合は失明することもあります。異物が入った場合も失明する恐れがあるので、軽く考えてはいけません。目は非常に大切な器官。必ず眼科を受診し、適切な治療を受けて。

POINT

子どもは目のけがをしやすい

目に重い外傷を負う事故の35％は、子どもが占めているというデータがあります。小さな子どもは危険を予測できないうえに、危険を避ける身体能力も未熟です。ママやパパが気をつけてしっかり見守ることが重要です。

目を動かすと症状が悪化両目を閉じさせて安静に

けがをした目を動かすと、出血が増えたり、網膜剥離が進む心配が。正常なほうの目を開けていると、けがをした目も動いてしまうので両目をつぶらせます。あお向けに寝かせて目を圧迫しないように、まぶたの上に冷やしたタオルなどをのせます。

異物が入ったときはすぐ目を洗う

異物が入ったら、すぐに流水で目を洗いましょう。とくに薬品の場合は、10分以上洗い流します。異物が取れない場合は眼科を受診してください。目をこすると角膜を傷つけるので、子どもにこすらせないように注意して。ぬらしたタオルでやさしく目を覆うと、角膜がうるおって異物が流れやすくなり、目をこする予防もできます。

レーザービームが眼球にあたるとやけどを起こすことが

視力が戻らなくなることもあり危険

レーザービームが目にあたると、網膜をやけどして、光をまぶしく感じる、見えにくくなるなどの視力障害が起こることが。治療しても視力が戻らなくなることも。レーザービームが出るもので遊ばせるのは、絶対にやめましょう。

目が異常に赤い、目を長くつぶっている、よくこするときは要注意

小さな子どもは、目に違和感や痛みがあっても言葉で説明することができません。目が真っ赤になっている、目やにが多く出ている、目を長くつぶっている、頻繁に目をこするなどが見られたら、目に異常があることが考えられます。早めに眼科を受診しましょう。

すぐに行うこと

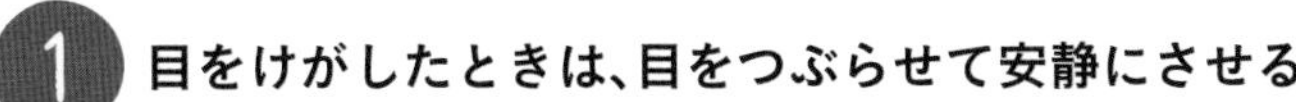

1. 目をけがしたときは、目をつぶらせて安静にさせる
2. 目に異物が入ったときには、流水で目を洗う
3. 目に何か刺さっているときは抜かずにそのままにして、目を清潔なタオルで覆う
4. 目を打撲して目のまわりが腫れているときは、圧迫せず、子どもに触らせないようにする

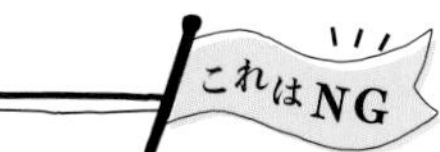

けがのあと目をつぶらせたときには、ギュッと強くつぶらせないよう注意します。眼球が圧迫されて症状を悪化させる恐れが。

かかりつけ医へ	できるだけ早く病院へ	救急車を呼ぶとき
● 目に入った異物が取れたあと、目が充血している、目やにが多く出ている ● 白目の部分全体が赤く充血している ● 目のまわりを打った ● 目を頻繁にこするなど気になる様子がある	● 黒目の下のほうに血液がたまっている ● 目を痛がる ● 目を強く打った。目のまわりが腫れている ● 目に異物が入って取れない	● 目にガラスなど鋭利なものが刺さっている ● 花火の火が目に入った ● 目を棒状のもので突いた、鋭利なもので切った ● アルカリ性薬品が目に入った

POINT

目に化学薬品が入ったときは、目を大きくこじ開けて流水で洗う

薬品が入った目を下にして横向きにさせ、子どもの目を大きくこじ開けて洗います。シャワーを上向きにし、弱い水流で洗うのもOK。アルカリ性薬品の場合は、目を洗い流しながら救急車を呼びます。

POINT

目のまわりを強く打ったときも受診して

目のまわりにボールが強くあたったときは、目のまわりを骨折している場合もあるので、すぐに眼科を受診しましょう。冷やしてもいいですが、患部を圧迫しないよう注意。眼帯もさせないでそのまま受診しましょう。

POINT

長いものを振り回させない、持って歩かせない

乳幼児には、目を突く危険がある細長いものを振り回して遊ばせたり、持ったまま歩かせたりしてはいけません。また、目に入ると危険な薬品や、刃物などの危険物の管理を徹底することも重要です。

目の外傷の予防3カ条

予防対策

- 事故につながりそうなもので遊ばせない
- 花火をするときは火に近づかせない
- 鋭利なものは手の届かない場所に保管する

耳・鼻をけがした、異物が入った

子どもが自分で異物を入れることが

応急処置のポイント

出血したら止血してあわてず耳鼻科を受診

鼻血は鼻翼を10分程度圧迫 耳の出血はガーゼをあて圧迫

鼻血が出ているときは、子どもの頭を軽く下に向かせ、出血している側の鼻翼（鼻のわきのふくらんだ部分）を、中央にぐっと押しつけるようにして5～10分程度圧迫します。耳から出血しているときは、ガーゼなどをあてて圧迫し、止血します。

鼻の異物は鼻をかませてみる 耳の異物は取ろうとせず耳鼻科へ

鼻に異物が入ったとき、鼻がかめる子は、入っていないほうの鼻をママやパパの指で押さえ、口を閉じさせて鼻をかませます。数回繰り返して出ないときや、鼻がかめない子は、耳鼻科で取ってもらいます。耳に入った異物を家庭で取ろうとすると、鼓膜を傷つけることがあり危険。何もせず、できるだけ早く耳鼻科を受診してください。

事故の知識 体への影響は？

鼻を骨折すると変形する恐れが 耳のけがは聴力への影響も

鼻の骨を骨折した場合、適切な治療を行わないと鼻が変形することがあります。耳の穴に耳かき棒を突っ込んだり、ボールが耳にあたったりして鼓膜が破れた場合は、難聴や耳鳴り、激しい耳の痛みを起こすことが。鼻に異物が入ると、気道がふさがる恐れが、耳では内部を傷つけ、めまいを起こす心配があります。

POINT

子どもは耳や鼻などの穴に物を入れたがる

BB弾、ビーズ、小さいブロック玩具など、小さなもので遊んでいるうちに自分の耳や鼻の穴に入れて、奥に押し込んでしまうことがあります。誤飲の恐れもあり、乳幼児は小さなおもちゃで遊ばせないほうが安心です。

耳の中の掃除はしないで

耳掃除のしすぎで炎症を起こすことが

小さな子どもの耳の中の皮膚は弱く、傷がつきやすいため、耳掃除を頻繁に行うと炎症を起こし、化膿したり出血したりすることが。耳あかは自然に取れることが多いので、耳掃除は耳の入り口を軽くふき取る程度にとどめます。

耳の鼓膜は破れても自然に再生することも

耳掃除の棒などで突く、ボールがあたる、平手打ちをされるなど、外からの刺激を受けると鼓膜が破れることが。強い痛み、出血、耳鳴りなどの症状が現れます。多くは自然とふさがりますが、受診は必要です。自然治癒しない場合は、手術が必要になります。

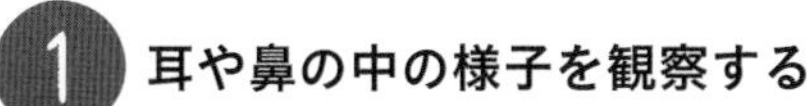

すぐに行うこと

1. 耳や鼻の中の様子を観察する
2. 出血している場合は止血を行う
3. めまいや嘔吐など気になる症状がないか、全身の状態を確認する

耳や鼻の中に異物が入ったとき無理に取ろうとするのはNG。鼻や耳の中を傷つけて炎症を起こし、状態が悪化することに。

かかりつけ医へ	できるだけ早く病院へ	救急車を呼ぶとき
● 耳のけがのあと、耳の聞こえが悪くなった ● 耳鳴りがしている（「キーンと音がする」と言うなど） ● 耳や鼻を気にするそぶりが見られる ● 頻繁に鼻血が出る	● 痛みが強い ● 耳から出血したが、血は止まった ● 鼻のつけ根が腫れていて痛がる ● めまいがある（ふらふらしている）	● 15分以上止血をしても出血が止まらない ● 繰り返し嘔吐する

【耳に虫が入ったとき】

①
子どもを落ちつかせて、耳の穴を上に向け、懐中電灯などで光をあて、おびき寄せます。

②
虫が出てこない場合は、耳の穴に沿わせてベビーオイルなどの油をたらし、耳鼻科を受診。

【耳から血が出たとき】

多くが耳自体（耳介）か外耳道の傷からの出血。傷口を清潔なガーゼなどで圧迫します。

【鼻血が出たとき】

頭を軽く下向きにし、出血している側の鼻翼を中央に向けて押しつけるように圧迫します。

パパへ

鼻をほじるくせがある子はしからず一緒に遊んであげて

鼻をほじるくせがあると、鼻の粘膜を傷つけて鼻血の原因に。無意識に行うことが多いので、手を使う遊びなどに誘ってさりげなくやめさせましょう。しかるとかえってくせが定着しやすくなり逆効果です。

予防対策

鼻・耳の外傷の予防3カ条

- 乳幼児は小さなもので遊ばせない
- 耳の奥まで耳掃除をしない
- 室内を片づけ、子どもがつまずいてけがをしないようにする

爪を切るときはていねいに

爪がはがれた、深爪した

応急処置のポイント

流水で洗って固定し、必要に応じ形成外科か皮膚科へ

はがれた爪を元に戻し包帯やガーゼで圧迫

爪がはがれたときは、流水で汚れを洗い流したあと爪を元の位置に戻し、包帯やガーゼを巻きます。消毒薬はしみるうえ、組織を傷つけてしまうので、使わないほうがいいでしょう。爪母（そうぼ）がダメージを受けると爪の再生が難しくなるため、必ず受診して適切な治療を受けてください。爪のけがは形成外科か皮膚科を受診します。

深爪をしたときは流水で洗いばんそうこうで固定する

爪が割れた場合は、そのままばんそうこうで固定し、保護します。深爪をしたときは流水で洗って清潔にしたあと、ばんそうこうで保護。爪の両側が指先の皮膚に食い込む「陥入爪（かんにゅうそう）」になっているのに気づいたら、早めに医師に相談してください。

事故の知識

体への影響は?

物をつまむ、歩くなどの日常生活に支障が出ることが

小さな子どもの爪は薄いため、はいはいしたり歩くときに足の指に力が加わったり、何かに引っかけたりして、爪がはがれることがあります。また、薄くて切りにくいので、爪を切るときうっかり深爪にしてしまいがち。痛みがあると物をつまんだり、足の指に力を入れたりするのが難しくなり、日常生活に支障をきたしやすくなります。

POINT

いわゆる「爪」は「爪甲」という部分。「爪母」は爪の元

爪の主成分はたんぱく質のケラチン。「爪甲（そうこう）」が通常「爪」と呼んでいる部分で、つけ根から奥の「爪根（そうこん）」に、爪の元になる「爪母（そうぼ）」があります。爪のつけ根の白い部分（爪半月（そうはんげつ））は、子どもは見えないことも多いです。

足の爪が変色しているとき

痛がるときは骨折を考え受診

指をドアに挟んだり、爪の上に物が落ちたりすると、爪の内側で内出血を起こして爪が黒くなります。内出血だけなら自然に治るので心配いりませんが、腫れたり痛みが長引くときは骨折している可能性があるので受診を。

子どもの爪の反り返りは心配しなくて大丈夫

大人の爪が反り返るのは貧血の症状の一つと言われますが、小さな子どもの爪は薄くてやわらかいので、健康に問題がなくても反り返ることがあります。元気がない、食欲がないなど、ほかに気になることがなければ、爪の反り返りは心配しなくて大丈夫です。

すぐに行うこと

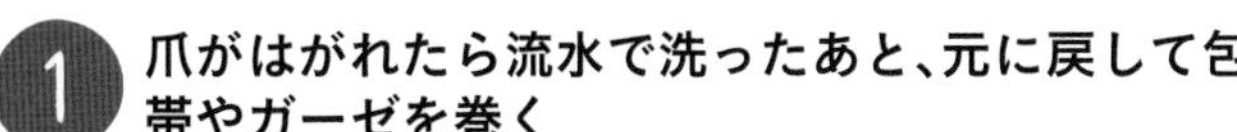

1. 爪がはがれたら流水で洗ったあと、元に戻して包帯やガーゼを巻く
2. 爪が割れたときは、ばんそうこうで固定する
3. 深爪したときは流水で清潔にしたあと、ばんそうこうで保護する

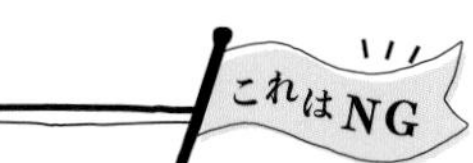

はがれた爪をばんそうこうなどのテープ類で直接固定するのはNG。はがすとき強く痛むうえ、再度爪がはがれることが。

様子を見てOK	かかりつけ医へ	できるだけ早く病院へ
● 深爪をしたけれど痛がっていない ● 爪が少し割れたけれど痛がっていない ● 爪をぶつけて黒くなったけれど、痛がらずにいつもどおりにしている	● 深爪をして痛がっている ● 爪が割れて痛がっている ● 爪の変色が気になる ● 巻き爪になっている	● 爪がはがれた ● 爪をぶつけて痛がっている ● 爪の根元にけがをした

正しい爪の切り方、スクエアカットを覚えておいて

爪の角を残す「スクエアカット」が正しい切り方で、爪を上から見たとき、皮膚が見えていたら切りすぎです。爪を切るときは1本1本ていねいに。子どもが動いてしまうときは、寝ている間に切るのも手です。

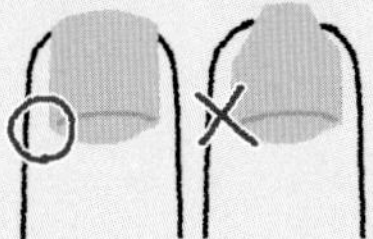

指の先端あたりで白い爪を少しだけ残してまっすぐに切ります。陥入爪の予防になります。

【深爪したとき】

流水でやさしく洗って、ばんそうこうで保護しておきます。爪が割れたときも保護しましょう。

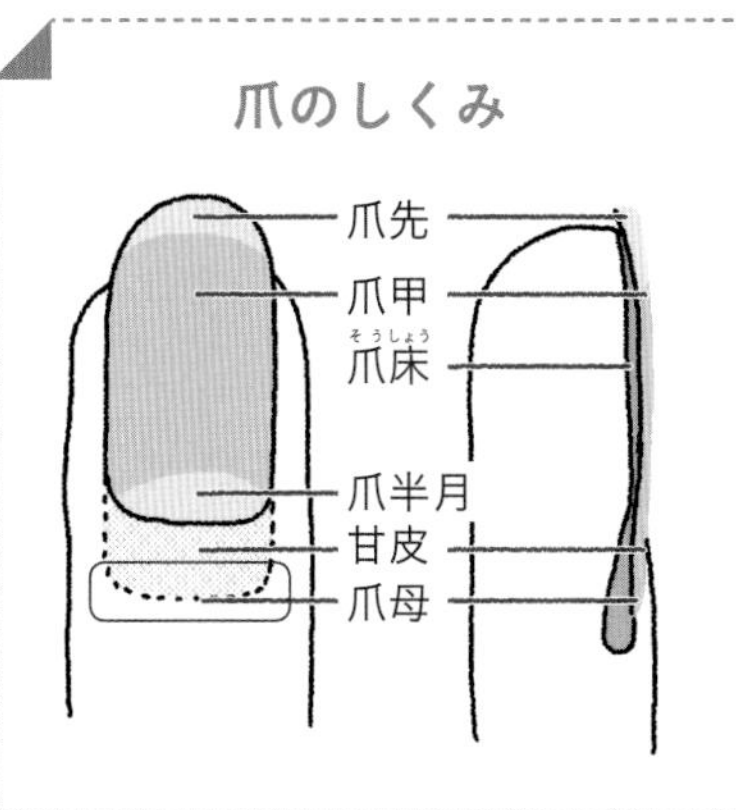

予防対策

爪の外傷の予防3カ条

- 爪はこまめに、ていねいに切る
- 爪を切るときに角を丸くしない(陥入爪予防)
- 爪に引っかかりそうなものに気をつける

動物に触らせるときは必ず付き添って

動物にかまれた・ひっかかれた

応急処置のポイント

傷口を流水でよく洗い、止血しながらすぐ受診

止血するより、傷口を流水でよく洗うことを優先

動物にかまれたり、ひっかかれたりしたときは、すぐに傷口を石けんでよく洗い、流水で洗い流します。出血している場合も、止血より細菌などを洗い流すことを優先します。その後、患部にカーゼをあてて包帯を巻き、小児科へ。受診の際は、破傷風の予防接種（四種混合）の有無、受けた時期を医師に伝えてください。

毒ヘビにかまれたら患部より上を縛って救急車を

毒ヘビにかまれたら救急車を呼びます。安静にさせ、かまれた部分を心臓の位置より下にし、流水があれば傷口から毒や血液を絞り出しながら洗います。その後、かまれた部分周辺の心臓に近い側を包帯や布などで軽く縛り、毒が回るのを遅らせます。

事故の知識

体への影響は？

犬や猫にかまれた場合感染症が心配

犬や猫にかまれたときは、狂犬病と破傷風の感染を考えて対応します。狂犬病は日本では1956年以降発症例はありませんせんが、海外では発症例があり、人が感染すると死亡率はほぼ100％です。毒へビにかまれると、痛み、発赤（ほっせき）、腫れのほか、意識障害、全身まひ、呼吸停止などが起こることもあり、非常に危険です。

POINT

動物からうつる病気は重篤な状態になることも

犬、猫、ハムスター、小鳥、観賞魚、爬虫類（はちゅうるい）など、ペットから感染する病気はいろいろあり、小さな子どもが感染すると重症化しやすい傾向に。節度のあるふれあいと、接したあとはしっかり手洗いをさせることが重要です。

予防接種の有無を飼い主に確認

国内の犬の狂犬病予防接種は義務

狂犬病予防のために、日本では飼い犬に自治体での登録、予防接種を義務付けています。犬にかまれたときは、飼い主に予防接種をいつ受けたか確認してください。なお、猫の狂犬病予防接種は義務化されていません。

ハムスターによるアナフィラキシーショックに注意

ハムスターにかまれたとき、唾液が体内に入ることでアナフィラキシー（P.112）を起こすことがまれにあり、アレルギー体質の人は注意が必要と言われます。むやみに怖がる必要はありませんが、小さな傷だからと油断せず、子どもの様子をよく観察して受診してください。

受診の準備

すぐに行うこと

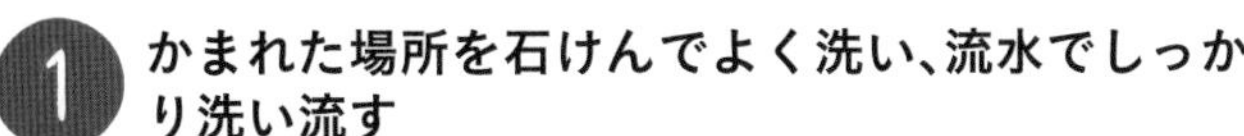

1. かまれた場所を石けんでよく洗い、流水でしっかり洗い流す
2. 出血しているときは、洗い流したあとで圧迫止血する(61ページ参照)
3. 毒ヘビにかまれたときは、傷口から毒を絞り出し、患部より心臓に近い場所を布などで軽く縛る

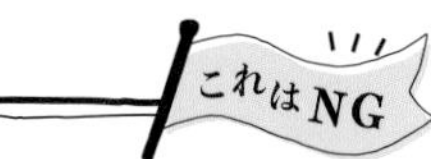

毒ヘビにかまれたときに子どもが暴れると、毒が回りやすくなります。安静にできないときは抱っこして落ちつかせます。

かかりつけ医へ	できるだけ早く病院へ	救急車を呼ぶとき
● ひっかかれた場所がみみず腫れになった ● ペットにかまれたが、子どもの様子に変化はない ● 狂犬病の予防接種が済んでいる犬に軽くかまれた	● かまれた・ひっかかれた場所が大きく腫れた、化膿した ● かまれた・ひっかかれたあと発熱した ● かまれた・ひっかかれたあとひどく機嫌が悪い	● 出血が止まらない ● 毒ヘビにかまれた ● アナフィラキシーを起こした ● 意識がない、呼吸をしていない

【毒ヘビにかまれたとき】

マムシにかまれた様子

傷口の心臓に近い側を布などで軽く縛り、心臓より低い位置に置き救急車を待ちます。

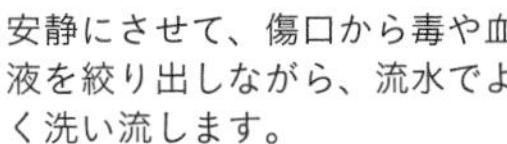

安静にさせて、傷口から毒や血液を絞り出しながら、流水でよく洗い流します。

【動物にかまれたとき】

傷口を流水でよく洗い流し、石けんがあれば石けんで洗います。出血があれば止血します。

POINT

人にかまれたときも要注意

実は人の口の中は犬や猫よりも細菌が多く、傷が深いと感染のリスクが高くなります。子ども同士のけんかなどで血が出るほどかまれたときは、かかりつけ医にみてもらったほうが安心です。

予防対策

動物による外傷の予防3カ条

- 乳幼児をペットと遊ばせるときは親も一緒に
- 動物園などで動物に触るときは大人が付き添う
- 草むらに入るときは厚手の長ズボンをはかせる

虫に刺された

アナフィラキシーショックに注意

事故の知識

体への影響は？

大きく腫れる、痛むなど症状が強く現れやすい

小さな子どもの皮膚は薄くてデリケートなうえ、かゆみを我慢できずにかきむしりがち。そのため、大人なら軽い症状で済む虫刺されでも強い炎症反応が起こり、刺された部位が大きく腫れる・かたくなる、強いかゆみや痛みが現れる、発熱するなどの症状が現れることがあります。蜂に刺された場合は、命にかかわることもあります。

POINT

蜂に襲われたら騒がずに逃げる

蜂に刺されたときは、蜂を刺激しないようあわてず、騒がせないことが大切。逃げる際は、腕を振り回したり、振り払ったり、騒いだり走ったり絶対にさせないこと。低い姿勢をとらせ、静かに後ずさりしてその場を離れます。

応急処置のポイント

まず流水で洗い流して、蜂や毛虫の場合は皮膚科へ

流水で毒素を洗い流し市販の虫刺され薬を塗る

蚊やブヨに刺されたら流水で患部を洗い毒素を流したあと、市販の子ども用虫刺され薬を塗ります。薬を早く塗るほど、腫れやかゆみを抑えることができます。腫れやかゆみが強い場合は、冷たい水でぬらして絞ったタオルをあてると和らぎます。

蜂の毒は流水で洗い針が取れそうなら取り除く

蜂に刺されたら患部付近を指でつまみ、毒を絞り出しながら流水で洗います。ミツバチの針はつまみ取ると毒が体内に注入されてしまうので注意。ミツバチ以外の蜂（アシナガバチやスズメバチ）は、刺されても針が残りません。かまれたまま受診。マダニは無理に引っ張らず、かまれたまま受診。毛虫の細かい毛は粘着テープなどで取り、洗い流します。

虫刺されをかき壊すととびひになることが

かかないように患部を保護して

虫刺されをかき壊すと、傷口に細菌が感染してとびひ（伝染性膿痂疹・P.132）になり、体のあちこちに広がってしまいます。刺された場所にシールタイプの虫刺され薬を貼るなどして子どもがかかないように保護し、とびひになるのを防ぎましょう。

蜂のアナフィラキシーショックは、2回目や複数刺されたときに注意

蜂に刺されたことで起こるアナフィラキシーショックは、1回目より2回目に刺されたときに起きやすいので、蜂に刺された経験のある子はとくに注意が必要です。また、複数カ所を同時に刺されたときも、アナフィラキシーショックを起こすリスクが高くなります。

すぐに行うこと

受診の準備

1. 蜂の毒は絞り出す。ミツバチの針は定規やカード状のものなどではじき取る
2. 蚊やブヨに刺されたら流水で洗い流したあと、市販の虫刺され薬を塗る
3. アナフィラキシーショックが起きないか、子どもの様子を注意深く観察する

蜂などに刺されたら、アンモニア成分で中和するためにおしっこをかけるのはNG。蜂の毒はアンモニアで中和できませんし、皮膚の内側にも届きません。

かかりつけ医へ	できるだけ早く病院へ	救急車を呼ぶとき
● やや腫れて赤くなっている ● 市販の虫刺され薬ではかゆみが治まらない ● 刺された場所がジュクジュクしてきた	● 腫れ上がり痛がっている ● 蜂やアブに刺された ● 頭痛や嘔吐、めまいなどの症状がある	● 呼吸が苦しそうだったり、顔色が悪い ● 意識がはっきりしない ● 全身にじんましんが出る ● 何カ所も同時に刺された

【毛虫に刺されたら】

粘着テープで毛をやさしく粘着させて取り除き、そのあと流水で洗い流して受診します。

【ミツバチに刺されたら】

ミツバチの針は、カード状のものではじき飛ばし、毒を絞り出しながら流水で洗い流します。

【蚊に刺されたら】

まず流水で洗い流します。そのあとかかないように、シールタイプのかゆみ止めを貼ります。

POINT

シールタイプの虫よけ剤はこまめに貼り替え誤飲にも注意を

シールタイプの虫よけ剤は、説明書に書かれた効果持続時間に合わせて適宜貼り替えないと、十分な効果を期待できません。また子どもがはがして誤飲しないよう、背中など手の届かない場所に貼りましょう。

虫刺されの予防3カ条

予防対策

- 野外で活動するときは長袖、長ズボンを着用
- 虫よけグッズを活用する
- 虫がいそうな場所には近づかない

熱中症になった

高温多湿な場所は室内でも危険

病気の知識

体への影響は？

体温調整ができなくなり命にかかわる事態にも

直射日光のあたる場所や、高温多湿な場所に長時間いると、体温調節機能がうまく働かなくなります。結果、体温の上昇、頭痛、めまい、嘔吐などの症状が現れ、最悪の場合は命を落とすこともあります。小さな子どもは体温調節機能が未熟なため、大人より外気の影響を受けやすく、あっという間に熱中症になる恐れがあります。

POINT

症状によって熱中症は３段階に分かれる

熱中症は症状によって３つのレベルに分類されます。**Ⅰ度：**めまい、生あくび、筋肉痛、大量の汗など。**Ⅱ度：**頭痛、吐きけ、倦怠感など。**Ⅲ度：**意識障害、けいれん、高体温など。Ⅱ度以上は受診が必要です。

応急処置のポイント

涼しいところに移動し、体を冷やして水分補給を

涼しい場所に連れていき動脈が集中する部分を冷やす

まず涼しい場所（できればエアコンが効いている場所）に移動。血液が脳に流れやすくなるように足を高くして寝かせ、衣類をゆるめて熱を発散させます。さらに、うなじ、わきの下、ももののつけ根など動脈が集中する部分を、冷水につけて絞ったタオルなどで冷やします。平熱に戻るまで冷やしてください。

乳幼児用イオン飲料などをこまめに少しずつ飲ませる

吐きけがない、もしくは治まったら、少しずつ水分補給を行います。経口補水液が望ましいですが、乳幼児用のイオン飲料でもＯＫ。体重が10kgなら３００ml、20kgなら６００ml程度の量を、１時間くらいかけて、こまめに少しずつ飲ませます。

梅雨明けごろにも起こりやすい

上手に汗をかけず体温が調節できない

梅雨明けごろの、急に晴天になり蒸し暑い時期も、熱中症が起こりやすいもの。体がまだ暑さに慣れていないため、上手に汗をかけず体温調節がうまくできないからです。「真夏じゃないから大丈夫」と油断しないで。

熱中症は、家の中で起こることもある

熱中症で救急搬送される人の中には、屋内で熱中症になった人もいます。直射日光があたる場所、窓のない場所、湿気や熱がこもりやすい場所は、室内でも熱中症のリスクが高くなります。これらの場所で、子どもを長時間過ごさせないように気をつけてください。

事故・けが

受診の準備

すぐに行うこと

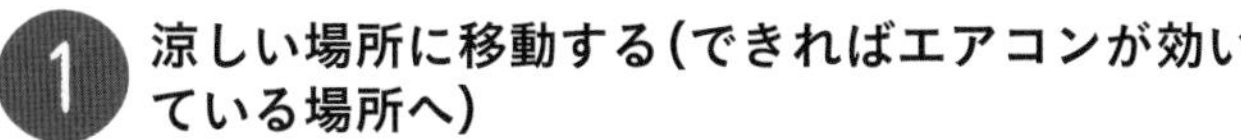

1. 涼しい場所に移動する(できればエアコンが効いている場所へ)
2. 衣服をゆるめ、動脈が集まる場所(わきの下、うなじ、もものつけ根など)を冷やす
3. 経口補水液や乳幼児用イオン飲料を、少しずつこまめに飲ませる

暑さでぐったりしているときに何のケアもしないと、どんどん悪化します。熱中症が疑われたら、迅速に対処してください。

かかりつけ医へ	できるだけ早く病院へ	救急車を呼ぶとき
● 体を冷やしたら元気になった ● 水分が十分にとれ、いつもどおりにしている	● 唇や皮膚がカサカサしている ● 生あくびをしている ● 汗が出なくなった ● おしっこが5～6時間出ていない	● けいれんを起こした ● 水分を受けつけない ● 意識がもうろうとしている、意識がない ● 上記の症状とともに39度以上の熱がある

【熱中症の応急処置】

② 水分を与える

水分がとれるようなら、いつも飲んでいるものを少しずつ与えて。母乳・ミルクでもOK。

① 体を冷やす

ぬらしたタオルなどで体をふき、風をあてて気化熱によって熱を下げる方法もあります。

うなじ、わきの下、もものつけ根にタオルでくるんだ保冷剤などをあてて冷やします。

POINT

数分でも車中に子どもを残すのは厳禁

炎天下に駐車した車内は、あっという間に命の危機にさらされる温度まで上昇します。エアコンをつけていてもリスクは変わりません。ほんの数分でも、子どもを車の中に残すのは絶対にやめてください。

予防対策

熱中症の予防3カ条

- 外では帽子をかぶらせ、通気性のいい衣類を着せる
- 室内が高温多湿にならないようエアコンを使う
- 室外・室内問わず水分補給をこまめに行う

覚えておいて！“心肺蘇生法”

早く始めるほど救命率が上がります

意識がない、呼吸をしていないときは、ためらうことなく心肺蘇生を始めてください。
早く行うほど命を救える確率が高まります。

1 意識を確認し救急車を呼ぶ

名前を呼びながら肩などをたたき、反応を見ます。目を開ける、泣く、返事をするなどの反応がない場合は意識がないと判断し、救急車を呼びます。意識がない場合は呼吸を確認し、呼吸がある場合は回復体位をとらせて。

2 呼吸を確認

子どもの胸の動きを見て、呼吸をしているかどうかを10秒以内で確認します。脈拍はみなくてかまいません。呼吸をしていない場合は、胸骨圧迫（心臓マッサージ）と人工呼吸を始めます。

3 胸骨圧迫と人工呼吸

胸骨圧迫と人工呼吸を続けます。１分間に100～120回のペースで、絶え間なく圧迫することが重要。胸骨圧迫30回→人工呼吸２回を１サイクルとし、救急車が来るまで続けます。

回復体位

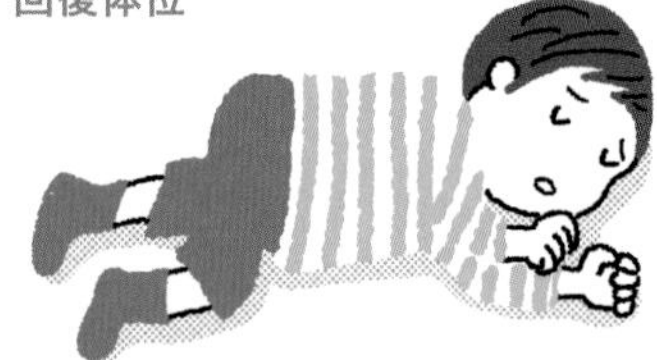

体を横に向け、寝返らないように上側の足のひざは軽く曲げ、下側の腕を体の前に置きます。頭は少し後ろに反らせるようにして、できるだけ気道を広げましょう。救急車が到着するまでこの体位をキープ。

胸骨圧迫のしかた（１歳以上の場合）

１歳以上の子どもは、左右の乳首を結んだ真ん中の位置を、手のひらのつけ根で強く圧迫（胸の厚みの３分の１がへこむくらい：約5cm）。ひじを曲げずに、上から垂直にリズミカルに圧迫します。

胸骨圧迫のしかた（赤ちゃんの場合）

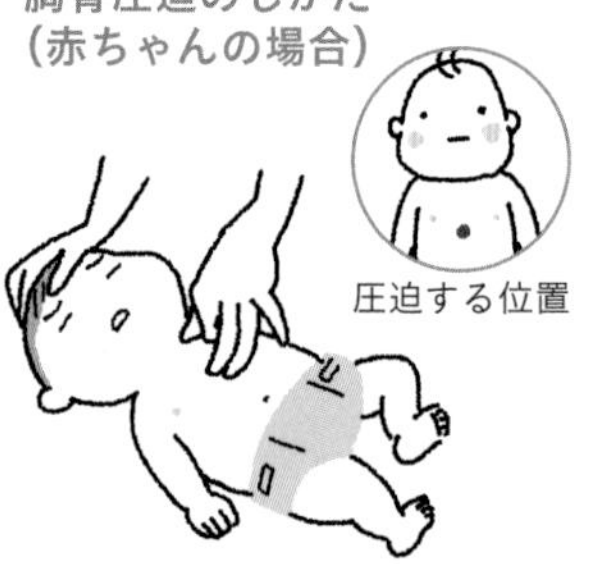

赤ちゃんの左右の乳首を結ぶ線より指１本分下の位置を、２本の指（中指と薬指）で強く圧迫。心臓を押して血流を促すことが目的なので、胸の厚みの３分の１がへこむくらい、強く速くリズミカルに行います。

人工呼吸（１歳以上の場合）

１歳以上の場合は、気道を確保しながら子どもの鼻をつまみ、子どもの口を自分の口で覆って２回息を吹き込みます。

人工呼吸（赤ちゃんの場合）

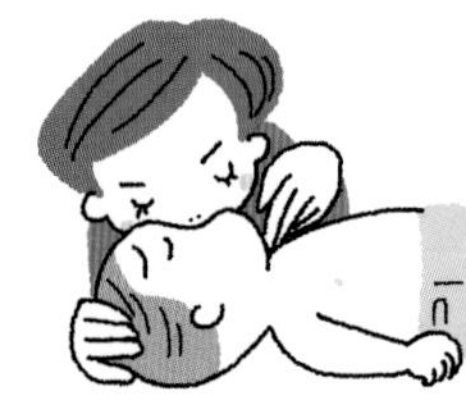

気道を確保し、赤ちゃんの口と鼻を同時に自分の口で覆い、胸がふくらむのを確認しながら、２回息を吹き込みます。

心肺蘇生法やAEDの使い方を学べる講習会も

救命講習会に参加すると、心肺蘇生法やAED（自動体外式除細動器）の使い方などを専門家の指導のもと実践で学べます。消防署などで行っていることが多いので、各自治体のホームページなどで確認しましょう。

PART 3

〈0～6歳まで〉
かかりやすい
病気・トラブル

赤ちゃんや子どものかかりやすい病気やトラブルには、さまざまなものがあります。その原因や治療の知識はもちろん、食事やおふろなど細かな生活上の注意点、保育園・幼稚園など集団生活が始まっている場合の登園のめやすなども紹介。風邪をはじめ、とくにかかりやすい病気10種類は詳しく解説しています。ぜひ参考にしてください。

とくに
かかりやすい病気
10

風邪（風邪症候群）

成長とともにかかる頻度は減少

こんな病気

ウイルス感染で鼻やのどに炎症が生じ、さまざまな症状が出ます。合併症に注意

病気の知識

症状&原因は

ウイルス感染で起こる上気道の炎症の総称

風邪症候群は、上気道と呼ばれる、鼻からのどにかけての呼吸の通り道にウイルスが感染し、炎症を起こす病気全般を指します。夏に流行する、手足口病（P.89）やヘルパンギーナ（P.108）なども風邪症候群の一種と考えられます。風邪はママから受け継いだ免疫物質が少なくなる生後6カ月ごろから、かかりやすくなります。

POINT

風邪の原因ウイルスにはさまざまなものが

風邪の原因となるウイルスは数百種類。いろいろな症状があるのはそのためです。また、抗体ができても別のウイルスに感染するので、繰り返しかかります。ですが、年齢とともに感染の頻度は減り、症状も軽くなっていきます。

症状は感染や炎症が起きた部位によりさまざま

風邪の症状は感染箇所や炎症が起きた部位により異なり、鼻水、鼻づまり、せき、のどの痛みなどのほか、腹痛や嘔吐、下痢が現れる場合も。鼻水は徐々に粘りけが出て、次第に鼻がつまります。同時にせきやたんが出始め、のどがゴロゴロと鳴ることも。多くは症状が軽く、発熱は3日以内、せきや鼻水は10～14日以内で治まります。

風邪の症状で受診をする場合は、いつから始まり、どんな症状がどの程度あるか、周囲に同じような症状の人はいるかなどを聞かれることが多いので、確認しておくといいでしょう。赤ちゃんの場合、急に症状が悪化することもあります。また、風邪をこじらせると急性気管支炎（P.88）や肺炎（P.105）などの合併症を起こすこともあるので注意しましょう。

風邪で炎症が起こる箇所

鼻からのどなど呼吸の通り道に炎症が

風邪は空気中に飛び散ったウイルスが鼻やのどから侵入する飛沫感染。鼻の奥から気管の入り口までの上気道を中心に炎症が起こります。ウイルスによっては胃や腸で炎症を起こすこともあり、わかりやすくするために「おなかの風邪」と説明する医師も。

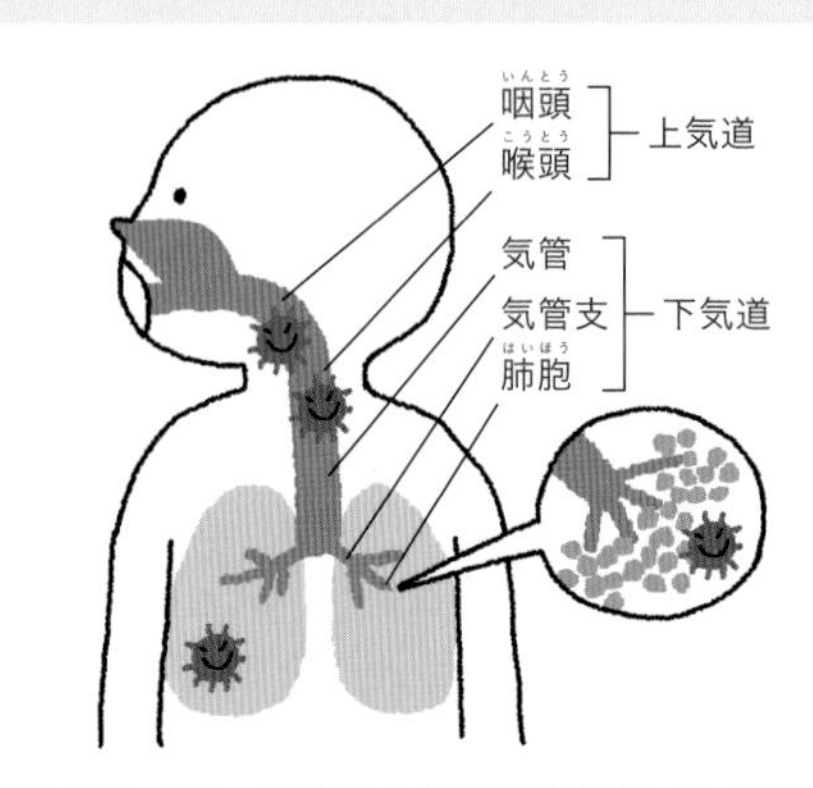

病気の知識

治療の基本

つらい症状を和らげる治療が基本

症状が軽く、機嫌よく遊んでいたり、食欲があったりするようなら、ホームケアで少し様子をみて大丈夫です。症状が悪化する場合は早めに受診しましょう。

風邪を根本的に治す薬はありません。鼻水やせきがつらそうな場合は、鼻水を和らげる薬やたんを出しやすくしてせきを和らげる薬というように症状を緩和する薬が処方されます。抗菌薬が合併症予防に処方される場合もありますが、原因はウイルスのため、基本、抗菌薬は必要ありません。

発熱が4日以上続く場合は再度受診を

風邪の発熱は2～3日で治まります。4日以上続く場合はほかの病気の可能性もあるので再受診しましょう。せきや鼻水が10日以上改善しない、せきがひどい、ゼーゼーする場合なども再度受診してください。

ホームケアの知識

ケアの基本

水分と栄養をとらせて体を休ませて

風邪のウイルスを抑える治療薬はないため、ホームケアで子ども自身の回復力をサポートしてあげましょう。十分に体を休ませ、こまめに水分補給し、食べやすいもので栄養を与えることが大切。鼻吸引は鼻づまりが解消されてせきが減り、急性気管支炎、肺炎のリスクも減るので、ケアの中でも重要です。

ウイルスに負けないため体調を整えよう

風邪予防は子どもも大人も同じ。できるだけ、毎日規則正しい生活リズムにして体調を整えましょう。また、手洗い（赤ちゃんはぬらしたタオルで手をふく）、人混みを避ける、ママ・パパが感染予防をしてうつさないようにすることも大切です。

このページも確認 p22～30・p34～36・p193・p195～196

登園は、症状がなく、食欲が戻ってから

せきや鼻水が多少あっても、熱や下痢がなく、食欲もあり機嫌がよければ、登園させて問題ないでしょう。せきで夜、目が覚めるようなときは、無理せず休ませましょう。

高熱でなければ短時間のおふろもOK

高熱でなく機嫌がよければ、短時間で入れてあげて問題ありません。ぐっすり眠れるきっかけにも。つらそうな場合は、お湯で絞ったタオルで体をふいてあげましょう。

消化のいいものを食べられるだけ

食欲がない場合は、冷ましたうどんやおかゆ、野菜スープなど消化のいいものを。本人が好きなものを、食べられるだけ食べさせてあげましょう。水分補給も忘れずに。

とくに
かかりやすい病気
10

ウイルス性胃腸炎

「おなかの風邪」と表現されることも

こんな病気

ウイルスがおなかで増えることで嘔吐や下痢の症状が。脱水症に注意

病気の知識

症状&原因は

ウイルスが胃や腸に炎症を起こす感染症

ウイルスが感染し、胃や腸で炎症を起こす病気。医師がわかりやすく説明するために「おなかの風邪」と表現することもあります。原因となるウイルスには、秋から春にかけて流行するロタウイルスやノロウイルス、夏に流行するアデノウイルス（P.101）などがあります。感染力が強く、保育園や幼稚園などで広がることも多い病気です。

嘔吐と下痢で水分が失われやすく、下痢は1週間程度続く場合も

急激な嘔吐から始まり、続いて下痢が起こります。発熱する場合もあります。下痢症状は、おむつから漏れ出てしまうような水っぽい便が、1日に何回も出るのが特徴。ノロウイルスが原因の場合、強い嘔吐症状や熱は1～2日、下痢は1週間程度で落ち着きます。ただし、感染して免疫ができても、遺伝子タイプの違うものが多く存在するため、何度もかかる可能性があります。

ロタウイルスが原因の場合、白っぽい下痢便が出ますが、色に変化がないことも。下痢は1週間程度。軽く済んでも、けいれんを起こすこともあるため、要注意です。

便や吐物にウイルスが排出され感染源となるため、処理後は十分な手洗いを。吐物の処理は次亜塩素酸ナトリウム（塩素系漂白剤など）でしっかりふき取りましょう。

POINT

細菌性胃腸炎とはどう違う？

原因が細菌の場合は細菌性胃腸炎になります。主な原因菌に黄色ブドウ球菌やカンピロバクター菌、サルモネラ菌などがあり、菌がついた食品を食べることで感染します。通常、症状だけではウイルス性と区別できません。

胃腸炎で炎症が起こる箇所

胃や小腸、大腸の粘膜に炎症を起こす

胃腸炎は胃や小腸、大腸の粘膜に炎症が起こり、それらの部位にかかわる症状が出ます。まずウイルスが胃の粘膜に炎症を起こし、体がそれを察知すると、延髄の嘔吐中枢に神経刺激が伝えられ、ウイルスを外に出すため嘔吐が生じます。ウイルスが幽門を越えて小腸・大腸に入ると症状が悪化し、下痢を起こします。体の炎症により発熱する場合もあります。

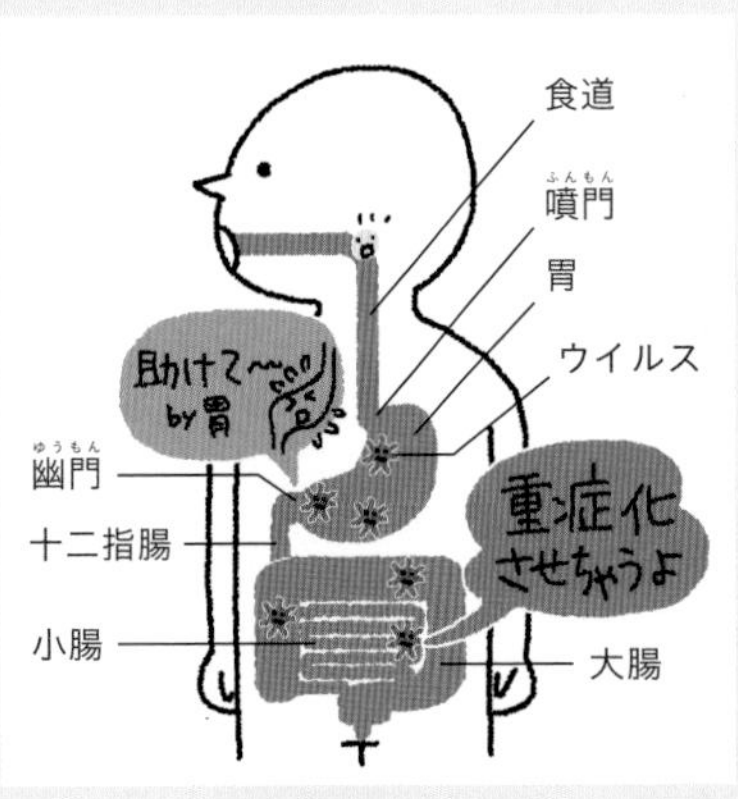

病気の知識

治療の基本

胃腸の動きを整え回復を促す

専用の抗ウイルス薬がないため、対症療法になります。ただし、腸閉塞（P.120）の恐れがあるため下痢止めは使わず、整腸剤が処方されます。水分が失われやすいので、経口補水液などで水分補給を行います。

半日以上水が飲めず口や舌が乾いていたらすぐ受診

水分を与えても吐いてしまい、半日以上水分がとれない、ぐったりしている、12時間以上おしっこが出ない、口や舌が乾いて泣いても涙が出ないときは、すぐに受診を。

ロタウイルスが原因のウイルス性胃腸炎の便。すっぱいにおいのする、白っぽい水のような便が特徴です。

ホームケアの知識

ケアの基本

こまめに水分補給をし脱水症を予防

脱水症にならないよう、こまめな水分補給がホームケアのカギ。離乳食が始まっていれば、経口補水液やベビー用のイオン飲料が望ましいですが、薄めたりんごジュースでもいいでしょう。ミルクや母乳は続けて大丈夫です。吐いてしまったら、吐きけが治まるのを待ってから、一口ずつこまめに水分を与えましょう。

ロタウイルスはワクチンで重症化を予防

原因の一つであるロタウイルスは、予防接種で重症化を防げます。決められた接種時期に受けることが大切です。ウイルスを持ち込まないよう、手が洗える年齢であれば手洗いを習慣にし、赤ちゃんはぬらしたタオルで手をふいてあげましょう。

このページも確認 p22～30・p33・p196

嘔吐がなく、下痢が治れば登園OK

症状改善には2～7日要します。登園は、嘔吐が治まり、便がおむつから漏れ出ない程度に形になってから。水分と食事がしっかりとれるようになっていることも大切。

かぶれないよう、おしりをきれいに

高熱でつらそうでなければ、おふろに入れても大丈夫。下痢をすると、おしりがかぶれやすくなります。座浴やシャワーでおしりをやさしく洗い、清潔にしてあげましょう。

様子をみながら消化のいいものを

吐きけが強いときは食べさせる必要はありません。吐きけが治まり、食欲が出たら、スープややわらかくしたうどんなど、消化のいい好みのものを少しずつ与えます。

とくに
かかりやすい病気
10

突発性発疹（とっぱつせいほっしん）

初めてかかる病気のことも多い

こんな病気

急に高熱が出て、熱が下がるとともに全身に発疹が出ます。十分な水分補給を

病気の知識

症状＆原因は

多くの子が生後6カ月から2歳くらいまでにかかる

突然高熱が出て、熱が下がるのと同じくして、発疹が出るのが典型的な症状。食欲がなくなったり、下痢をしたりする場合もあります。ヒトヘルペスウイルスというウイルスの感染が原因で起こります。

生後6カ月から2歳くらいまでにかかりやすく、突発性発疹が初めての病気ということも多いでしょう。

POINT

2回かかる場合もあります

突発性発疹の原因となるウイルスはヒトヘルペスウイルス6型と7型の2種類。一度かかると免疫ができますが、2種類のウイルスにそれぞれ感染して、突発性発疹に2回かかる、というケースもまれにあります。

発疹が出てからでないと診断できないことも

40度近くまで出ることもあり、熱は3～4日続きます。熱が高いわりには元気なことも多いですが、中には不機嫌になる子もいます。発熱のあと発疹が出てからでないと、突発性発疹の確実な診断はできません。感染しても症状が出ないこともあるため、未感染と思ってしまう場合も。ほとんどの人が子ども時代にかかります。

けいれんなどの合併症に注意

高熱がきっかけで、熱性けいれん（P.87）を起こすことがあるので、発熱時はよく様子をみましょう。また、ごくまれに脳に障害を起こす、急性脳症という病気を起こすこともあります。呼びかけても意識がぼんやりしているときは、すぐ受診してください。

突発性発疹の様子

発疹にかゆみはなく、自然と消えます

あせものような、こまかく赤い発疹が胸やおなかに出ます。そのあと全身に広がりますが、手や足にはあまり見られません。かゆみはなく、2～3日すると自然と色が薄くなって消え、跡も残ることはありません。

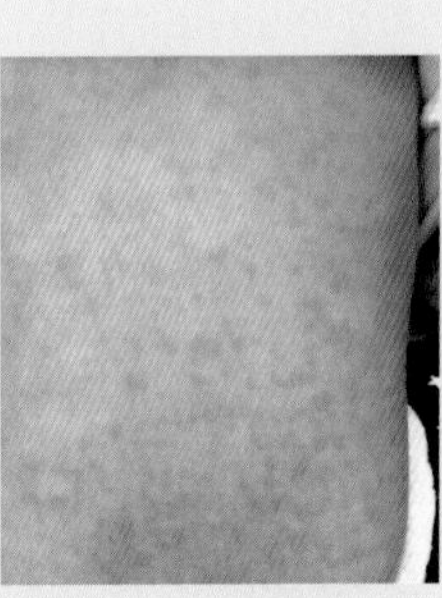
おなかにできた発疹

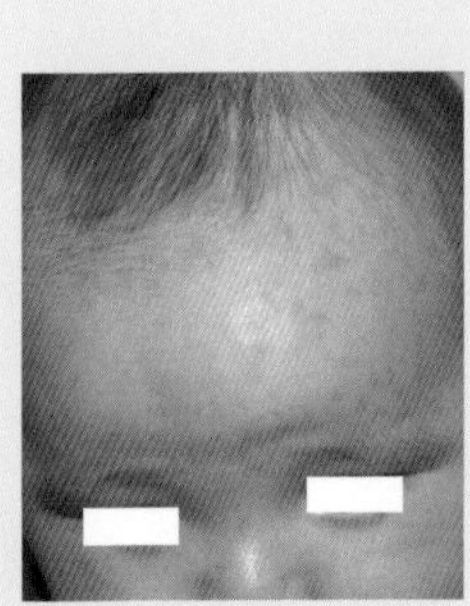
顔にできた発疹

病気の知識

治療の基本

発熱時の対症療法のみ 基本、特別な治療はしない

専用の抗ウイルス薬はなく、ウイルス感染症なので抗菌薬は使いません。熱が高く、つらそうな場合は解熱薬が、鼻水やせきなどの症状があれば緩和する薬が処方されることもあります。とはいえほとんどの場合は処方薬なしで自然に治ります。突発性発疹になったことがなければ、受診時に医師に伝えると診断の助けになるでしょう。

熱が続いたり、強くかゆがったりする場合は受診を

発熱時に受診した場合、熱が下がって発疹が出たときに、ほかに気になることがなければ、あえて再度受診する必要はありません。ただし、発疹を強くかゆがっている場合は別の病気が疑われるので受診を。また、熱が4～5日続いたり、熱が下がらない状態で発疹が出たりしたときも、違う病気の可能性があるので受診しましょう。

ホームケアの知識

ケアの基本

基本は風邪と同じケア 水分補給と安静が大切

家でのケアは、基本的に風邪のときと同じ。熱で体の水分が失われやすいので、離乳食開始前なら、母乳やミルクの与える回数を普段より増やすことで水分補給をしましょう。離乳食が始まっていれば、ベビー用イオン飲料、りんごジュースなど、子どもが好むものでもOK。発疹はかゆみがないので、特別なケアはしなくて大丈夫です。

感染経路は不明 予防法はとくになし

一度かかると生涯体内に潜むウイルスです。感染経路ははっきりわかっていませんが、唾液を介してほかの人に感染させると考えられています。基本、軽い症状で早く治る病気なので、特別な予防法や予防接種はありません。

このページも確認 p22～27・p34～36・p193・p195

発疹があっても元気なら登園可

突発性発疹が、発疹からほかの子にうつることはありません。熱が下がり、食事や水分がいつもどおりとれていれば、発疹が治まっていなくても登園できます。

発疹が出ていても入浴できます

機嫌がよく、高熱でつらそうでなければ、入浴可能です。発疹が消えていなくても問題ありません。つらそうな場合は、お湯で絞ったタオルで体をふいてあげましょう。

離乳食の段階を戻す必要はありません

食欲があれば、段階を戻す必要はなく、いつもどおりの離乳食のかたさでOK。シチューや野菜スープなど、水分が多めで消化のいい子どもの好きなメニューを与えて。

とくに
かかりやすい病気
10

インフルエンザ

重症化しやすい、あなどれない感染症

こんな病気

症状が重く、肺炎や脳症などの合併症を起こす心配も。予防接種を受けましょう

病気の知識

症状&原因は

急な高熱と、全身に症状が強く出るのが特徴

毎年、冬から春先に流行する感染症で、インフルエンザウイルスが原因で起こります。急な高熱、鼻水、せき、のどの痛みのほか、頭痛や関節痛など全身の症状が出るのが特徴。いくつかあるウイルスの種類によっては腹痛、嘔吐などの症状が出る場合も。子どもの場合、熱が下がったあと、再び熱が出ることがあります。

POINT

新型インフルエンザは季節性とどう違うの？

インフルエンザは、周期的に大きく変異しますが、変異したものが新型、毎年流行するタイプが季節性インフルエンザです。最近では2009年に変異株が発見されましたが、現在はその抗体もワクチンに組み込まれています。

乳幼児は気管支炎や肺炎など合併症を引き起こす恐れも

症状は、風邪（P.78）と似ていますが、乳幼児の場合、インフルエンザが長引くと急性気管支炎（P.88）や肺炎（P.105）、急性中耳炎（P.86）などを引き起こすことがあります。また、けいれんや意識障害がみられ、全身状態が悪化するインフルエンザ脳症に至る可能性もあり、あなどれない病気です。

けいれんを起こしたり反応がない場合はすぐに受診を

流行期に、高熱やせきなどの症状がみられると、インフルエンザが疑われますが、早すぎると診断がつかない場合も。発熱・せき・鼻水だけであれば1日様子をみて受診を。けいれんを起こしたり、呼びかけに反応しない場合は、インフルエンザ脳症の恐れがあるため、至急、受診をしましょう。

インフルエンザで使用NGな解熱剤

基本的に2歳未満では市販風邪薬は使用不可。とくにインフルエンザ感染時にアセトアミノフェン（アンヒバ、カロナールなど）以外の解熱剤を使うと、脳症を起こす恐れがあるとされています。病院で処方してもらった薬が安心です。

予防接種を受けると重症化しにくい

予防接種を受けると、インフルエンザにかかりにくく、感染しても肺炎や脳症など、重症化を防ぐ効果が期待できます。生後6カ月から接種可能で、13歳未満は、基本、毎シーズン2回接種。かかりつけ医に相談して流行前に受けましょう。

病気の知識

治療の基本

基本は十分な休息と症状を緩和する対症療法

インフルエンザは鼻水を綿棒で取る抗原検査ですぐ診断がつきます。ただし、発熱6時間以内では正しい結果が出ない場合もあります。基本の治療は十分な休息です。そして熱は解熱薬で、せきや鼻水は薬で緩和する、対症療法を行います。発症後48時間以内なら抗ウイルス薬が処方されることもありますが、重症化や脳症を完全に防げるわけではありません。

呼吸が苦しそうなとき、けいれんを起こした場合は再度受診を

抗ウイルス薬を使っても、熱がすぐには下がらないことがあります。熱は3～5日くらい続きます。けいれんを起こしたり、呼吸が苦しそうだったり、呼びかけても反応がなかったり、水分がとれず12時間以上おしっこが出なかったりする場合は、至急、再受診をしましょう。

ホームケアの知識

ケアの基本

重症化の心配もあるため注意深く見守って

病院で処方された薬を飲ませて、できるだけ安静に過ごさせることが大切です。熱が高くつらそうなときは解熱薬を使いましょう。高熱が出て汗をかいて、水分も奪われるので、脱水症にならないよう、水分もしっかり与えましょう。風邪と違い重症化しやすいので、より注意深く様子を見守りましょう。

一番の予防はワクチン ママ・パパも接種を

インフルエンザの一番の予防は、予防接種を受けることです。赤ちゃんが低月齢の場合は、ママ・パパが接種して予防します。外出を控え、大人は外出時のマスク、帰宅時の手洗いの徹底、室内を換気して温湿度を整えるなども予防策になります。

このページも確認 p22～30・p34～36・p40 p193・p195

登園は発熱後5日 ＋(プラス)解熱後3日以降

保育園や幼稚園に通い、集団生活をしている場合は、予防接種を受けましょう。登園は、発熱後5日以上、なおかつ、解熱後3日経過すれば可能です。

熱が高い場合は体をふいて清潔に

熱が高い場合は、おふろはお休みし、お湯で絞ったタオルで体をふいてあげましょう。機嫌がよければ、短時間で入浴を。おふろの30分前に解熱薬を使ってもいいでしょう。

食欲がなければ水分補給を中心に

高熱やのどの痛みで食欲が落ちるかもしれません。プリンやゼリーなど、子どもが好きな食べやすいものを与えて。あまり食べない場合は、とくに水分補給を忘れずに。

とくに
かかりやすい病気
10

急性中耳炎

鼓膜の内側に炎症が起き、痛みが出る

こんな病気

風邪の合併症で起こりやすい耳の病気。子どもが耳を頻繁に触るときは要注意

このページも確認
p22〜24・p34〜36・p40
p192〜193・p195・p199

病気の知識

鼻水などの風邪症状のあと耳の痛みや膿が出る

鼓膜の内側にある中耳が炎症を起こす病気で、多くは風邪（P.78）が原因。のどや鼻の粘膜についた細菌が鼻と耳をつなぐ耳管から耳に侵入し、炎症を起こします。発熱や耳の痛み、つまりが生じて赤ちゃんだと機嫌が悪くなる、しきりに耳を触るなどの症状が。中耳に膿がたまり、鼓膜が破れて耳だれとして出ることもあります。乳幼児は耳管が短く、鼻やのどに炎症を起こしやすいため、3歳ごろまでは何度も中耳炎を繰り返すケースがよくあります。

一定の確率で、滲出性中耳炎に移行したり、慢性化することも

急性中耳炎は一定の確率で、中耳に滲出液がたまり聞こえが悪くなる滲出性中耳炎（P.141）に移行したり、慢性化したりします。しっかり治療しましょう。

治療の知識

抗菌薬の服用をしっかりと重症の場合は鼓膜の切開も

軽症なら、家庭での鼻吸引をメインに様子をみます。鼓膜の腫れが進んでいる場合は、抗菌薬が処方されるでしょう。長引かせないためにもしっかり服用することが大切です。膿がたまり、痛みが強い場合は鼓膜を切開して膿を出します。膿が出ると痛みも落ち着きます。鼓膜は炎症が治まれば普通は自然に再生します。

ホームケアの知識

鼻吸引で鼻の通りをスムーズにして

こまめに鼻水を吸い、鼻の通りをよくすることが大切です。痛がるときは耳の後ろを冷たいタオルなどで冷やしましょう。耳だれは、耳の中まできれいにしようとせず、出てきたものだけをふき取ります。日ごろから、風邪のときにはこまめに鼻吸引をすると、中耳炎の発症防止にもなります。

耳だれが出ている間はおふろ禁止

鼓膜を切開したあと、耳だれが出ている間は、シャワー程度にしましょう。おふろは医師の許可が出てからに。ただし、お湯で絞ったタオルで耳だれをふいて清潔を保って。

耳だれがあれば登園は避けて

登園停止の基準や決まりはありません。ただし、発熱がある場合はもちろん、耳だれが出る、耳の痛みが強いといったときは避けたほうがいいでしょう。

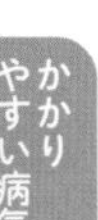

とくにかかりやすい病気 10

熱性(ねっせい)けいれん

ほとんどは数分で治まる

こんな病気

熱がきっかけとなり、脳神経が異常に活動して起こる症状。詳しい検査が必要なケースも

このページも確認 p22〜27・p193・p196

病気の知識

熱の上がり始めに起こり体が突っぱるなどの症状が

発熱が引き金となって起こるけいれんで、脳が熱によるストレスをうまく処理できず、異常に興奮するために発生します。熱が上がるときに起こることが多いのが特徴です。白目をむき、体が反り返ってピクピクしたり、手足を突っぱらせたりして、声をかけても反応がありません。発作は5分以内には治まり、その後の意識回復は良好なことがほとんどです。熱性けいれんは、多くが4歳までに起こります。

けいれんの種類によってはほかの病気が隠れている場合も

熱性けいれんの多くは心配のいらないものですが、けいれんを短時間で繰り返す、左右で動きが違うなどでは別の病気が隠れていることもあります。その場合は、詳しい検査が必要になります。

治療の知識

初めてけいれんを起こしたら必ず受診して

初めてけいれんを起こしたら、熱性けいれんかどうかを確かめるためにも必ず受診を。夜間や休日の場合も、病院や救急窓口に電話で指示を仰ぎましょう。特別な治療はありませんが、熱性けいれんを起こした場合、約30％が再発すると言われています。熱が出て再びけいれんを起こしたら、その都度必ず受診しましょう。

ホームケアの知識

けいれんの予防薬はとくに必要なし

けいれんの予防薬は、単純な熱性けいれんの場合は、基本的に不要です。また、解熱薬で熱を下げればけいれんを予防できるわけではありません。逆に、解熱薬を使って熱が上下すると、けいれんが起こりやすくなることもありません。心配せず、高熱でつらそうなときは、解熱薬を使いましょう。

高熱でつらそうでなければ入浴OK

けいれんが治まっても、熱が高い場合は控えたほうがいいでしょう。つらそうでなければ、おふろに入れてOK。短時間の入浴にしたり、シャワーで済ませたりしましょう。

発熱が起こった病気によっては登園停止も

平熱に戻れば、登園しても問題ありません。ただし、インフルエンザの際に起きた熱性けいれんの場合は、解熱後2日経過するまで登園禁止など、病気によって異なります。

とくに
かかりやすい病気
10

急性気管支炎（きゅうせいきかんしえん）

ウイルスが気管支に及んで炎症を起こす

こんな病気

風邪が長引くなどして気管支に炎症が生じる病気。肺炎に至る手前の状態です

このページも確認
p22〜24・p34〜36・p192〜193・p195

病気の知識

風邪症状から徐々にせきが激しくなる

気管支の粘膜にウイルスや細菌がついて炎症が起き、発熱や激しいせき、たんが出ます。多くの場合、風邪やインフルエンザをこじらせて発症します。せきがひどいと肺炎の不安があるかもしれませんが、気管支炎はそこまで至っていない状態です。

気管支の奥で枝分かれしている細気管支にまで炎症が及ぶと、細気管支炎（P.103）を起こします。細気管支炎はとくに低月齢の赤ちゃんがなりやすく、呼吸困難を起こすこともあるので入院となります。

「ゼーゼー」する場合はぜんそく性気管支炎

呼吸時に「ゼーゼー」と音がする場合は、ぜんそく性気管支炎と診断されます。5歳以下の場合、3回診断されると気管支ぜんそく（P.115）の可能性が出てきます。

治療の知識

対症療法が基本 苦しそうなときは再受診を

特別な治療法はなく、基本は風邪のときと同じ。症状に応じ、解熱薬やたんを出しやすくする薬を使った対症療法を行います。せきがひどい場合は気管支拡張薬を使う場合もあります。風邪で一度受診していても、熱が4日以上続く、呼吸が苦しそう、呼吸をするときにみぞおちがへこんでいるなどの場合は、再度受診しましょう。

ホームケアの知識

こまめに水分を与え室内が乾燥しないように

せき込まないように、少量ずつこまめに水分を与え、のどをうるおしてあげましょう。寝かせるときに、背中にクッションをあてるなど、上体を少し起こすと楽になることが。ぬれたタオルを干すなど、室内が乾燥しないような工夫も有効です。鼻水をこまめに吸い取ると、せきが減ります。

のどごしのいいものを少量ずつ与えて

食欲があれば、離乳食や食事はいつもどおりで問題ありません。のどごしのいいものを少しずつ与えるといいでしょう。水分はのどを刺激しない麦茶や白湯などに。

気管支炎の原因となる病気に応じて登園を

急性気管支炎は、風邪やインフルエンザから続いて起こることが多いので、原因となる病気によって登園時期も異なります。症状と合わせ、医師と相談のうえ登園を。

とくにかかりやすい病気 10

手足口病（てあしくちびょう）

夏に流行するウイルス感染症

こんな病気

病名のとおり、手のひらや足の裏、口の中などに発疹や水疱ができます

このページも確認 p22〜24・p37〜39・p42・p193

病気の知識

原因のウイルスによって発疹の場所や症状に違いが

夏に流行するエンテロウイルス、コクサッキーウイルスA群などが原因の感染症。手足に発疹、口内に水疱ができるのが特徴的です。原因となるウイルスが数種類あるため、何度もかかることがあります。

便にウイルスが排出手洗いをしっかりと

ウイルスを含んだ便や唾液などを介して感染します。感染予防には手洗いが大切。きょうだいがいる場合、食器やおもちゃ、タオルの共有はやめましょう。

手のひらや足の裏に赤い発疹ができます。

治療の知識

症状に合わせた対症療法で自然回復を待つ

この原因ウイルスに直接効く薬はありません。発疹にかゆみはないので、とくに治療はせず、発熱があれば解熱薬を使うなどの対症療法で自然に回復するのを待ちます。発熱は3日以内、発疹は約1週間程度でよくなるのが一般的です。ただし、受診後にけいれんを起こした、呼びかけに反応しないなどの場合は、すぐ再受診しましょう。

ホームケアの知識

口内炎を刺激しないように気をつけて

口の中の水疱がつぶれると、痛みで食欲が落ちます。口内炎を刺激しないよう、熱いもの、酸味や塩けの強い食べ物は避けましょう。ゼリーやプリン、冷ましたおかゆ、豆腐など、やわらかく、飲み込みやすいものがおすすめです。オレンジジュースなどはしみるので、麦茶や白湯などを。

やわらかくて口あたりのいいものを

口の中の痛みが強いときは、ゼリーや豆腐、プリンなどかまずに飲み込める、口あたりのいいものを。オレンジジュースなど酸味のある飲み物は避けましょう。

熱が下がり、食事がとれれば登園可

熱が下がり、食事がしっかりとれるようであれば、登園できます。手が洗える年齢の子には、感染を広げないために、しっかり手洗いするように伝えましょう。

とくに
かかりやすい病気
10

急性結膜炎

ウイルス性は感染力が強い

こんな病気

ウイルスや細菌、アレルギーによって結膜が炎症を起こす病気です

このページも確認 p22~24・p41・p199

病気の知識 充血や目やに、涙目などの症状が現れる

結膜が炎症を起こし、目やにや充血、涙目などの症状が出ます。原因により細菌性、ウイルス性、アレルギー性に分類されます。細菌性は目をこするなどして細菌が目に入り炎症を起こします。ウイルス性は、アデノウイルスが原因の流行性角結膜炎や咽頭結膜熱（P.101）、エンテロウイルスによる急性出血性結膜炎が代表的です。ウイルス性は、細菌性に比べて症状が重く、完治に1週間（流行性角結膜炎は2~3週間）かかることも。アレルギー性は赤ちゃんには少なく、通常は3歳を過ぎてからみられます。

角膜が炎症を起こして、白目の部分が赤く充血します。（咽頭結膜熱による急性結膜炎）

治療の知識 原因や症状によって点眼薬が異なる

少し目やにが出るだけであれば、家で様子をみて問題ありません。目をこすり出す、充血する、発熱を伴うなどの場合は受診しましょう。原因と症状に合わせて、点眼薬が出されます。細菌性は抗菌薬、ウイルス性は細菌感染を合併したときは抗菌薬、炎症が強いときはステロイド点眼薬で治療します。アレルギー性は、かゆみ止めや抗アレルギー剤の点眼薬を使います。

ホームケアの知識 目やにをふいて清潔に 点眼は素早く

点眼薬は下まぶたを軽く開いて、素早く点眼するのがポイント。目やには、清潔なガーゼで、目頭から目じりに向かってやさしくふき取ります。ウイルス性結膜炎の場合は感染の可能性があるので、お世話のあとはしっかり手洗いを。

ウイルス性はタオルの共用はNG

発熱でつらそうでなければおふろも問題ありません。ただし、ウイルス性は感染力が強いので、完全に治るまでは、家族内感染を防ぐため、タオルの共用はやめましょう。

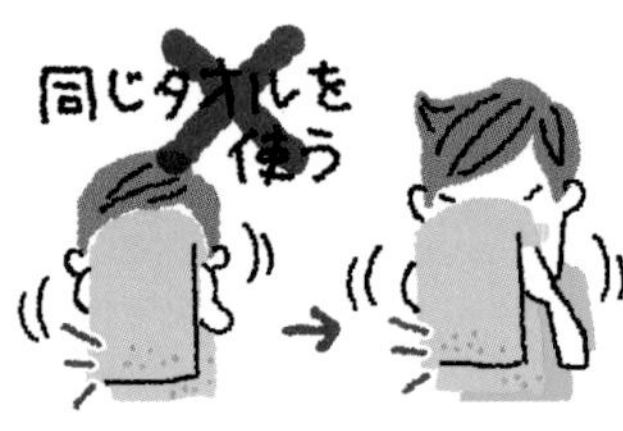

ウイルス性の場合は医師の許可を得て登園

ウイルス性の咽頭結膜熱と流行性角結膜炎は、感染力が強いため登園を再開するには医師の許可が必要です。症状がなくなった２日後が登園できるめやすです。

とくにかかりやすい病気 10

口内炎（こうないえん）

痛みから脱水症にならないよう注意

こんな病気

歯肉や口の中に潰瘍や水ぶくれができた状態。原因がウイルスによるものもあります

このページも確認 p22～24・p42・p193・p199

病気の知識 痛みから食欲が落ちたりよだれが多く出る

口内炎は、口の中や歯肉に潰瘍（かいよう）や水疱ができて痛みを伴うため、食欲が落ちたり、よだれが多くなったりします。口の中が傷ついてできるほか、ヘルペスウイルスが原因のヘルペス性歯肉口内炎、コクサッキーA群ウイルスに感染して起こるヘルパンギーナ（P.108）や手足口病（P.89）でも口内炎ができます。ウイルス感染が原因の場合は熱を伴うため、発熱で受診をして、口内炎に気づくことがほとんどです。発熱もある場合はとくに、痛みから水分がとれず脱水症を起こさないよう、注意して。

ヘルペス性歯肉口内炎。歯肉が赤く腫れ、口唇に口内炎ができています。

治療の知識 自然回復を待つがひどい場合は軟膏を処方

ほとんどの場合で、自然に治るのを待ちます。口内炎がひどく、痛がるときは、患部に直接塗る軟膏が処方されます。ヘルペス性歯肉口内炎では、抗ウイルス薬が処方されることも。脱水症が心配なので、12時間おしっこが出なかったり、泣いても涙が出ないなどの場合は、再度即受診を。

ホームケアの知識 水分補給を忘れずにやさしく口腔ケアを

脱水症の予防のため、こまめな水分補給を心がけましょう。また、口内炎で歯みがきを嫌がるかもしれませんが、口の中の清潔は大切。寝る前に白湯を飲ませて口の中をきれいにする、軟膏で保護をしてみがくなど工夫しましょう。ウイルス感染が原因の場合は、感染予防のため手洗いをして、食器やタオルの共用はやめましょう。

患部にしみない食べ物、飲み物を

酸味や塩けの強いものは患部にしみるので、避けましょう。かまずに飲み込める、プリンや豆腐、ゼリーなどは食べやすいでしょう。飲み物は麦茶や白湯がおすすめです。

熱が下がったら登園が可能

口内炎が、ヘルパンギーナ、手足口病、ヘルペス性歯肉口内炎によるものであれば、熱が下がって、食事がしっかりとれるようになったら登園できます。

生まれたばかりの赤ちゃんが発症しやすい

新生児の病気

生まれてすぐ産院で見つかったり、1カ月健診で指摘されたりすることの多い病気や症状です。自然治癒するものや経過観察が必要なものもあります。

新生児一過性多呼吸

病気の知識

生まれてすぐ一時的に呼吸困難になる状態

新生児の呼吸障害の中では最も頻度が高いものです。胎児の肺は肺胞液という液体で満たされていますが、生後、呼吸を始めると肺胞液は静脈に吸収され、空気と入れ替わります。ところが何らかの原因でこの入れ替わりがうまく行われないと、肺の中に空気を吸い込むことができず、呼吸困難になります。

治療の基本

酸素を投与して呼吸の手助けを行う

通常は酸素を投与して呼吸の手助けをすることで、2~3日で呼吸が落ち着いてきます。重症の場合は、人工呼吸器などが必要になることもあります。

呼吸窮迫症候群

病気の知識

肺胞をふくらませる物質が不足して起こる呼吸困難

早産で生まれた赤ちゃんに最もよくみられる呼吸疾患です。赤ちゃんの体が未熟なほどそのリスクも上昇します。

肺の未成熟などによって、肺胞をふくらませる肺サーファクタントという物質が産生されないか不足しているため、呼吸困難になります。

治療の基本

人工呼吸器や薬を使って呼吸を楽にする治療をする

新生児一過性多呼吸に比べて、呼吸が苦しいことが多いです。そのため、点滴をしつつ呼吸を楽にする装置や人工呼吸器を使ったり、肺を広げる薬を気管内に投与したりして治療をします。

胎便吸引症候群

病気の知識

おなかの中で胎便を飲み込むことで起こる

赤ちゃんはおなかの中では便はしませんが、何らかの理由で苦しくなると、胎便が出てしまうことがあります。羊水の中に溶け込んだ胎便が赤ちゃんの肺に入ってしまうと、気管支につまったり、肺が破れたり、肺炎を起こしてしまうことがあります。

治療の基本

軽症の場合は酸素を投与して治療

軽症の場合は、酸素を投与するだけで治ります。重症の場合は、気管に管を通して、サーファクタント洗浄液で気管を洗ったり、気胸という肺に穴があく病気を合併したときは胸の空気を抜いたり、抗菌薬を投与することもあります。

心室中隔欠損症（しんしつちゅうかくけっそんしょう）

病気の知識　心室の壁にすき間ができている病気

心臓はそれぞれ「右心房」「左心房」「右心室」「左心室」という4つの部屋に分かれています。心室中隔欠損症は、血液を心臓外に送り出す心臓下部にある右心室と左心室の間に生じる病気。右心室と左心室を隔てている心室中隔に、すき間ができている状態で、先天性心疾患の中では最も多い病気です。

原因は不明ですが、新生児の場合は入院中に見つかることがあるほか、ママのおなかの中にいるときに、超音波検査で見つかることもあります。

すき間が5㎜以下であれば目立った症状は現れず、自然に閉じる可能性が高いでしょう。一方､すき間が5㎜以上の場合は、血液が左心室から右心室に多く漏れてしまうため、肺に大量の血液が流れ込んで、肺の血圧が上がったり、心不全を起こす恐れがあります。

治療の基本　軽い症状なら経過観察 重い場合は手術のことも

目立った症状もなく、すき間が小さい場合は、そのまま経過を観察します。ほとんどの場合は幼児期になるまでに自然に治っていきます。

すき間が大きい重症の場合は、心臓への負担が大きくなります。肺高血圧や心不全の症状がある場合は、手術を行います。

すき間が小さく症状がないケースでは、乳幼児健診で見つかることも少なくないため、決められた乳幼児健診は欠かさずに受けましょう。

【心臓のしくみ】

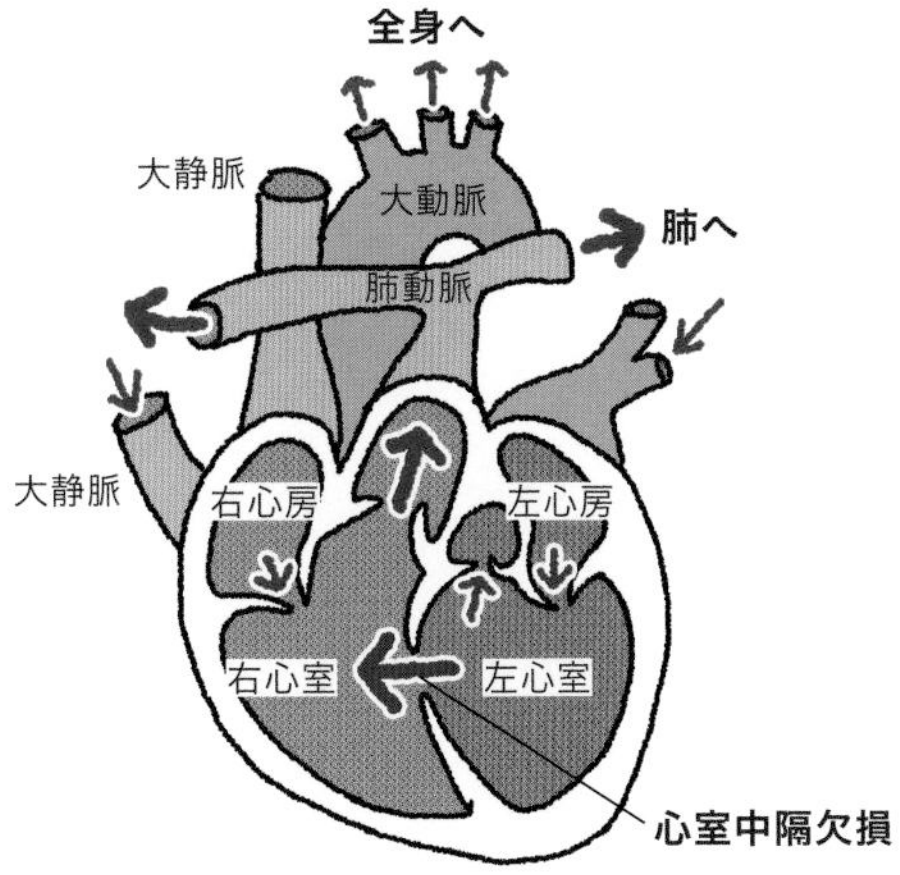

不整脈（ふせいみゃく）

病気の知識　心臓の脈拍リズムが乱れた状態

心臓の脈拍リズムが、正常とは異なり、乱れた状態になっていることを不整脈といいます。新生児では入院中に見つかりますが、大きくなってからは、乳幼児健診での心音の聴診で見つかることもあります。心房中隔欠損症や肥大型心筋症といった、心臓の超音波検査でわかる形態異常が原因になることもありますが、なかには乳幼児突然死症候群（P.203）につながる危険な不整脈もあり、早期発見する必要があります。

治療の基本　経過観察をするケースが多い

多くは時間の経過とともに減少するので、特別な治療は行わず、経過を観察することが多いでしょう。

そのほか、急に脈が速くなるなど発作が起こる場合は、薬やカテーテルで心筋を焼く治療を行うこともあります。

新生児仮死（しんせいじかし）

病気の知識　生まれたときに酸素不足や循環器系の障害がみられる

85％の赤ちゃんは生まれたときに元気に泣いて呼吸を始めます。一方で15％の赤ちゃんは全身ぐったりとした状態で生まれます。この後者が新生児仮死です。さまざまな原因で、赤ちゃんが呼吸不全になってしまうことによって起こります。重症の場合は、低酸素性虚血性脳症に陥ることも。その際は、赤ちゃんの脳に影響が及び、意識障害やけいれんが起きることもあります。

治療の基本　羊水を吸引し酸素を吸わせる処置を行う

口腔内に羊水がたまっていれば吸引し、空気を吸わせる処置をします。その後の状態によっては酸素吸入や人工呼吸器を装着します。重症の新生児仮死の場合は、できるだけ脳への影響を最小限にして、後遺症を残さないようにするために低体温療法などの治療を行うことがあります。

新生児メレナ（しんせいじ）

病気の知識　消化管からの出血で吐血や血便がみられる

出生2～3日後から1週間以内に起こる消化管からの出血で、吐いたものに血液が混じったり、真っ赤な便や黒っぽい便が出たりします。消化管出血の原因は、ビタミンKの欠乏です。ビタミンKには血液凝固作用があります。新生児にはビタミンKの蓄積が少ないため、ビタミンK欠乏症を起こし、出血してしまうのです。

治療の基本　ビタミンKを投与するが様子をみていい場合も

出生直後や退院時にビタミンK_2シロップを投与するため、新生児メレナは減っていますが、発症した場合は、ビタミンKの投与を行います。なお、生まれるときにママの血液を飲んでしまった赤ちゃんにも吐血や血便など同様の症状がありますが、これは仮性メレナと呼ばれ、治療の必要はありません。

頭蓋内出血（ずがいないしゅっけつ）

病気の知識　出生時のトラブルなどで脳内で出血が起こる

出生時に頭蓋内に出血が起こることを言います。出血が起こる部位によって脳室内出血、小脳出血、硬膜（こうまく）下出血、クモ膜下出血などに分けられます。

早産のため脳の血管が未成熟、低酸素状態での出生、ビタミンK欠乏などが原因で起こります。赤ちゃんには無呼吸やけいれん、唇や顔色が紫色になるチアノーゼの状態がみられます。

治療の基本　軽症の場合は、ほとんどが経過観察で改善

出血している場所や程度によりますが、症状がないような軽症の場合は自然に治ることが多いでしょう。一方で重症な脳室内出血では、50％以上に後遺症が起こります。

脳室内出血には有効な治療法はなく、水頭症が進む場合は脳に水がたまるのを防ぐなどの対症療法になります。

新生児黄疸（しんせいじおうだん）

病気の知識

血液中のビリルビンが増えて皮膚や白目が黄色っぽくなる

胎児期に体内にたくさんあった赤血球は、生後、役目を終えて壊されます。それがビリルビンという物質に変わり、肝臓で代謝されます。しかし、新生児は代謝力が弱いため、体にビリルビンがたまり黄疸が出やすくなります。これを生理的黄疸と言います。通常は1週間から14日ほどで自然に消えます。また、母乳だけを飲んでいる赤ちゃんは黄疸が長引くことがあります（母乳性黄疸）が、ほとんどが自然に改善します。

ビリルビンの値が基準より高くなると治療の対象になります。ママとの血液型不適合が原因の新生児溶血性黄疸は、生後24時間以内に黄疸が出たり、ビリルビン値がとても高くなったりします。ビリルビンが脳に蓄積する核黄疸という重症の状態になると、脳性まひなどの障害を引き起こすことも。しかし近年、早期治療が可能となり、核黄疸は激減しています。

治療の基本

治療が必要ないケースがほとんど

新生児の黄疸の場合は、ほとんどが生理的なものなので、黄疸が改善していくようなら、基本的に治療は必要ありません。

重症の黄疸や新生児溶血性黄疸のケースでは、光線療法を行います。光線療法とは、赤ちゃんに光をあて、ビリルビンを水に溶けやすい性質に変えることで、便や尿から排泄しやすくするものです。

光線療法を行っても黄疸が消えない場合は、免疫グロブリンという血液製剤を投与したり、交換輸血を行う場合もあります。

【黄疸のしくみ】

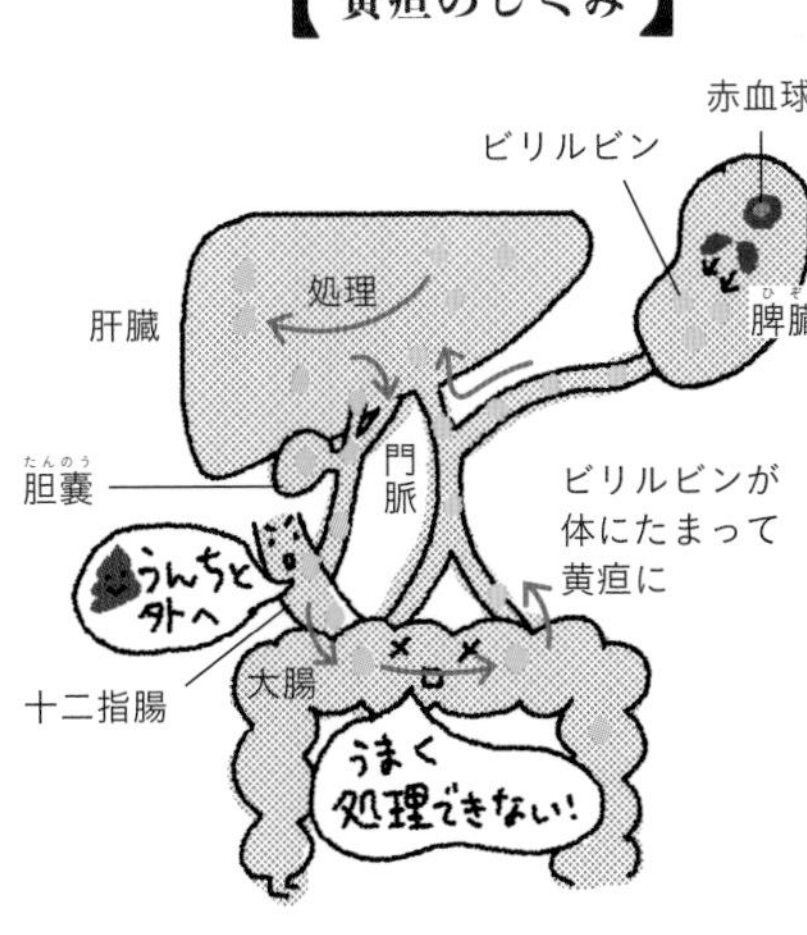

産瘤（さんりゅう）・頭血腫（ずけっしゅ）

病気の知識

分娩時に頭部が圧迫されることで起きるトラブル

産瘤は、分娩時に狭い産道に頭部が圧迫されることで、圧迫を受けた部分の体液がたまり、皮下に浮腫（むくみ）が生じたもの。生まれたときからあり、生後2～3日で消えます。頭血腫は、産道を通過するときに頭蓋骨と骨膜の間に内出血が起こり、血液がたまったもので、生後2～3日から目立ってきます。いずれも頭蓋骨の外側にできるもので、脳への影響はありません。

治療の基本

治療は必要なく自然に吸収される

産瘤は生後2～3日で消えるため、とくに治療は必要ありません。頭血腫では、治る途中でピンポン玉のようなかたさになることがあります。黄疸が強く出るときは光線療法を行いますが、通常は1～3カ月で消え、基本、特別な治療は必要ありません。

早発乳房（そうはつにゅうぼう）

病気の知識　何らかの原因でおっぱいが大きくなる

赤ちゃんのおっぱいが何らかの原因で大きくなることを言います。原因の多くは、一時的な女性ホルモンの影響で、新生児の場合はママのエストロゲンという女性ホルモンが赤ちゃんに移行しているために起こります。

男の子なら生後数週間で、女の子でも生後数カ月で胸は元の大きさに戻ります。

治療の基本　とくに治療の必要はなし

おっぱいは数週間から数カ月で元の大きさに戻るため、とくに治療をする必要はありません。

ちなみに、赤ちゃんのおっぱいから出るお乳を「魔乳（まにゅう）」ということがあります。それは魔女の薬に使うという伝説からきたもの。ミルクが出てもとくに搾る必要はありません。そのままにしておきましょう。

未熟児貧血（みじゅくじひんけつ）

病気の知識　赤血球をつくるホルモンの産生能力が弱いのが原因

早産（とくに在胎期間32週未満）で生まれた赤ちゃんに起こりやすいものです。これは赤血球をつくるエリスロポエチンというホルモンを産生する能力が弱いためです。貧血があると神経運動発達に影響し、なんとなく元気がない、顔色が悪い、体重が増えにくい、母乳やミルクの飲みが悪いなどの症状もあります。

治療の基本　赤血球をつくる働きを促す薬を投与

早産児でＮＩＣＵ（新生児集中治療室）に入院している場合、エリスロポエチン製剤と鉄剤を投与して治療します。

また、正期産で生まれ、生後16週以降に貧血の症状が現れた場合は、鉄分の不足による鉄欠乏性貧血であることが多いため、鉄分を補う治療をします。多くは３～６カ月の鉄剤投与で改善します。

未熟児網膜症（みじゅくじもうまくしょう）

病気の知識　早産などで生じる網膜が未発達な状態

赤ちゃんの網膜の血管は、出産予定日ごろまでに完成します。早産児や低出生体重児は、網膜の血管が発達する前に、急激に環境が変化することになり、微小な血管が異常な発達をすることがあります。これを未熟児網膜症といいます。本来の出産予定日ごろには自然に治ることが多いのですが、中には症状が急速に進行するケースがあり、網膜剥離を起こすこともあります。

治療の基本　自然に治ることが多いが視力障害が残るケースも

未熟児網膜症の可能性がある場合、眼底検査を行い、経過を観察します。自然に治る傾向がみられない場合、レーザーによる光凝固術を行います。レーザー治療をしても網膜剥離が進んだ場合は、手術を行います。治療が必要な網膜症の場合は、視力障害が残ることもあります。

臍炎・臍周囲炎

病気の知識

へその緒が取れたあとに細菌感染して起こる

赤ちゃんのへその緒は、生後1週間から10日程度で自然に取れます。通常おへそは、きれいに洗って自然乾燥を続けているうちに乾いてきます。ところが、へその緒が取れた跡がいつまでも乾かないと細菌感染をしやすくなり、おへそが炎症を起こすことがあります。これが臍炎です。さらにおへそだけでなく、おへその周囲にも炎症が広がってしまうことを臍周囲炎といいます。

臍炎を起こすと、おへそがジュクジュクと湿って赤く腫れてきます。膿や出血が見られることもあり、痛みも伴うため、おへそを触ると泣いたりぐずったりすることもあります。

炎症がおなかの中に広がってしまうと、細菌が全身に広がり重症化してしまうため、おへそがなかなか乾燥しない場合は、早めに受診しましょう。

治療の基本

毎日しっかり消毒をして乾燥させる

家庭ではおへその周辺を清潔にすることで予防できます。沐浴時にやさしく洗い、きれいなガーゼやタオルで軽く押さえておへその水分をふき取ります。炎症がある場合は、処方された消毒薬をつけて乾かしますが、重症の場合は、抗菌薬の軟膏を塗ったり、服用させたりします。膿がある場合は、膿を出す処置も行います。

治療を行ってもよくならない場合は、ほかの原因も考えられるので、主治医に相談しましょう。

こんなことに注意！

おへそはアルコール消毒をしなくても問題ありません

以前から、おへその消毒にはアルコール消毒が実施されていますが、近年、消毒と自然乾燥とでは細菌感染にかかる率に大差がないという報告が。沐浴でしっかりおへそを洗うだけでもいいでしょう。

臍炎

臍肉芽腫

病気の知識

おへその中にいぼのような固まりが

へその緒が取れたあと、組織の一部が残り、おへその中に米粒大から小豆大のピンク色のいぼのような固まりができるのが臍肉芽腫です。症状は臍炎に似ていますが、ジュクジュクとして乾燥せず、分泌液が増えて出血することもあります。治療により1～2週間で治まりますが、よくならないときは尿膜管遺残など、ほかの病気が隠れていることもあります。

治療の基本

糸で縛るか薬品で治療

臍肉芽腫が小さい場合は、硝酸銀溶液を使って焼くか、ステロイド薬を塗る治療をします。大きい場合は、肉芽腫の根元を糸で縛って取り除きます。いずれも、赤ちゃんに痛みはありません。

家庭ではおへその周辺を清潔にし、沐浴後に消毒をしてよく乾かしましょう。

出生体重2500g未満、
在胎37週未満で
生まれた子の

小さめ・早めで生まれた赤ちゃんを健康に育てるホームケア

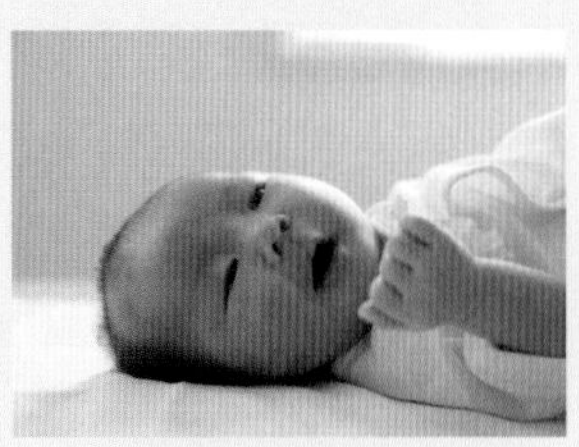

2500g未満で生まれた赤ちゃんを低出生体重児、在胎37週未満で生まれた子を早産児といいます。いずれも生まれてから入院していた子も多いでしょう。ママ・パパは、赤ちゃんが小さめに生まれたことで心配なことも多いものですが、多くの子が元気に育っているので心配しないで。健康に育てるために知っておきたいホームケアを紹介します。

退院したということは普通に生活ができる証拠

小さめ・早めに生まれた赤ちゃんは、体温調節や呼吸、母乳・ミルクを飲むのが上手にできないことがあり、多くはNICU（新生児集中治療室）でフォローを受けます。退院したのは、ママやパパのもとで普通に生活できると医師が判断したということ。必要なケアは行いつつも、心配しすぎず赤ちゃんとの生活を楽しみましょう。

室温・湿度に気をつけて快適な環境で迎えて

小さな赤ちゃんは、環境の影響を受けやすいです。赤ちゃんが快適に過ごせるように室温・湿度を整え、静かで落ち着ける環境を整えましょう。室温は冬は20度程度、夏は26～28度、湿度は1年を通して40～50％程度をめやすに。赤ちゃんを寝かせる場所に、エアコンや扇風機の風、直射日光が直接あたらないようにすることも大切です。

無理せず、赤ちゃんに必要な栄養を与えて

母乳には、赤ちゃんを感染症から守る免疫物質が含まれています。できるだけ母乳をたくさん飲ませましょう。難しい場合は、粉ミルクを利用しても大丈夫。粉ミルクには、母乳より多く鉄分が含まれていたり、牛乳アレルギーの可能性が減るなどの利点もあります。上手に利用して、無理せず赤ちゃんに必要な栄養を届けましょう。

予防接種は暦月齢できちんと受けよう

かかりつけ医からとくに指示がない限り、正期産の赤ちゃんと同様に予防接種を受けます。予防接種を受ける時期は、修正月齢（出産予定日を基準にした月齢）ではなく、暦月齢（生まれた日から数えた月齢）なので注意しましょう。つまり、生まれて2カ月を過ぎたら、最初の予防接種を受けることになります。

ママ・パパが心配しがちなこと

小さめに生まれた赤ちゃんの育児でママ・パパがよく心配することをピックアップしました。対処法を知っておきましょう。

小食でなかなか体重が増えない

離乳食は修正月齢をめやすに進めますが、食べる量や体重の増え方は個人差が大きいので、その子なりに食べていて少しずつでも体重が増えているなら、神経質にならなくて大丈夫。親子で楽しく食べる時間を共有しましょう。

いきんでいるのにうんちが出にくい

母乳やミルクを飲む量が増えてくるとおなかが張ったり、いきんでもうんちがなかなか出なくなったりすることがあります。赤ちゃんが苦しそうにしていたら、綿棒で肛門を刺激するなどして排便を促してみましょう。

ブルブルと小刻みに震えることがある

「ジッタリング」と言われるもの。赤ちゃんの体をやさしく押さえると止まるのが特徴で、普通6カ月ごろには治まります。けいれんの場合は1秒間に数回の遅い動きで、押さえても止まらないので区別がつきます。

身長が伸びにくい場合もある

SGAの赤ちゃんの多くは2〜3歳までに成長が追いつきますが、中には身長が伸びにくい子もいます。SGA性低身長症は3歳から成長ホルモンによる治療ができる場合があるので、かかりつけの小児科医に相談を。

成長とともに太りやすくなる

ママのおなかの中にいる期間に相当する標準身長・体重に比べ、小さく生まれた赤ちゃん（SGA：Small for Gestational Age）は、太りやすくなることがわかっています。けれども今から正しい生活習慣を続ければリスクは減らせます。

ほかの子より発達が遅め

小さく生まれた赤ちゃんの発達は、修正月齢に沿っていれば問題ありません。たとえば首がすわるのは生後4カ月ごろですが、在胎32週で生まれたなら、生後6カ月ごろに首がすわれば順調と考えましょう。

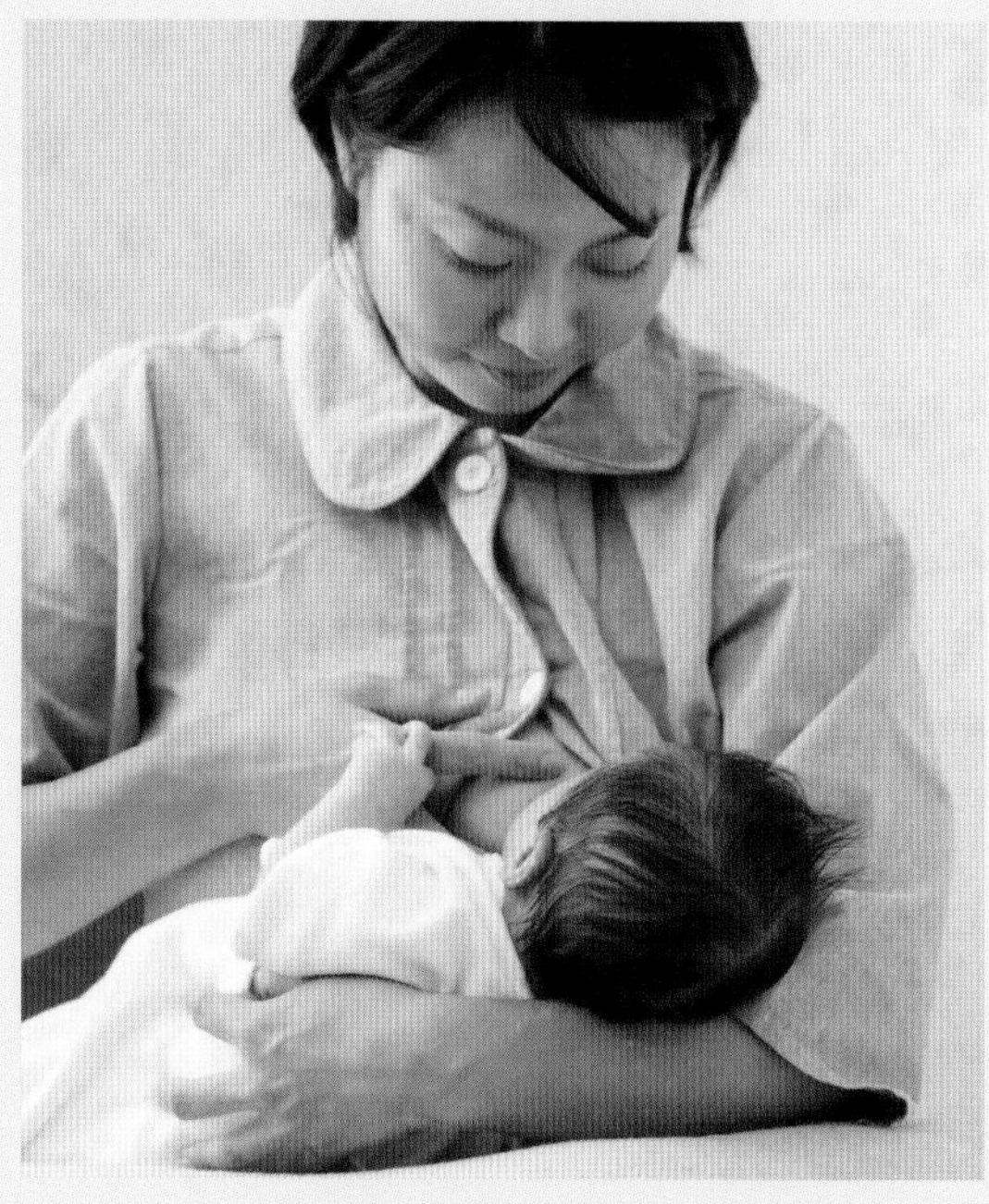

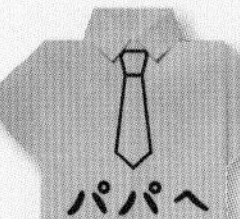

パパへ

自分を責めがちなママを積極的にサポートしましょう

小さめ・早めで赤ちゃんを生んだママは、「子どもにかわいそうなことをしてしまった」と自分のことを責めがちです。産後はホルモンバランスの乱れで気分が落ち込みやすいことも重なるので、ママの気持ちに寄り添い、しっかりとサポートしてください。

重症化すると怖い病気も

感染症

ウイルスや細菌が体内に侵入することによって、発熱や発疹などの症状を起こす病気。心配のないものもありますが、重症化すると怖いので、早めの受診が肝心。

このページも確認
p22～24・p34～36・p193・p195

RS(あーるえす)ウイルス感染症(かんせんしょう)

病気の知識

風邪のウイルスの一種 感染力が強いのが特徴

感染した子どもの多くは発熱、せき、鼻汁などの症状があり、一般的な風邪(P.78)と同じ経過をたどります。そのため、鼻水などで調べる検査キットを使って診断されることもありますが、一般的な風邪として、検査をしないことも多いでしょう。例年9～3月に流行していましたが、近年は7～8月も流行し、早期化しています。

POINT

受診前のポイント

2歳までにほぼ100%の子どもが感染する、とてもありふれたウイルスです。ただし、生後6カ月未満の赤ちゃんや早産児、持病のある場合は急性気管支炎(P.88)や肺炎(P.105)、細気管支炎(P.103)を起こしやすいので注意が必要です。

治療&再受診

対症療法で症状を緩和

RSウイルスには有効な抗ウイルス薬がないため、対症療法で症状を和らげます。症状が軽い場合は1～2日様子をみてもいいですが、発熱がある、ゼーゼーしている、鼻がつまって母乳・ミルクを飲む量が普段の半分以下、ぐったりしてきた、顔色が悪い、胸がへこむような呼吸をするなどの症状がみられたら受診しましょう。受診後、まだ発熱が続く場合は再受診を。

ホームケアの知識

自宅で安静にさせて 鼻吸引を意識して

一般的な風邪と同じで、自宅で安静にさせます。ただし、風邪よりも鼻水が出やすくなるので、鼻吸引を意識して行いましょう。熱があるときは、水分補給も忘れないようにしてください。

リスクのある子は「シナジス」で予防を

予防薬のパリビズマブ(シナジス)は、35週6日以下で生まれた子、心疾患のある子、ダウン症候群の子など、リスクの高い赤ちゃんには有効で、保険適用になります。

症状が落ち着いたら基本、登園できます

発熱、せきなどの症状が安定し、全身状態がよくなったら登園できます。ウイルス排出期間が1～3週間あるため、回復後もママ・パパは手洗いをしっかり続けましょう。

アデノウイルス感染症

病気の知識　のどが赤くなり結膜炎などの症状が出る

のどや目、腸に炎症を起こすなど、型により多様な症状がある感染症ですが、基本的には扁桃咽頭炎。40度ほどの高熱が3～7日間続きます。のどに白い苔のようなものがついていると、多くはアデノウイルス感染症。迅速検査キットで診断されます。

発熱に加えてのどが赤く、目の充血や目やになどの結膜炎の症状がある場合は、咽頭結膜熱（プール熱）になります。またアデノウイルス胃腸炎の場合、嘔吐や下痢の症状があります。

プール熱はプールに入らなくても感染する

プール熱は、名前からプールで感染すると思われていますが、プール以外のところで感染するのがほとんどです。

咽頭結膜熱

治療＆再受診　安静が基本だが解熱薬を使うことも

特効薬はありません。高熱が長く続くので厄介な病気です。熱が高く、子どもがつらそうなときは、解熱薬をうまく使います。安静にしてしっかり休養させれば、必ず治ります。

ただ、高熱が7日間出ることも多いため、発熱が4日以上続く、のどが痛くて水分がとれない（めやすは普段の半分以下）、ぐったりしてきた、おしっこが12時間以上出ないなどの場合は、再受診しましょう。

ホームケアの知識　食事はやわらかくて食べやすいものを

のどが痛むため、食欲が落ちることがあります。食事は子どもが好きなものを与えるのが基本ですが、やわらかくて食べやすいものをあげましょう。すっぱいもの、からいもの、熱いものなど刺激が強いものは避けましょう。水分もたっぷりあげてください。目やにがある場合は、お湯で絞ったガーゼなどでやさしくふき取ります。

このページも確認　p22～30・p41～42　p193・p195～196・p199

のどを刺激しないものを少しずつ与えます

のどを刺激しないプリンやゼリー、うどんやパンがゆ、豆腐などのどごしがいいものを与えましょう。母乳やミルクはそのまま続けてください。水分は本人が好むものでOK。

登園は症状が治まって2日経ってから

熱は長ければ7日間は続くことがあります。発熱、咽頭炎、結膜炎など、アデノウイルスの主要な症状が治まったあと、さらに2日経過してから登園するようにしましょう。

感染症

おたふくかぜ（流行性耳下腺炎）

病気の知識

耳下腺が炎症を起こして腫れる病気

ムンプスウイルスによる感染症です。耳の下にある耳下腺という唾液腺が炎症を起こし、腫れや痛みが出ます。症状はまず先に、発熱のほか頸部の痛み、頭痛、嘔吐があり、そのあとで耳下腺が腫れます。

耳下腺が腫れてくる3日前から、腫れてから7日までの10日間がウイルスの排泄される期間です。

腫れは、最初は片側だけ生じますが、最終的には両方腫れることが多いようです。耳下腺の腫れは約3日でピークを迎え、そのほかの症状も含めて3～5日で改善していきます。

「ムンプス難聴」は治療してもほぼ回復しない

おたふくかぜの合併症で難聴になると、回復することはありません。ワクチンで予防を！

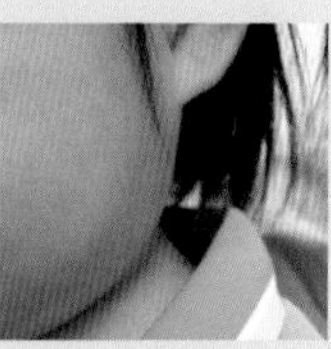

おたふくかぜ

治療＆再受診

解熱鎮痛薬などで症状を和らげる

おたふくかぜに特効薬はありません。耳下腺の痛みを和らげるために解熱鎮痛薬が処方されることもあります。基本的には、しっかり安静にすれば自然治癒します。

おたふくかぜには無菌性髄膜炎、精巣炎・卵巣炎、難聴（P.140）など合併症があります。発熱が1週間以上続く場合は無菌性髄膜炎の可能性があるため、入院します。これらの予防にも予防接種は有効ですが、1回の接種では完全には予防できません。

ホームケアの知識

腫れた頬やあごを冷やしてあげても

頬やあごが痛む場合は、水で絞ったタオルで冷やすと痛みが和らぐことも。また、食べ物をかんで唾液が分泌されると痛みが増してしまうので、牛乳やみそ汁、ゼリー、豆腐、グラタンなど、やわらかいものやのどごしのいい食事を与えましょう。

このページも確認 p22～24・p193

腫れが生じてから5日以内登園禁止

耳下腺、あごの下にある顎下腺または舌下腺がふくらみ始めた日から5日が経過し、なおかつ全身状態が良好になるまでは登園禁止です。

嫌がらなければおふろに入れて

高熱でぐったりしている場合を除き、嫌がらないようであれば、おふろはぜひ入れてあげましょう。温めることによって耳下腺の痛みが増すことはありません。

耳下腺の痛みが増すものは避けて

唾液が分泌されると耳下腺の痛みが増してしまいます。よくかまなくてはいけないようなかたいもの、すっぱい食べ物や飲み物は避けるようにしてください。

クループ症候群（しょうこうぐん）

病気の知識

特徴的なせきが出て呼吸が苦しくなる

パラインフルエンザウイルスやRSウイルス（P.100）などに感染して、喉頭に炎症が起き、声門が腫れて空気の通り道をふさいでしまった状態の総称です。特徴的なのはせきで、オットセイの鳴き声のような「クオッ、クオッ」または「アウッ、アウッ」という音のせきをします。重症の場合は、肋骨の間がへこむほどの陥没呼吸がみられたり、チアノーゼを起こしたりします。最悪の場合、窒息を起こす恐れもあります。

こんなことに注意！

クループのせきは、オットセイのような声

よく「ケーン、ケーン」というせきからクループを疑うママがいますが、これはクループではありません。最も近いのは、オットセイの鳴き声です。ピンとこない人は動物の動画サイトなどで確認してみてください。

治療＆再受診

ステロイド薬を服用しのどの炎症を抑える

呼吸を楽にするため、ステロイド薬を服用して、のどの炎症を抑えます。重症の場合は、入院してアドレナリンの吸入をします。病院を受診したら、翌日必ず再受診しましょう。

ホームケアの知識

加湿器などで加湿を心がけて

部屋をよく加湿し、水分もこまめに補給しましょう。ステロイド薬はとても苦いので、粉薬なら単シロップやチョコレートアイスなどで飲ませるのがおすすめです。

このページも確認 p22〜24・p34〜36・p193・p195

症状が治まれば登園が可能

熱がなく、せきがつらい状態でなければ、登園しても大丈夫です。クループ症候群を予防するには、第一に風邪を予防すること。帰宅後の手洗いを徹底しましょう。

細気管支炎（さいきかんしえん）

病気の知識

気管支の炎症がさらに進行した状態

気管支の末端にある細い部分が細気管支。ウイルスなどに感染して、細気管支まで炎症が及ぶと細気管支炎と言い、気管支炎がさらに進行した状態と言えます。生後3カ月以下の赤ちゃんがかかると重症化しやすくなります。鼻水とともにせきが見られます。また、呼吸困難を起こし、のどや胸からゼーゼーまたはヒューヒューした呼吸がみられることがあります。

治療とホームケア

基本的には入院治療を行う

基本的には入院する病気です。重症の場合は人工呼吸器を使用します。生後3カ月以上で、呼吸や全身状態がよければ帰宅できますが、翌日再受診となります。家庭では鼻の吸引や部屋の加湿をしましょう。

このページも確認 p22〜24・p34〜36・p195

新型（しんがた）コロナウイルス感染症（かんせんしょう）

病気の知識

発熱やせきなどの症状が。子どもの感染者数は少ない

コロナウイルスは、風邪症候群（P.78）の代表的なウイルスの一つで、幼児期のうちに必ず1回はかかっています。軽い症状が多く、病院を受診しないことも多いでしょう。それに対して新型コロナウイルス感染症（COVID−19）は、世界中に猛威をふるっています。日本では大人に比べて子どもの感染者数は少ないものの、家庭内や集団生活での感染対策が重要です。子どもにみられる症状は、発熱、乾いたせきなどで、鼻水や鼻づまりは比較的少ないようです。一部で嘔吐や下痢などもみられると言われています。

新型コロナと川崎病の関連は心配なし

川崎病（P.166）は全身の血管に炎症が起きる原因未特定の病気。新型コロナとの関連が報道されたことがありましたが、現時点でアジアでは症例が少なく、関連はないと言われています。

※2021年１月の情報です

治療＆再受診

子どもは軽症のことが多いが入院を指示されることも

現時点で、特効薬はありません。16歳未満へのワクチンの承認も未定です。子どもが感染した場合、多くは無症状や軽症で済むことが多く、医療的には入院の必要はありません。ただ、法律にのっとって入院を指示される可能性はあります。医療者や保健所の判断に従いましょう。

ホームケアの知識

保健所などの指示に従って

子どもの感染を予防するためには、親が感染しないことです。もしも感染したら、自宅あるいは宿泊施設などでの療養になる可能性もあります。保健所との相談が必要となり、自宅療養後も電話などによる健康状態の確認が必要になります。家では通常の風邪と同じようなケアをするとともに、定期的に換気し、家族間で感染を広げないように細心の注意を払ってください。

このページも確認
p22〜24・p28〜30・p34〜36
p193・p195

許可が下りるまで登園禁止

登園は、医師や管轄保険所長が許可してからです。子どもが濃厚接触者に特定された場合、感染者と最後に濃厚接触をしてから２週間をめやすに、その期間の登園は控えます。

家族が感染したら、日用品の共有は避けて

子どもは保育園などの集団生活よりも、家庭からの感染が一番心配です。家族が感染したら、タオルや食器など家族で共有するものはしっかり分けるようにしましょう。

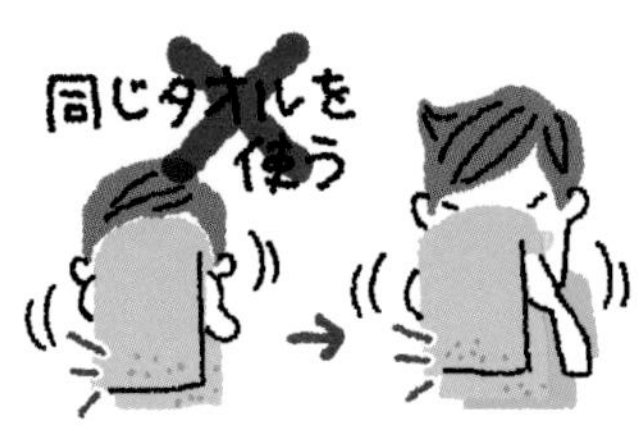

ママが感染しても母乳は続けてOK

授乳前にしっかり手と乳輪を消毒し、マスクを着用して直接授乳する、あるいは手洗い消毒後に搾乳したものをパパなどに授乳してもらえば、飲ませ続けてもかまいません。

感染症

小児結核（しょうにけっかく）

病気の知識
結核菌の感染が原因 子どもの感染は少数

結核菌という細菌に感染することで起こります。主な症状はせき、発熱、食欲不振、体重の減少などです。

日本は比較的、感染者が多い国とされていますが、BCGワクチン接種率が高いこともあり、子どもの感染は非常に少ないです。ただ、感染すると重症化しやすく、結核性の髄膜炎を起こすなど重い後遺症を残すこともあるので注意が必要です。

両親、祖父母から子どもへの感染に注意

子どもに結核をうつすのは両親や祖父母です。子どもを守るため、大人は2週間以上せきが続く、発熱、血痰、体重減少がみられたら、結核を疑い、すぐに受診してください。

治療&再受診
赤ちゃんの場合は入院して治療

0歳児が結核に感染した場合は、入院して抗結核薬を投与します。結核は、子どもから大人（家族）にうつることは通常ありません。むしろ、家族の中に結核の疑いがある人がいたら、子どもにうつさないためにも子どもも含め家族全員で検査をしてください。

ホームケアの知識
BCGワクチンでの予防が大切

日本では乳児を対象にしたBCGワクチンが定期接種になっています。発症リスクを接種しなかった場合の4分の1に抑えられます。重症化を防ぐためにも忘れずに受けさせましょう。ただし、効果は10〜15年です。

このページも確認 p22〜24・p34〜36

肺炎（はいえん）

病気の知識
肺に炎症が起き せきが続く

ウイルスや細菌、微生物が肺に入り、肺にある肺胞に炎症が起こります。風邪（P.78）や気管支炎（P.88）をこじらせて肺炎になるケースがほとんどで、発熱やせきが続きます。子どもに多いのはウイルス性肺炎やマイコプラズマ肺炎、細菌性肺炎。そのほか、クラミジア肺炎もあります。肺炎球菌ワクチンが定期接種になり、子どもの重症の細菌性肺炎は減少しています。

鼻水のこまめな吸引が、肺炎の予防になります

鼻水をためたままにしておくと、鼻づまりや鼻炎の原因になるだけでなく、中耳炎、せきなどの原因にもなります。こまめな鼻吸引は、病原菌の量を減らす効果があります。

治療&再受診
入院治療を行うことも

肺炎と診断された場合、ウイルス性で症状が軽ければ、症状を和らげる薬などで自宅で対処します。細菌性の場合は、ほとんどが入院して抗菌薬で治療をします。細菌性肺炎は、抗菌薬がとてもよく効きます。受診後、3日たっても解熱しない場合は、再受診してください。

ホームケアの知識
安静にして加湿し 水分補給を心がけて

自宅療養の場合は、通常の風邪のときと同様に、安静にして適切に加湿をし、しっかりと水分補給を行うよう心がけます。

普段と少しでも様子が違うときは、すぐに受診するようにしましょう。

このページも確認 p22〜24・p34〜36 p192〜193・p195

風疹（三日ばしか）

病気の知識 発熱とともに全身に発疹が出現する

風疹ウイルスが原因です。発熱と同時に赤い発疹が出現し、全身に広がります。発疹には、痛みやかゆみはありません。熱も発疹も3～4日で治まります。また、耳の後ろや首のリンパ腺が腫れることもあります。潜伏期間は2～3週間ほどです。

一度風疹にかかれば、免疫ができるので再び感染することはありません。風疹は、麻疹（はしか）に症状が似ているものの症状が軽いため、「三日ばしか」とも呼ばれています。妊娠初期に感染すると赤ちゃんに障害が残る可能性があるため、上の子がいる妊婦さんは注意して。

疑われるときは先に連絡を

風疹が疑われるときは、ほかの子どもや妊婦さんに感染させないためにも、連絡を入れてから受診を。

風疹

治療＆再受診 軽症が多く自宅で安静にすれば大丈夫

特別な治療薬はありませんが、軽症のことが多いため、家庭で安静にして過ごします。熱が高くて苦しそうなときは、解熱鎮痛薬などが処方されます。

まれに髄膜炎や風疹脳炎、血小板減少性紫斑病（血小板が少なくなり、青あざができやすくなる）などの合併症を起こすことがあります。1歳を過ぎたらMR（麻疹・風疹）ワクチンを接種しましょう。発熱が4日続く、ぐったりしてきたなどの症状がみられたら、再受診してください。

ホームケアの知識 発疹が消えるまでは外出は避けて

熱がなく、元気な場合も多いですが、発疹が消えるまでは感染の恐れがあるため、外出を控えましょう。ほかの子どもや妊婦さんとの接触は避けるようにしてください。熱が高いときは、水分補給を心がけて。

このページも確認 p22～24・p37～39・p193

発疹が消えるまで登園できません

熱が下がっていて元気でも、発疹が消失するまでは登園してはいけません。繰り返しになりますが、妊婦さんに感染させないためにも、外出もさせないでください。

機嫌よく元気なら入浴は普段と同じで

熱が下がっていて元気なら、発疹があってもいつもどおりに入浴して大丈夫。ただし、短時間で済ませましょう。体を洗うときは、発疹を刺激しないようにやさしく洗って。

食欲があれば、普段と同じで大丈夫

食事については、食欲があるようなら、普段どおりで問題ありません。熱があり、食欲が落ちている場合は、本人の好きな食べやすいものをあげましょう。

百日(ひゃくにち)ぜき

病気の知識　息をつく間もなく せきが続く

乳幼児の場合、「ケンケンケンケン」と息をつく間もなく、連続的にせき込みます。せきをしている間は息も吸えず、顔が赤くなり、最終的には黒くなります。せきが終わると、笛が鳴るようにヒューッと息を吸うのが特徴。赤ちゃんでは、せき込んだあとに嘔吐することも。生後6カ月未満の子は、重症化しやすいため注意が必要です。

百日ぜきは新生児でも感染する恐れが

百日ぜきは0カ月の新生児でも感染することがあり、生後2カ月までに感染すると重症化することが多く、水分もとれなくなるため、入院になります。多くは大人から感染するので、ママ・パパは注意が必要です。

治療&再受診　治療の目的は 感染拡大の防止

百日ぜきは、治るまでに2カ月ほどかかります。早めに治療をすれば、症状を軽くできますが、百日ぜきを早期に診断することは通常できず、せきの発作が始まってからでは、薬で症状を抑えるのが難しくなります。せきがひどくなったあとでも抗菌薬は投与されますが、あくまでも感染拡大を防止するため。発熱した場合や、せき込んで水分がとれない場合は再受診を。

ホームケアの知識　加湿を十分に してあげて

せきの症状が少しでも楽になるように、部屋を十分に加湿しましょう。少しずつ水分補給をすることも大切です。

このページも確認　p34～36・p192

麻疹(ましん)(はしか)

病気の知識　口や体に発疹ができ 感染力が強い病気

麻疹ウイルスが原因で起こります。潜伏期間は10～12日ほどで、せきやくしゃみ、発熱、鼻水などの症状が3日ほど続き、発熱4日目にいったん解熱し、頰の内側の粘膜に白い小さなコプリック斑と呼ばれる発疹が出ます。半日後、高熱とともに小さな赤い発疹が顔や体全体に広がります。

いまだ海外渡航者からの感染リスクは継続中

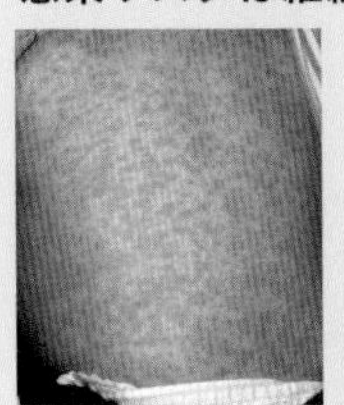
麻疹

コプリック斑

子どもも大人も、感染者数は減少。ただ海外渡航者からのリスクがあり、要注意。

治療&再受診　特効薬がないため 対症療法に

解熱剤やせき止めなどの対症療法になります。肺炎（P.105）や中耳炎（P.86）などの合併症に対し、抗菌薬が処方されることも。ゼーゼーする、ぐったりする、顔色が悪くなるなどがみられたら、再受診を。空気感染するため、受診前に病院に連絡を。

ホームケアの知識　とにかくしっかり 休ませてあげて

感染力が強いため、解熱後3日経過するまでは外出禁止です。とにかくしっかり休ませてください。高熱でぐったりしていない限り、入浴もOKです。1歳になったら、すぐMR（麻疹・風疹）ワクチン接種をしましょう。

このページも確認　p22～24・p34～36 p193

ヘルパンギーナ

病気の知識

突然、高熱が出て のどの奥に水疱ができる

エンテロウイルスという夏風邪のウイルスによって起こります。潜伏期間は3～5日。原因となるウイルスが複数あるため、一度かかっても、再びヘルパンギーナに感染することがあります。突然39度前後の高熱が出るほか、のどの奥のほうに小さな水疱がたくさんでき、のどがひどく痛みます。発熱は2～3日で下がり、水疱は1週間以内に治まります。のどが痛いと食べるのがつらくなるため、食欲が低下したり、吐いたりすることもあります。ちなみに同じ水疱が口以外にもできれば、手足口病（P.89）と呼ばれます。

治ってもうんちにウイルスが

熱も下がり、水疱が治まってもしばらくは便の中にウイルスが。おむつ替え時には手を洗いましょう。

ヘルパンギーナ

治療＆再受診

自宅で安静にしていれば自然に治る

ウイルスに対する特効薬はありませんが、基本的に安静にしていれば自然に治ります。高熱でぐったりしていたり、のどの痛みがひどくてつらそうにしている場合は、解熱鎮痛坐薬など症状を和らげる薬が処方されます。

のどが痛くて水分や食事がとれなくなったりすることも。脱水症状が見られた場合は、入院をして点滴治療をすることがあります。発熱が4日目になっても下がらない場合は、再受診してください。

ホームケアの知識

口あたりのいい食事をさせて こまめな水分補給を

熱は2～3日で下がります。口の中が痛いことがあるので、口あたりのいいやわらかいものを食べさせるといいでしょう。また、脱水症状にならないように、こまめに水分補給をさせましょう。

このページも確認 p22～24・p42・p193

症状がなく食事がとれれば登園OK

本人の全身の状態がよく、熱が下がり、食事がしっかりとれるようになればOKです。病院の許可は不要です。引き続き便からの感染に注意し、ママ・パパは手洗いを行って。

高熱でなければさっと入浴して大丈夫

高熱でつらそうでなければ、おふろに入れてもいいでしょう。清潔に保つことは睡眠の質を高め、休息につながります。解熱薬をおふろの30分前に使ってもかまいません。

のどごしのいい飲み物・食べ物を

かまずに飲み込めるプリン、ゼリー、アイスクリーム、豆腐などがおすすめです。すっぱい飲み物はしみることがあるので、水や麦茶などのほうがいいでしょう。

咽頭炎（いんとうえん）

病気の知識　のどの周辺に炎症が起きて高熱が

子どもによくみられる病気で、のどの周辺にウイルスや細菌が感染し、炎症を起こした状態が咽頭炎です。高熱が出て、せきや鼻水も伴います。のどの奥にある軟口蓋、口蓋垂（のどちんこ）が赤く腫れているのが特徴です。熱は2～3日で下がることが多いでしょう。

【のどのしくみ】

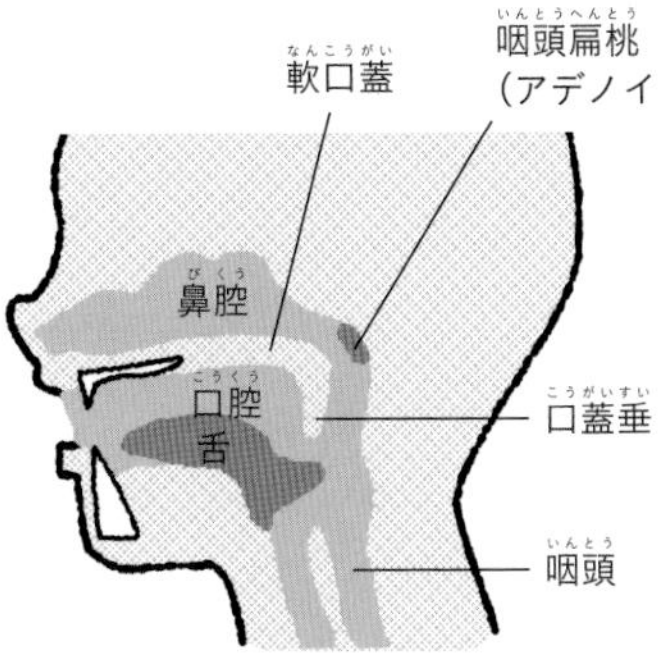

治療＆再受診　解熱鎮痛薬などが処方される

2～3日で自然によくなることが多いです。高熱でつらそうな場合は、解熱鎮痛薬を処方します。ただ、中には溶連菌が原因の場合もあります。その場合は検査キットで細菌の有無を調べます。溶連菌感染の場合は、抗菌薬が処方されます。

ホームケアの知識　こまめな水分補給と食べやすい食事を

脱水症状を起こさないように、こまめに水分補給をしましょう。食事は、刺激が少ないもの、食べやすくのどごしのいいものをあげましょう。

部屋が乾燥しているとせきが出やすくなるので、加湿器などで加湿します。

このページも確認　p22～24・p34～36　p193・p195

扁桃炎（へんとうえん）

病気の知識　口蓋扁桃の炎症で高熱が出る

のどの奥にある口蓋扁桃にウイルスや細菌が感染し、炎症を起こしている状態です。子どもの場合、いわゆる扁桃腺が腫れることがよくあります。

口蓋扁桃が赤く腫れて高熱が出ます。また、頭痛や吐きけなどの症状も出て、首のリンパ節が腫れることもあります。

慢性扁桃炎で切除手術を行う場合

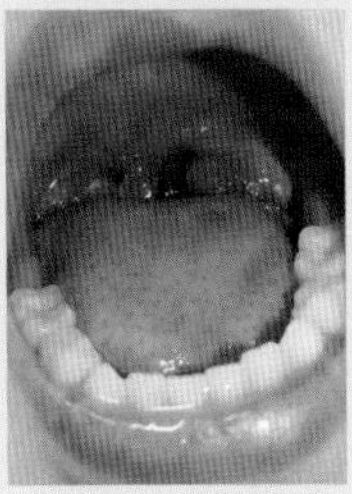

溶連菌による扁桃炎

扁桃炎を１年に7～8回以上、１年に4～5回以上を２年間、１年に３回以上を３年間繰り返した場合、反復性扁桃炎と診断され、手術で扁桃を摘出することがあります。手術をすると8割方、発症を減らせます。

治療＆再受診　ウイルスが原因なら対症療法に

咽頭炎と同様に、ウイルスが原因の場合は、解熱鎮痛薬などで症状を和らげます。溶連菌など細菌が原因の場合は、抗菌薬が処方されます。熱が4日目も続く場合やぐったりしている場合は、再受診してください。

ホームケアの知識　食べやすい食事を。水分補給はしっかり

鼻の吸引は効果的です。また、部屋も十分に加湿しましょう。高熱でぐったりしていなければ、おふろも入ってかまいません。のどの痛みや高熱で食欲が落ちたときは、プリン、ゼリー、冷ましたおかゆなどがおすすめ。水分は十分にとらせるようにしましょう。

このページも確認　p22～24・p34～36　p193・p195

水ぼうそう（水痘）

病気の知識

かゆみの強い水疱ができるウイルス感染症

かゆみの強い赤い発疹が全身に広がり、やがて水疱となり口の中や陰部、頭皮などにも広がります。水痘帯状疱疹ウイルスが原因で、せきやくしゃみの飛沫、あるいは発疹に触ることで感染します。非常に感染力が強く、空気感染もするので注意が必要です。潜伏期間は2週間ほどで、発疹が現れる1～2日前から感染力があります。発疹と同時に熱が出ることもありますが、2～3日で下がります。また、熱が出ないこともあります。水疱となり、2～3日でかさぶたになり始め、1週間後にはすべての水疱がかさぶたになります。

感染者と接触後、72時間以内ならワクチン予防可

水痘と診断された人と接触後、72時間以内にワクチンを接種すると９割程度、発症を阻止できます。

水ぼうそう

治療＆再受診

抗ウイルス薬の服用やかゆみ止め軟膏を使うことも

空気感染するため、水ぼうそうの疑いがある場合は、必ず病院に連絡を入れてから受診します。発疹が出て48時間以内なら、抗ウイルス薬の服用で症状を軽くすることができます。かゆみを抑える飲み薬や塗り薬が処方されることも。熱が3日以上続く場合、あるいはかきこわすなどして二次感染し、とびひ（P.132）や蜂窩織炎（皮下の炎症）を起こしている場合は、再受診しましょう。

ホームケアの知識

発疹をかきこわして化膿させないように注意

発疹はかゆいため、かきこわすと傷口から溶連菌または黄色ブドウ球菌などの細菌が入って二次感染を起こします。リスクを減らすためにも、子どもの爪は短く切りましょう。1歳になったら予防接種を受けておくことをおすすめします。

このページも確認 p22～24・p34～39・p42・p193

登園はすべての発疹がかさぶたになればOK

すべての発疹がかさぶたになり、医師の許可が得られるまでは登園は禁止です。空気感染するため、外出もしないようにしてください。通常５～７日の欠席が必要です。

ぬるめのおふろかシャワーにして

おふろで温まりすぎるとかゆくなるため、ぬるま湯に入れるかシャワーにしましょう。発疹を刺激しないように体はやさしく洗い、清潔を保つようにしてください。

やわらかくて飲み込みやすい食事を

口の中に発疹があるときは、かまずに飲み込めるプリンやゼリー、アイスクリーム、冷ましたおかゆなどがおすすめ。すっぱい飲み物は避け、麦茶などでこまめに水分補給を。

溶連菌感染症

病気の知識　突然発熱し のどが腫れる

のどが炎症を起こす病気の中で、唯一、ウイルスではなく溶血性連鎖球菌という細菌が原因となる病気。突然高熱になり、のどが真っ赤に腫れるものの、せきは少ないのが特徴。まれに猩紅熱といって、発熱とともに舌に赤いブツブツができ全身に赤い発疹が広がる状態になることも。

溶連菌（溶血性連鎖球菌）はいろいろな病気を起こします

溶連菌は猩紅熱以外にも、皮膚に感染してとびひ（P.132）などの原因になることもあります。

溶連菌感染症の舌の様子

治療&再受診　抗菌薬をしっかり飲みきって

溶連菌感染症の疑いがあると、のどの検査をして調べます。溶連菌感染症とわかれば、抗菌薬が処方されます。1～2日で熱は下がりますが、抗菌薬は最後まで飲みきりましょう。しっかり除菌しておかないと、溶連菌が体内に残り、リウマチ熱という心臓や関節に炎症を起こすやっかいな病気を合併するリスクが高まります。

ホームケアの知識　飲み込みやすい食事にして

のどが腫れて飲み込みにくくなるので、食べ物はプリンやゼリー、冷ましたおかゆや豆腐など飲み込みやすいものをあげてください。

このページも確認　p22～24・p37～39 p42・p192

りんご病

病気の知識　頬がりんごのように赤くなる病気

ヒトパルボウイルスB19の感染によって起こります。頬がりんごのように赤くなるのでりんご病と呼ばれますが、正式には伝染性紅斑といいます。

その後、手足にもレース状の網目模様のような発疹が広がります。発疹はかゆみを伴うこともあります。

ママが妊娠中のときは、りんご病に気をつけて

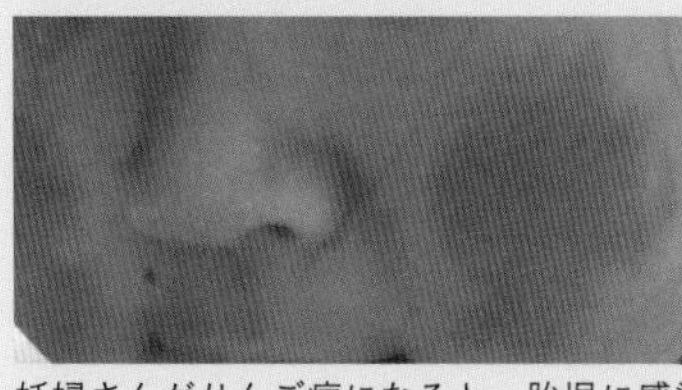

妊婦さんがりんご病になると、胎児に感染し、胎児水腫や胎児貧血を起こすことがあるので要注意。

治療&再受診　特別な治療は行わない

頬が赤くなったり、発疹が出たりしてりんご病と診断されるころには、すでに感染力はないため、治療は必要ありません。かゆみが強い場合は、塗り薬が処方されることもあります。

なお、一度りんご病にかかると免疫ができるため、再び感染することはありません。

ホームケアの知識　かゆいときは日光と入浴は避けて

頬や腕の発疹がかゆい場合は、日にあたるのは避けたほうがいいでしょう。おふろもシャワー程度で済ませて。かゆみがない場合は、日光も入浴もいつもどおりでかまいません。感染力もないため、登園もできます。

このページも確認　p37～39・p198

アレルギーの病気

アレルギー疾患はすべてつながっている

子どもによくみられるアレルギーの病気は多岐にわたります。生後すぐから気をつけることで、予防できることがわかっています。

アレルギーとは体の防御システムの過剰反応

人間の体には、細菌やウイルス、寄生虫など異物が侵入したとき、その物質に対する抗体をつくって身を守る「免疫反応」という防御システムが備わっています。ところが、さまざまな原因で免疫が過剰反応を起こし、発疹やくしゃみ、かゆみ、呼吸困難などの症状を起こして体に悪影響を及ぼすことが。これがアレルギーです。アレルギーによる病気にはアトピー性皮膚炎をはじめ、さまざまな疾患があります。

POINT

原因物質(アレルゲン)になりやすいもの

食物のアレルゲンはほとんどの場合、鶏卵、牛乳、小麦です。また、吸入アレルゲンではダニが多いです。ハウスダストも主にダニの死骸が原因です。近年、スギ花粉症が低年齢化し、幼児にも増えてきています。

診断は、アレルギー検査と症状の経過で決まる

アレルギーは、家庭での様子を問診で確認したあと、血液検査や皮膚テストによって調べます。重要なのは症状の経過であり、アレルギー検査だけでは診断できません。治療は、アレルギー疾患の種類によって異なります。たとえばアレルギー性鼻炎であれば症状を抑える薬を処方して様子をみることもあります。

ホームケアで大切なのはアレルゲンを除去すること

アレルギーの病気では、アレルギーを引き起こす原因となるアレルゲンの除去が基本です。気管支ぜんそくやアレルギー性鼻炎では、アレルゲンになりやすい、ほこり・ダニがたまらないよう室内の掃除をこまめにすることは重要なケアになります。

【 アレルギーマーチ 】

アレルギー疾患は、成長とともに次々と引き起こされる傾向があり、それをアレルギーマーチと言います。「アトピー性皮膚炎」からスタートし、「食物アレルギー」「気管支ぜんそく」「アレルギー性鼻炎」と続きます。

POINT

激しいアレルギー反応「アナフィラキシー」とは

アナフィラキシーとは、アレルギー症状が全身に急激に進み、命を脅かすことにもなり得る状態を言います。ぐったりする、繰り返し吐く、呼吸がゼーゼーするなどの症状が出たら、すぐに救急車を呼んでください。

食物（しょくもつ）アレルギー

病気の知識

食べ物を食べたあとさまざまな症状が出る

食物アレルギーとは、食べ物に含まれるたんぱく質にアレルギー反応を起こすことです。食べてから2時間以内（多くは30分以内）にじんましん、せきや嘔吐、下痢、呼吸がゼーゼーするなどの症状が出ます。どの食べ物も原因になりますが、乳幼児は鶏卵や牛乳、小麦が多いです。これを恐れて離乳食を遅らせたり、卵、牛乳、小麦を食べさせないケースが増えましたが、安易な除去や遅らせることはかえってアレルギーのリスクを上げることになります。

卵・牛乳・小麦は離乳初期から開始が基本

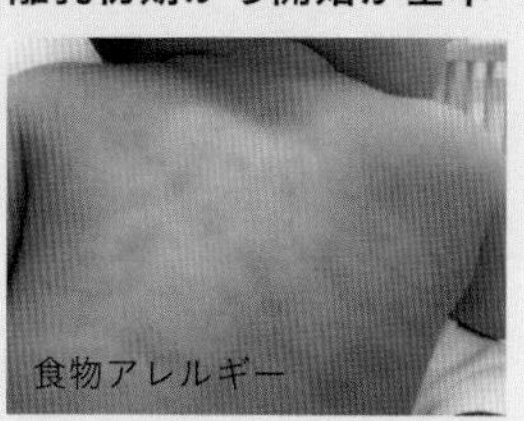
食物アレルギー

近年、卵（卵黄）・牛乳・小麦を離乳初期から与えたほうが食物アレルギーを防げることがわかってきています。厚生労働省が定める「授乳・離乳の支援ガイド」では、生後5～6カ月から与えるようにすすめています。

治療＆再受診

食物を必要最小限で除去し量を少しずつ増やす

医師の指導に従い、症状が出る食べ物を症状が出ない範囲で食べさせ続けることが治療の基本です。食物除去は必要最小限にすることが重要です。次に食物経口負荷試験を重ねながら、少しずつ食べられる量を増やしていきます。症状が出た場合には、症状を和らげる薬や、アレルギーを抑える薬が処方されます。症状の経過をみる必要があるため、医師の指示のもと、継続的な受診が必要です。

ホームケアの知識

自己判断の食物除去は厳禁スキンケアをしっかりと

自己診断で勝手に食物除去することは、絶対にしないでください。離乳食の食材を増やす過程で、発疹が気になれば受診しましょう。食物アレルギーがあるときは、毎日のスキンケアをきちんと行い、皮膚の状態をよくすることもとても大切です。

ケア参照ページ　p28～30・p34～39・p194～195

肌の清潔と保湿を毎日の習慣に

皮膚の状態がよくないと食物アレルギーを引き起こしやすくなります。乳児期に湿疹がある場合は、とくにしっかり皮膚の清潔と保湿を心がけ、皮膚の状態をよくしましょう。

初めての食材は受診できる時間に

離乳食で、初めての食材を与える場合、アレルギー症状が出ることを考慮して。初めての食材は、万が一に備えて、病院が空いている平日の日中に与えると安心です。

ミルクアレルギーの子はアレルギー用にしても

牛乳にアレルギーがあると診断された赤ちゃんは、アレルギー用のミルクを利用してもいいでしょう。ただし、必ず医師に相談してから始めるようにしてください。

アトピー性皮膚炎(せいひふえん)

病気の知識

かゆみの強い湿疹が長い間続く

炎症を引き起こす物質が皮膚に入り、かゆみのある慢性的な湿疹が持続します。アレルギー体質（アトピー素因）は原因の一つで、家族にアレルギー体質の人がいる場合、子どももアトピー性皮膚炎になりやすいと言われています。皮膚バリア機能の低下も原因の一つです。

アレルゲンには、ダニやほこり、細菌、汗、食べ物などがありますが、食べたものによる影響はまれで、幼児期になると食事の影響はほとんどありません。湿疹は、乳児期は頭や顔から始まり、幼児期以降は手足や首を中心に全身に広がっていきます。

治療と両立できる民間療法なら試しても可

入浴剤や防ダニ商品など、多くの民間療法は標準治療と両立可。ただし、保湿やステロイド治療を否定するものはNG。試したい場合は、まず主治医に相談を。

アトピー性皮膚炎

治療&再受診

スキンケアと並行してステロイド薬を使用

正しい洗い方や保湿のしかたなどスキンケアの指導を受けるとともに、症状に合った塗り薬で治療します。塗り薬は、基本的にステロイド薬を使用します。近年、症状が悪くなる前にステロイド薬を使うプロアクティブ療法が一般的になってきました。結果的に、ステロイドの使用量が減っていく安全な方法です。自己判断で薬の量を減らしたり、やめたりするとかえって悪化するので、医師の指示に従いましょう。

ホームケアの知識

皮膚を清潔に保ち正しく薬を使う

医師の指導のもと、正しく洗い、正しく保湿をし、正しくステロイド薬を使う…これだけで驚くほどよくなります。ただ、毎日続けるのはママにとっては大変なことです。パパとも協力して根気よく続けるようにしましょう。

このページも確認 p37～39・p197・p199

使いやすい保湿剤でたっぷり保湿を

おふろで皮膚を清潔にしたあとは、たっぷりと保湿をしましょう。保湿剤は白色ワセリンでも保湿成分入りクリームでも、赤ちゃんの肌に合っているものならOKです。

泡立てた石けんでやさしく洗います

皮膚を清潔に保つためにも、毎日入浴を。石けんをしっかり泡立てるか、泡状のボディソープを使って、手でやさしく洗ってあげましょう。タオルでゴシゴシ洗うのはNG。

独断での食物除去はしてはダメ

医師に相談をせず、勝手にアレルゲンとされる食物を除去してしまうと、将来的に食物アレルギーのリスクを上げてしまいます。食物除去は、必ず医師の指導を受けましょう。

気管支ぜんそく

病気の知識　気管支が狭くなり呼吸困難になる病気

アレルギーによって気管支に炎症が起こり、気管支が狭くなって呼吸が苦しくなる病気です。激しいせきとともに、「ヒューヒュー」「ゼーゼー」という呼吸音がします。子どもでは、ほこりやダニ、カビ、猫や犬のフケ、花粉などが原因となることが多いです。発作がひどくなると呼吸が苦しくなり、肩を上下させて息をしたり、眠れなくなったりします。14歳以下の子どもに多いですが、普段からきちんと治療をしてぜんそく発作を起こさないようにコントロールするよう心がければ、多くの場合、成長とともに治っていきます。

夜間や9～10月に発作が起きやすい

夜間や風邪をひいたとき、9～10月や台風などで気圧の変化があるときに発作が出やすくなります。起こりやすい時期は、とくに発作を起こさないように予防する治療をきちんと行いましょう。

治療&再受診　発作時は気管支を広げる薬などで治療

発作を起こしたときは、気管支を広げる吸入薬を使ったり、ステロイド薬を服用したりします。気管支拡張薬を吸入してもあまり改善がみられない場合は、入院になることが多いでしょう。軽い発作で吸入薬によって治まっても、翌日受診するのが基本です。

ホームケアの知識　発作を起こさないように普段から予防を

普段から発作を予防することが何よりも重要です。家庭では生活環境を整え、毎日、吸入ステロイド薬や抗アレルギー薬（ロイコトリエン受容体拮抗薬）で予防することが大切です。顔色が悪い、胸がへこむ呼吸をしている、せき込んで眠れない、ゼーゼーした呼吸音がする場合は受診しましょう。また夜、発作が起きたときは、気管支拡張薬の吸入薬がある場合は使用をしますが、それでも改善しない場合は、受診してください。

このページも確認　p34～36・p194～195

新しくペットを飼うのはやめましょう

猫や犬のフケがアレルゲンになるため、ペットを新しく飼うのは避けたほうが無難です。もともとペットを飼っている家庭では、掃除の頻度を上げるなどをして対処しましょう。

ネブライザーはマスクをしっかり装着

家庭でも吸入用のネブライザーを使うことが多いですが、しっかりマスクをフィットさせないと、効果が落ちます。絵本などを見せながら楽しく吸入させましょう。

こまめに掃除をしてアレルゲンを除去

ダニやハウスダストを減らすため、こまめに掃除を。カーペットやクッションはできるだけ避け、ぬいぐるみはお気に入りのもの1個に。親は禁煙してください。

じんましん

病気の知識

かゆみのある発疹が全身にできる

かゆみのある発疹が全身に現れます。できた発疹は24時間以内に消えますが、別の場所に新しく現れるため、移動したように見えるのが特徴です。じんましんの原因が食物アレルギーや薬であることは実はまれで、最も多いのは原因不明の特発性じんましんです。

じんましんが出たら写真を撮っておいて

じんましん

じんましんは数時間で消えてしまうため、いざ、じんましんで受診をしようと思っても、皮膚の状態がわからないことも。じんましんが出現したら、写真を撮っておきましょう。

治療＆再受診

かゆみを抑える薬が処方される

かゆみを抑える抗ヒスタミン薬や抗アレルギー薬が処方されます。薬でじんましんが治る場合は、原因が特定しなければ、日常生活で気をつけることはありません。頻繁に繰り返す場合は、再受診をしてください。

ホームケアの知識

皮膚を冷やして様子をみて

かゆい部分を冷やしながら様子をみれば、4〜5日で治まります。じんましんに効能がある市販の塗り薬もあります。かゆみがひどいとき、食物アレルギーが心配なときは受診を。また、おふろで温まりすぎるとかゆくなるため、ぬるま湯かシャワー浴がいいでしょう。

このページも確認　p37〜39・p194・p198

薬疹（やくしん）

病気の知識

薬の成分に反応して発疹が出る

薬を飲んだり注射したときに、アレルギー反応を起こして発疹ができ、全身に広がります。薬を使用してすぐ現れる場合と、数時間から数日たってから現れる場合があります。子どもの場合、一部の抗菌薬で発疹が出やすいと言われていますが、実際、子どもに薬疹が生じることは非常に少ないです。なお、塗り薬でかぶれた場合は接触皮膚炎（P.131）といい、薬疹とは診断されません。

「この薬はダメ」と自己判断しないで

薬疹と決めつけて、一生その薬が使えないことのほうが大きなリスクにつながります。自己診断で「この薬は飲ませられない」と判断しないようにしましょう。薬疹が心配な場合は、きちんと検査を受けてください。

治療＆再受診

原因となる薬をやめれば治る

薬を飲んだときに発疹が出たら、使用した際の状況や量、時間などをメモして詳しく医師に伝えてください。薬疹と確定された場合は、その薬の使用をやめれば症状は治まります。

ホームケアの知識

かゆい部分を冷やし様子をみて

発疹はかゆみを伴いますが、冷やすことで我慢できる程度であれば、しばらく様子をみましょう。おふろで温まりすぎるとかゆくなるため、ぬるま湯かシャワー浴で済ませて。ただ、口の中に出血があったり、やけどのように皮膚がはがれたりする場合は危険な状態です。夜間でも緊急受診してください。

このページも確認　p37〜39・p194　p197〜198

アレルギー性結膜炎（せいけつまくえん）

病気の知識

目の充血やかゆみなどの症状が出る

アレルギー反応によって目の結膜に炎症が起き、充血やかゆみ、まぶたの腫れや目やになどの症状が出ます。ダニやハウスダスト、花粉やカビのほか、犬や猫の毛やフケなどが原因に。同時に鼻水や鼻づまりなどの症状がみられることもよくあります。

治療とホームケア

点眼薬などでアレルギー反応を和らげる

抗アレルギー薬や抗ヒスタミン薬の点眼薬で症状を抑えます。目を強くたたいたりこすったりさせないように気をつけて。

このページも確認
p41・p194・p199

アレルギー性結膜炎

アレルギー性鼻炎（せいびえん）・花粉症（かふんしょう）

病気の知識

アレルギー反応で鼻の粘膜が炎症を起こす

ハウスダストや花粉などによるアレルギー反応で鼻の粘膜に炎症が起きます。くしゃみや鼻水、鼻のかゆみや鼻づまりがみられます。鼻づまりがひどいと呼吸が苦しくなるので、夜眠れなくなることもあります。一定の季節だけ出るものと、一年を通じて症状が出るものがあります。

アレルギー性鼻炎の中でも、スギやヒノキ、ハンノキ、カモガヤ、ブタクサ、ヨモギなどさまざまな花粉がアレルゲンとなり、花粉が飛ぶ季節に症状が現れるものを、花粉症と言います。花粉症では、鼻水、鼻づまりなどアレルギー性鼻炎の症状のほか、目のかゆみや充血、まぶたの腫れといったアレルギー性結膜炎の症状を併発することもあります。近年は低年齢化し、幼児のスギ花粉症も増えています。いずれの場合も、くしゃみ、鼻水、鼻づまりなどで日常生活に支障がある場合は受診しましょう。

治療とホームケア

症状を和らげる薬のほか5歳以降は舌下免疫療法も

症状を和らげるための抗アレルギー薬や抗ヒスタミン薬の飲み薬や点鼻薬が処方されます。通年性のアレルギー性鼻炎の場合は、ハウスダストが原因のことが多いので、こまめに部屋を掃除して、ほこりやダニがつきやすいカーペットやクッションは片づけましょう。エアコンのフィルターは季節ごとに掃除をしっかり行うよう心がけて。犬や猫などのフケがアレルゲンとなることもあるため、新しくペットを飼うのも避けたほうがいいでしょう。

ハウスダストまたはスギ花粉が原因である場合は、5歳以降にアレルゲンを舌下に投与して、少しずつアレルギーを起こしにくい体質にしていく「舌下免疫療法」を行うこともできます。花粉が飛ぶ季節は、洗濯物や布団の外干しを避け、外から帰宅した際は玄関で花粉を払い落として、家に持ち込まないようにしましょう。

このページも確認
p34～36・p41・p194・p199

おなかの病気

乳幼児は胃腸が未熟で起こりがち

乳幼児は胃や腸の機能が未熟で、おなかを壊したり、嘔吐をしたりすることが多いもの。脱水症にもなりやすく、気になる症状があれば早めの対処が大切です。

食中毒（細菌性胃腸炎）

病気の知識

病原体に汚染された食品などが原因

食中毒は、細菌などに汚染された食品を食べたり、病原体がついた手を介して感染し、胃腸炎を起こすものです。病原体の代表的なものはカンピロバクター菌、サルモネラ菌ですが、それ以外にも、病原性大腸菌O－157、ブドウ球菌などがあります。主な症状は腹痛、下痢、嘔吐などですが、どんなふうに発症するか、どんな症状が現れるかは、それぞれの病原体によって違います。乳幼児の場合は重症化しやすく、脱水症の恐れもあるため、いつもと違った様子がみられたら、すぐに病院へ行きましょう。医師によって食中毒の疑いがあると診断されれば、大きな病院で血液検査や便培養などを行って診断します。

治療＆再受診

抗菌薬や点滴を使う場合も

感染した病原体によって治療法が異なりますが、基本的に水分をしっかりとらせて休ませることが治療になります。脱水症状が強い場合は点滴を行います。抗菌薬を投与することもあります。下痢は細菌を体外に出すための防衛反応なので、無理に止めず、整腸薬などで治療します。水分がとれない場合、３日以上たっても熱が下がらない場合などは再受診しましょう。

ホームケアの知識

こまめな水分補給で脱水症状を予防して

下痢や嘔吐で水分が失われがちです。家庭でもこまめに水分を与えましょう。カンピロバクター菌、サルモネラ菌、病原性大腸菌の場合は、便に細菌がいるので、排便後やおむつ替えのあとは必ず手を洗って。

このページも確認
p28～30・p33・p192・p196

経口補水療法は点滴と同じ効果あり

脱水症が心配な場合は、経口補水液を少しずつ飲ませれば、点滴と同じ効果があります。市販の経口補水液のほか、水１ℓに食塩２g、砂糖 35g を加えて手作りしたものでも。

子どもが好きな、消化のいい食べ物を

おかゆは消化にいいですが、おかゆが嫌いな場合は、うどんややわらかめのごはん、パンでもいいでしょう。葉物野菜、白身魚をやわらかく煮込んだものも消化がいいです。

腸重積症（ちょうじゅうせきしょう）

病気の知識
腸の中に腸の一部がめり込む病気

腸の中に腸の一部がめり込み、閉塞している状態です。顔色が急に蒼白になり、突然泣き出したり、激しい腹痛のために嘔吐をしたりすることもあります。また、血液と粘液が混じった赤いジャムのような血便が出ることもあります。急に火がついたように激しく泣いたかと思えば、急に静かになる状態を繰り返します。乳児の場合は、機嫌が悪くなるのが特徴です。

治療が遅れると腸が血行障害を起こして壊死してしまい、命にかかわるリスクがあります。異常を感じたら、すぐに受診しましょう。

腸重積症による血便。腸の血管が破れて血液が腸内に入るため、いちごジャムのような真っ赤な血便が出ることもあります。

治療の基本
高圧浣腸で腸を元に押し戻す

発症後24時間以内なら、高圧浣腸といって、腸に空気や造影剤を注入して、はまり込んだ腸を押して元に戻す方法が有効です。これで回復しなかった場合や、腸穿孔（せんこう）（腸に穴があくこと）を起こした場合、発症後24時間以上経過して腸の壊死が疑われる場合は、手術が必要です。高圧浣腸が成功しても、一晩は入院となりますが、その後、血液検査や血便の程度を見て腸管へのダメージが少ないと診断されれば、早期から食事が再開されます。

再受診のめやす
同様の症状を繰り返したらすぐに受診して

基本的に入院になりますが、48時間以内に5％のケースで再発します。以降は再発することは減りますが、退院後も、同じ症状が出てくることがあるので、万が一、症状が現れたらすぐに受診しましょう。

このページも確認 p28〜30・p33

こんなことに注意！

「いつもと違う」に注意して

腸重積症は3歳未満での発症が多く、「おなかが痛い」と言えないことも。いつもと違う不機嫌さから腸重積症が見つかることもあります。ママやパパが「いつもと違う」と思ったときは、病院に連れていくことが大切。

医師のOKが出れば食事を再開

治療が終わったあと、医師の診断により腸管のダメージが少ないと判断されれば、食事を再開します。最初は消化のいいもの、子どもが好きなものからスタートさせましょう。

手術後のおふろは傷口がよくなってから

高圧浣腸のみで手術にならなければ、おふろはいつもどおりに入っても大丈夫です。手術をした場合は、傷口の具合がよくなれば、医師からおふろが許可されます。

腸閉塞（ちょうへいそく）

病気の知識

腸管の通過が悪くなっている状態

腸閉塞は、何らかの原因で腸管の通過が悪くなっている状態です。腸重積症（P.119）や便秘も、腸閉塞の一種です。胃腸炎や虫垂炎も、腸が麻痺して動かなくなることで、腸閉塞となる場合があります。そのほかにも、小腸に袋ができるメッケル憩室（けいしつ）や、鼠径（そけい）ヘルニア（P.153）、腸回転異常、甲状腺機能低下症、腹部打撲、術後の癒着なども原因となります。腹痛や吐きけ、おなかの張り、便が出ないなどの症状があります。

強い腹痛を起こしている場合は、腸管が血行障害を起こしている疑いがあり、緊急に治療を行う必要があります。

嘔吐物に緑色のものが混じっていたらすぐ受診

原因がいずれのものであっても、強い腹痛があります。もし嘔吐物に緑色の胆汁が混じるようであれば、まず腸閉塞と考えられます。速やかに受診するようにしてください。

治療＆再受診

原因によって治療法は違う

原因によって治療はさまざまです。術後の癒着の場合は、鼻か口から胃に管を入れて、空気や消化液を吸引し続けます。この減圧という処置で消化管の負担を軽くしながら、手術するべきか考えます。

便秘による腸閉塞なら、浣腸で便を出し、その後食物繊維を多くとらせ、便をやわらかくする薬や腸を動かす薬をしっかり服用させます。甲状腺機能低下症は、甲状腺ホルモン薬を毎日服用。虫垂炎、メッケル憩室などは手術になることもあります。

ホームケアの知識

まずはすぐに病院を受診して

腸閉塞は、基本的にすぐに受診をして対処するものがほとんどです。便秘の場合は食物繊維が多い食事をさせる、胃腸炎が原因の場合は嘔吐物や便を管理し、周囲に感染を広げないことが大切です。

このページも確認 p28～33

こんなことに注意！

症状が再び起こることも

原因によりますが、術後の癒着による腸閉塞は１～６％程度、再び起こることがあります。子どもが強い腹痛を訴えたら、すぐに受診するようにしましょう。

手術をした場合は傷がよくなれば入浴可

手術をした場合は、傷口の具合がよくなれば、医師からおふろが許可されます。手術をしていなければ、おふろはいつもどおりに入って大丈夫。

便秘の場合は食物繊維の多い食事を

原因によりますが、便秘の場合、食生活が大きく影響します。便秘を繰り返さないためにも、野菜や海藻類など、食物繊維の多い食生活と水分摂取を心がけて。

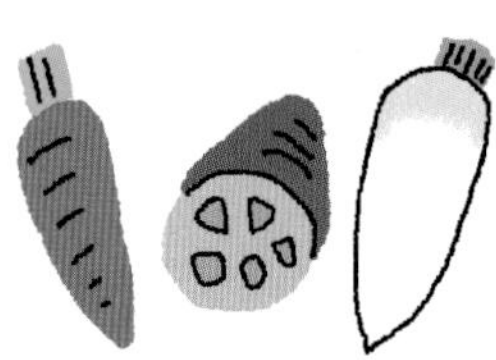

先天性胆道拡張症

病気の知識

生まれつき胆汁の通り道が変形

胆汁の通り道である胆道の一部が、生まれつき拡張している病気です。子どもの場合、腹痛を繰り返したり、嘔吐や発熱などを繰り返したりすることがあります。症状が長期にわたると、腹部に腫瘍ができたり、胆汁の排泄が悪くなることで黄疸が出たりします。

治療の知識

拡張した胆道を切除する手術を

先天性胆道拡張症の根本的な治療は手術です。超音波検査やさらに精密な検査ののち、診断がついたら、すぐ手術で拡張した胆道を切除して胆管と小腸をつなぎます。そうすることで膵液と胆汁の流れを分けます。術後の経過は良好なことが多いのですが、手術が成功しても、長期間にわたって定期検診を受ける必要があります。

【先天性胆道拡張症のしくみ】

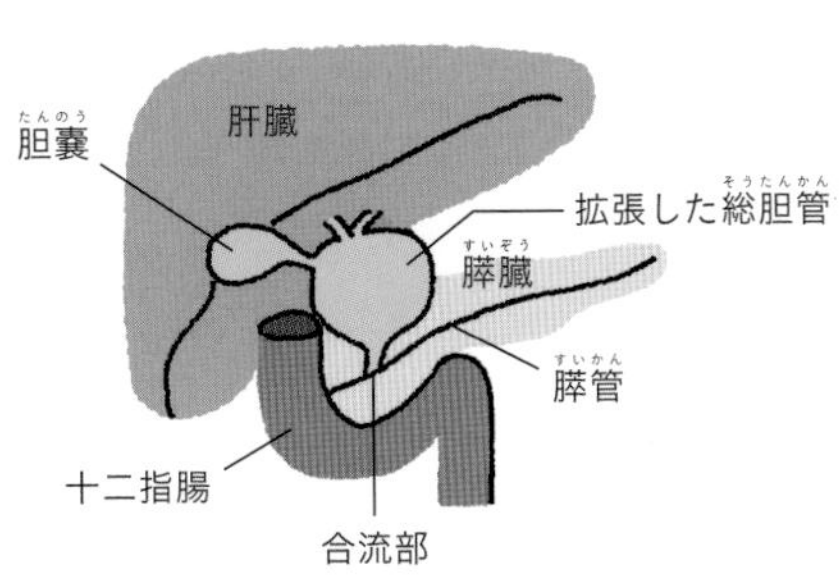

こんなことに注意！

腹痛を繰り返す場合は受診を

子どもの腹痛は珍しいことではありません。ただ、腹痛を何回も繰り返す場合は、先天性胆道拡張症の可能性があるため、受診することがとても大切です。一方で、無症状のまま成人になってから発見されることも。

胆道閉鎖症

病気の知識

胆道がつまって黄疸が出る

肝臓でつくられた胆汁を十二指腸まで流す通り道である胆道が、生まれつき、または生後間もなくつまってしまい、胆汁が腸に流れなくなる病気です。新生児黄疸がいつまでも続き、便は黄色みが薄く、灰白色から白っぽい色のうんちが出るのが特徴になります。

この病気は早期発見をすることがとても重要で、発見が遅れると肝硬変に発展します。肝硬変を起こすと、2～3歳までに慢性肝不全を起こし、最悪の場合は命を落としてしまいます。また、胆汁が出ないことでビタミンKが吸収できず、血液凝固機能が低下して、頭蓋内出血が起きる可能性もあります。

治療の知識

胆管と腸管を縫いつける

つまった胆管を取り去り、新たな胆汁の道として肝臓に腸をつなぐ「葛西手術」と呼ばれる手術をします。この手術によって、肝臓が生き延びられる可能性は大幅に上がります。ただ、この手術をしても肝硬変が進行していく場合もあります。手術後の10年自己肝生存率はおよそ50％で、最終的には約半数のケースで肝臓移植が必要になります。手術を受けても、一生付き合っていく病気です。

こんなことに注意！

早期発見するためにはうんちの色がポイント

灰白色または白っぽい便が特徴になるため、生後2カ月まで、便の色をよく見ましょう。母子健康手帳には、うんちの色を確認するための便色カードが付いています。1～3番のときは小児科に相談してください。

おなか

胃食道逆流症（噴門弛緩症）

病気の知識

胃から食道に逆流し吐いてしまう

母乳やミルクなどの飲食物が胃から食道に逆流し、吐いてしまいます。赤ちゃんの胃の入り口（噴門）の筋肉は未発達で、締まりがゆるいことが原因です。赤ちゃんの胃は大人のようなくびれがなく、筒のようになっているために母乳などが逆流することはよくあります。ただ、いつまでも母乳をダラダラと吐く、体重が増えない、呼吸がゼロゼロしている、せきが長引くなどの症状があれば、胃食道逆流症を疑います。

【赤ちゃんの胃の形】

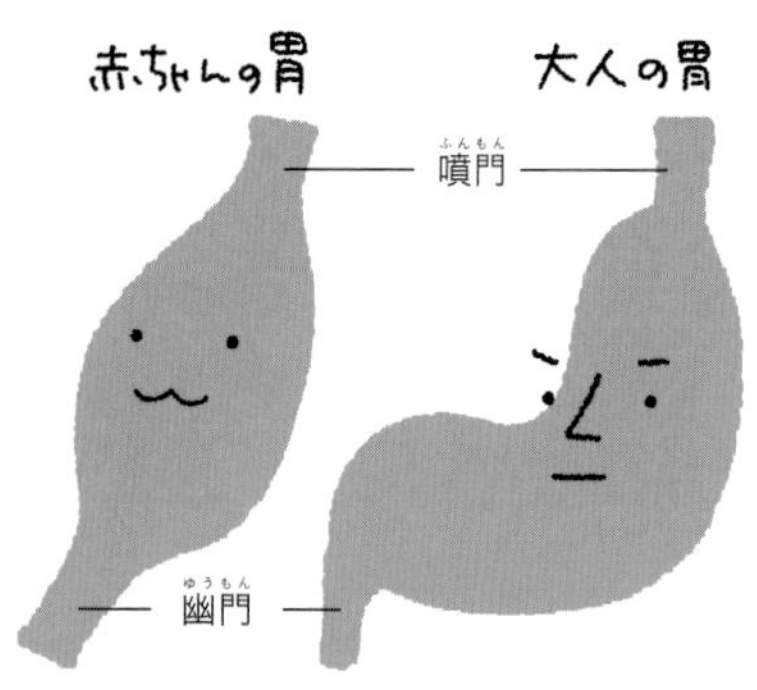

治療＆再受診

少しずつ授乳をしながら様子をみる

通常、1歳ごろまでには噴門部の筋肉が発達し、自然に治ります。それまでは母乳やミルクを少量ずつ飲ませるなどして様子をみます。それでも体重が増えない、嘔吐が続く、不機嫌な状態が続く場合は、受診しましょう。また、おなかを痛がる様子がある、緑色の胆汁性嘔吐がみられる場合は、腸閉塞の疑いがあるため、すぐ受診してください。

ホームケアの知識

立て抱きなどで逆流を防ぐ工夫を

授乳のあとはすぐに寝かせず、げっぷを出させてしばらく上体を起こしておくなど、逆流を防ぐ工夫をしましょう。吐いた場合は、たて抱きのまま背中をさすってあげて。げっぷをせずに眠った場合は、背中側に丸めたタオルなどを置き、横向きが保てるようにして寝かせてもいいでしょう。

このページも確認 p28〜30

お菓子の食べさせすぎに要注意

肥満は逆流の症状を強くするため、肥満を予防することも重要。幼児の肥満の主な原因はお菓子の食べすぎです。スナック菓子やチョコレートなど高脂肪のおやつは控えめに。

吐きにくいミルクに変更する手も

新生児や乳児では、授乳後にげっぷをさせることが大切です。また、医師の指示があれば、増粘ミルクと呼ばれる、とろみのついた吐きにくいミルクを使う手もあります。

こんなことに注意！

せきが長引く際の原因のことも

８週間以上の長引くせきの原因が、胃食道逆流症であることも。また、内臓脂肪が胃を圧迫すると逆流が強くなるため、肥満がみられる場合は、睡眠を含めた規則正しい生活で肥満を防ぐことも重要です。

肥厚性幽門狭窄症（ひこうせいゆうもんきょうさくしょう）

病気の知識

胃の出口が狭く、逆流して噴水のように吐く

幽門と呼ばれる、胃と十二指腸の間にある筋肉が異常に厚くなり、胃の出口が狭くなっている状態です。そのため、母乳やミルクが胃から十二指腸にうまく流れず、飲むと逆流して噴水のように吐いてしまいます。症状は生後1カ月ごろに現れ、とくに男の子に多くみられます。栄養を十分にとれないため、体重が増えず、尿量が減ってぐったりすることも。脱水症状がみられたら至急受診しましょう。

【肥厚性幽門狭窄症のしくみ】

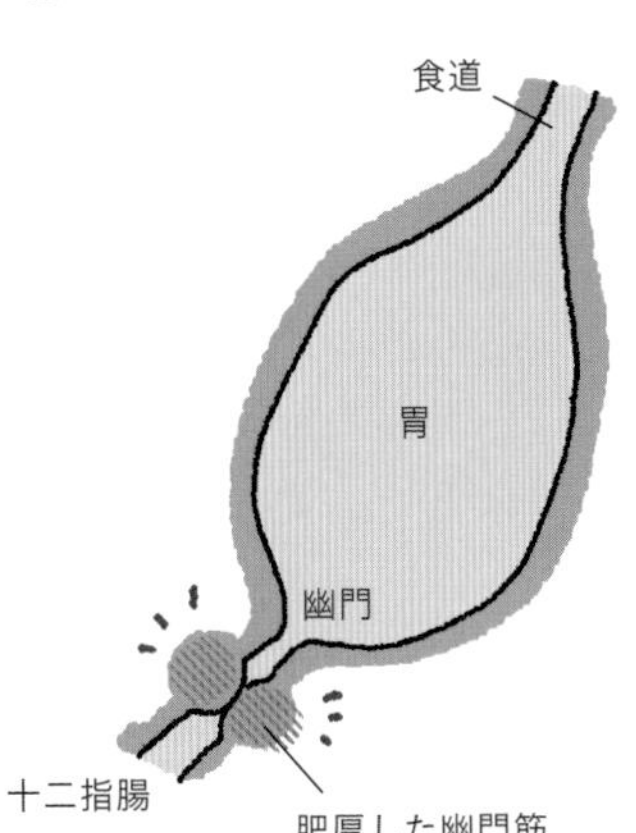

治療&再受診

狭くなっている部分を広げる手術を行う

腹部の超音波検査で診断されることが多いです。肥厚性幽門狭窄症と診断されると、早期に手術をすることになります。手術では、厚くなっている幽門部の筋肉を切開し、狭くなっている部分を広げます。手術は30分程度で終了し、1週間程度の入院で治り、ほぼ全例が成功します。手術の翌日には母乳やミルクを与えられます。

一方、時間はかかりますが硫酸アトロピンという筋肉の緊張をゆるめる薬を使った内科的な治療法もあります。8～9割が治りますが、治療後も、定期的に様子をみることが必要になります。

こんなことに注意！

受診の際は体重の推移がわかるものを持参

肥厚性幽門狭窄症は、母乳やミルクを飲んでも体重が増えないことも診断のポイントになります。体重の推移をみることがとても重要なので、受診の際は、母子健康手帳などを必ず持って行きましょう。

腸管リンパ濾胞過形成（ちょうかんりんぱろほうかけいせい）

病気の知識

母乳の成分に腸の粘膜が反応して出血が

母乳栄養が中心の6カ月未満の赤ちゃんの便に線状の血が混じります。大腸のリンパ節が母乳の成分に反応して大腸粘膜が破れることで出血します。比較的よくみられる症状で、痛みはなく、赤ちゃんが元気であれば問題はありません。

治療の基本

自然に治るので治療は必要なし

「血便が出た」と驚くことが多いですが、本来、受診もホームケアも不要。自然に治るので、母乳も飲ませてかまいません。

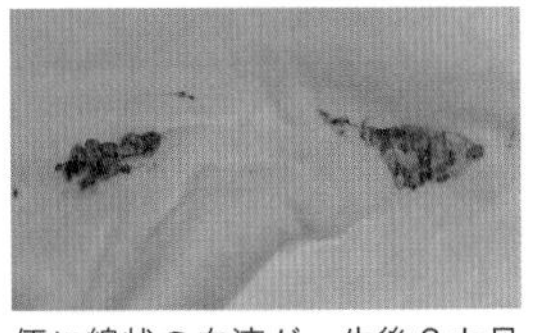

便に線状の血液が。生後6カ月未満なら、怖がる必要はありません。ミルク育児の場合はミルクアレルギーのケースも。

臍（さい）ヘルニア

病気の知識

腸の一部が飛び出す 俗に言う「でべそ」のこと

臍ヘルニアとは、俗に言う「でべそ」のことです。へその緒があった箇所の筋膜が完全に閉じず、泣いたときや腹圧がかかったときに、腸の一部がおなかの筋膜のすき間から飛び出すことで起こります。

腹直筋の発達に伴って、1歳くらいまでに8割、2歳までに9割は自然に治るため、様子をみるケースも多いでしょう。一方で最近では、かつて危険だと指摘されていた臍圧迫療法の治療をしたほうが、治癒率が高いなどメリットが多いことがわかり、安全性と有効性が見直され、積極的に行う病院が増えてきています。

赤ちゃんのでべそは珍しくない

「でべそ」は10人に1人くらいの割合でみられ、決して珍しくありません。

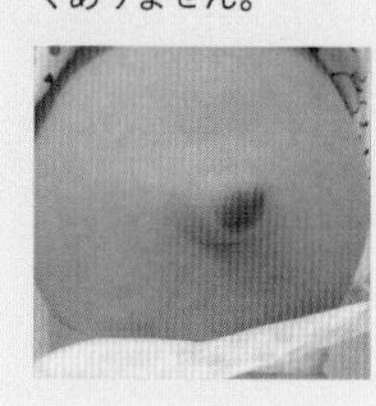

治療＆再受診

臍圧迫療法を積極的に行う場合も

かつて10円玉を貼って圧迫する民間療法がありましたが、かぶれたりするという理由ですたれていきました。その後しばらくは、自然に治る病気であることから、何もしないことが最良とされてきました。

ところが2000年以降、臍圧迫療法が見直され、圧迫しているほうが治癒率が高く、治ったあとにおへその皮が伸びきって垂れ下がってしまう「臍突出症」を防ぐことがわかりました。臍圧迫療法は乾いた綿で圧迫し防水テープを貼る簡単な方法です。ヘルニアが小さいほど、治療時期が早いほど効果が高く、早く治りやすくなります。

ホームケアの知識

防水テープを貼り替えてあげて

臍圧迫療法は、初回のみ病院で行い、それ以降は病院の指導のもと、家で防水テープを貼り替えることが多いようです。

防水テープは、しっかり貼れた場合、1週間くらいは貼っていてもかまいません。

こんなことに注意！

自己流のケアはやめましょう

病院を受診せずに、おへその部分に10円玉などの硬貨をあてて押したり、市販のばんそうこうで押さえつけたりするのはやめましょう。効果的でないのはもちろん、皮膚がかぶれてしまう原因になります。

テープかぶれをしたらスキンケアを優先して

テープかぶれを起こしたときは、２～３日は何も貼らずにしっかり保湿をしてあげましょう。赤ちゃんの場合は、臍圧迫療法よりも、スキンケアを優先しましょう。

防水テープを貼って入浴してOK

臍圧迫療法で防水テープがしっかり貼れている場合は、おふろもいつもどおりで大丈夫です。ただしテープの内側の乾綿が濡れた場合は、新しいものに貼り替えてください。

乳糖不耐症

病気の知識 牛乳を飲んだあとに下痢や嘔吐が

乳糖不耐症は2つに分けられます。①新生児・乳児早期に発症する、先天的なラクターゼ（乳糖の分解酵素）活性の低下、②幼児期以降にみられる生理的なラクターゼ活性の低下です。①は極めてまれな病気で、授乳後にすっぱいにおいの水様便が出るのが特徴です。②は「牛乳で下痢や嘔吐を起こしやすい」というもので、通常はこちらを指します。

赤ちゃんのときはラクターゼを持っていますが、成長とともにラクターゼ活性が低下していき、大人になるとラクターゼが少なくなるのが普通。そのため、このこと自体は病気ではありません。

治療&再受診 乳糖不耐症はアレルギーではない

通常の乳糖不耐症の場合は、子どもが困っておらず、気にしていないのであれば、親も気にしないことです。また、よくママ・パパが誤解しがちなのですが、乳糖不耐症は、牛乳アレルギーではないので、アレルギーとしての対応は不要です。ミルクで下痢をしたからといって、牛乳アレルギーと自己判断しないようにしましょう。

ホームケアの知識 園生活では相談して牛乳を控えても

特別なホームケアは必要ありません。ただ、保育園・幼稚園などで牛乳を飲むと下痢や腹痛が起こる場合、園と相談し、牛乳を控えてもいいでしょう。

このページも確認 p28～30

単一症候性下痢

病気の知識 体重増加が順調なら問題なし

新生児や乳児は1日に何回もうんちをします。とくに母乳が中心の赤ちゃんは、便もやわらかかったり水っぽかったりするため、ママやパパの中には「おむつ替えのたびに下痢のようなうんちをしていて、大丈夫だろうか」と心配する人もいます。けれども、順調に体重が増えていて、機嫌もよく食欲もあるなら大丈夫。このような様子が心配で受診したときに、つけられる診断名が、単一症候性下痢。乳児期にみられる生理的な下痢の一つです。ただし、だんだんと元気がなくなってきたり、嘔吐、発熱などの症状が出てきたらほかの病気の疑いがあるので、受診しましょう。

治療&再受診 基本的に受診の必要はなし

赤ちゃんの時期に、水っぽいやわらかい便が出るだけなら、基本的には心配いりません。ゆるいうんちがしばらく続いても、機嫌がよく体重が増えていれば、受診する必要はありません。そのほかに気になる症状がある場合や心配な場合は、かかりつけ医に相談しましょう。

ホームケアの知識 おむつかぶれに注意して

病的な下痢ではないので、母乳・ミルクはいつもどおり与えてください。ただ、水分補給をこまめにすることと、おむつかぶれ（P.130）をしないようにおしりのスキンケアをしっかりしてあげるようにしましょう。

このページも確認 p28～30

おなか

皮膚の病気

赤ちゃんに多い皮膚トラブルはケアが大事

大人に比べて薄く、デリケートな赤ちゃんや子どもの肌。汗や汚れ、衣類の摩擦、気温や湿度の変化などがトラブルの原因になることもあります。

あざ

病気の知識

皮膚の色や形状が部分的に異なる状態

あざは、皮膚にある色素細胞や毛細血管の先天的な異常や増殖によって起こります。色や形、発症する部位もさまざまですが、痛みやかゆみなどはなく、ほとんどが健康への影響はありません。

ただ、中には悪性化するものもあるので、あざが大きくなる、痛みが生じるなど何か変化がないか、様子をみることが大切です。

POINT

原因によってあざの色は違います

赤いあざは毛細血管の増殖や拡張が原因で、血管内の赤血球が透けて見えるものです。青や黒、茶色のあざはメラニン色素をつくる細胞であるメラノサイトが皮膚の一部に集まってできています。

●**蒙古斑**(もうこはん)

おしりにできる灰青色のあざ。ほとんどが6歳くらいまでには消えます。

●**異所性蒙古斑**(いしょせいもうこはん)

腰やおしり以外にできる蒙古斑で、色が濃い場合は、やや消えにくい傾向が。

●**サーモンパッチ**

額の中央、上まぶた、鼻下など、顔の中心近くに現れる平らなピンク色のあざ。3歳ごろまでにほぼ自然に消えます。

●**ポートワイン母斑**(ぼはん)

単純性血管腫ともいい、色が濃く、境目のはっきりした平らな（盛り上がることもある）赤いあざ。自然に消えず治療が必要。

●**ウンナ母斑**(ぼはん)

うなじから後頭部に生じる、平らな赤いあざです。約半数は3歳ごろまでに自然に消えますが、残りの半数は大人になっても残ります。ただ、後頭部の髪で隠れるため、あまり気にすることはないでしょう。

●**乳児血管腫**(にゅうじけっかんしゅ)

以前は「いちご状血管腫」と言われていました。生後1週間から1カ月以内に赤い丘疹や斑点が現れて大きく盛り上がります。多くは7歳くらいまでに自然に消えます。大きい場合は、レーザーや飲み薬（プロプラノロール）で治療することもあります。

●**先天性色素性母斑**(せんてんせいしきそせいぼはん)

生まれつき見られる黒やこげ茶色のあざ。ほくろもこの一種です。乳児期から顔で9cm、体で6cm以上あるものや、急に大きくなる、色や形が変わるなどの症状が出てくる場合は、悪性化する可能性が出てきます。

●**カフェオレ斑**(はん)

境界がはっきりした楕円形で平らな褐色のあざ。全身に6個以上ある場合は、遺伝性の病気が疑われることもあります。

●**太田母斑**(おおたぼはん)

青黒い平らなあざ。自然には消えないので、レーザー治療で薄くすることも。

【 あざの様子 】

ポートワイン母斑

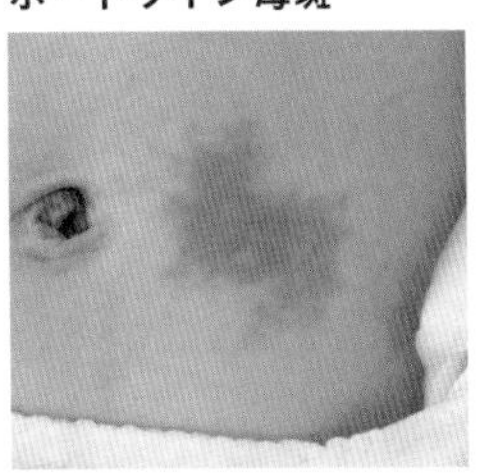

サーモンパッチ

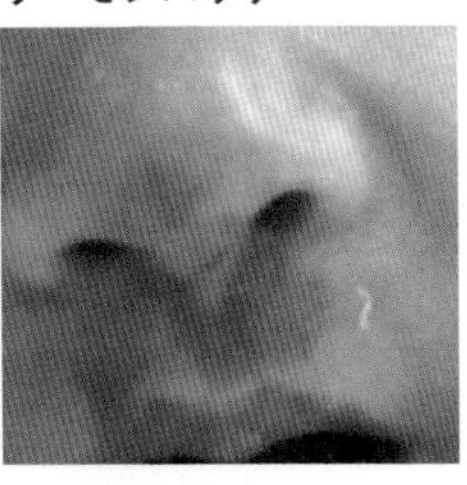

異所性蒙古斑

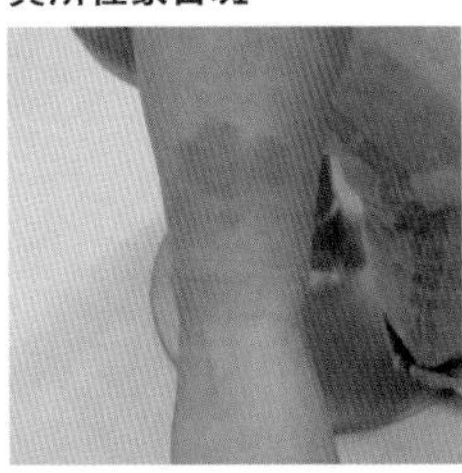

蒙古斑

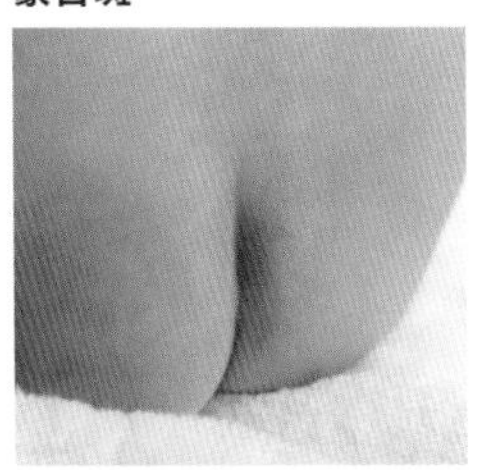

カフェオレ斑

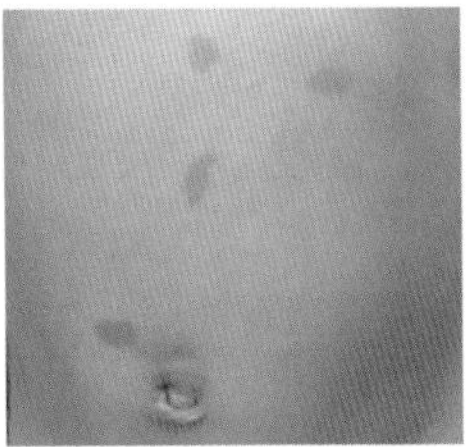

先天性色素性母斑

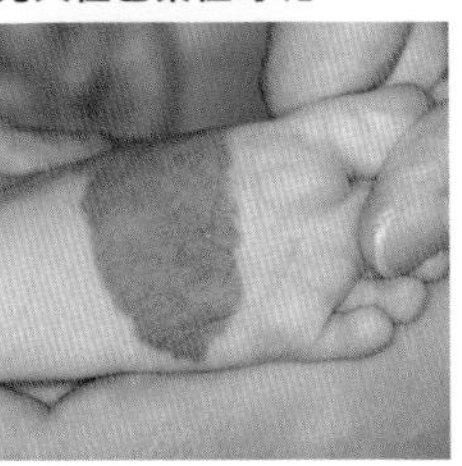

乳児血管腫

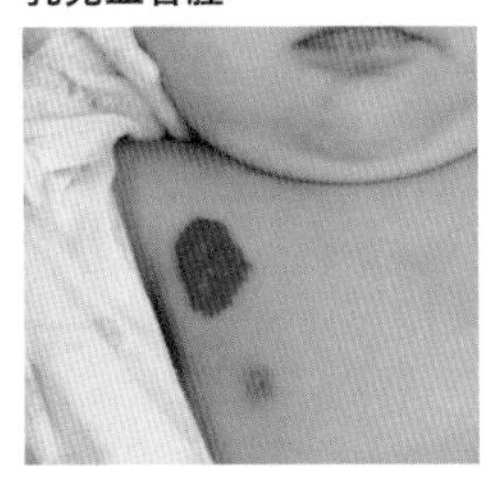

ウンナ母斑

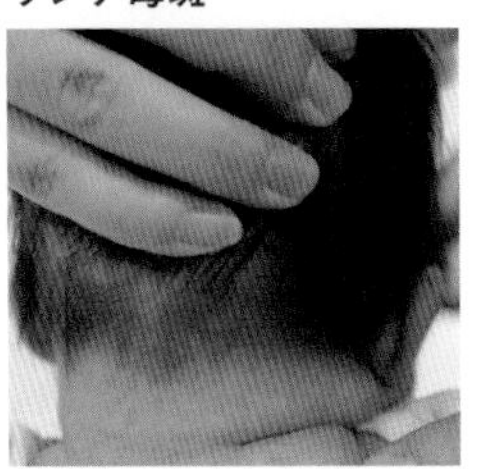

治療の知識

自己判断しないで まずはかかりつけ医に相談

自然に消えるあざはとくに治療はしないこともありますが、中には悪性化の可能性のあるあざや消えにくいあざもあります。自己判断せず、まずはかかりつけ医に相談しましょう。必要に応じて、皮膚科や形成外科を紹介してもらえるでしょう。

カフェオレ斑は、遺伝性の病気が隠れていることもあります。顔で9㎝、体で6㎝以上ある先天性色素性母斑も悪性化することがあるため、切除手術が必要になります。

【 乳児血管腫が自然に治る様子 】

0歳時

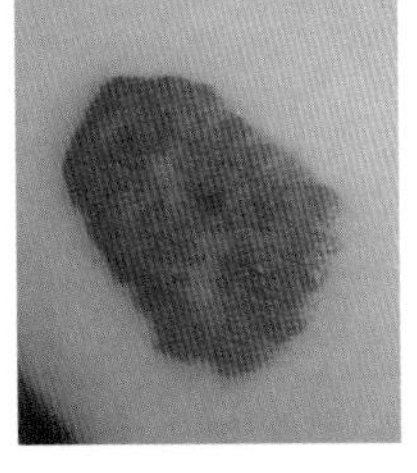

3歳時

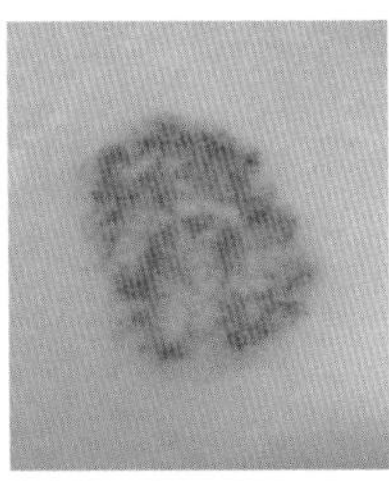

乳児血管腫は、自然に治ることが多いあざです。写真は、治療を行わずに経過をみた3歳時点での様子。最近では、大きな乳児血管腫にはレーザー治療や飲み薬による治療も取り入れられています。

POINT

治療は基本的に保険が適用されます

レーザーなどあざの治療は、自費診療のイメージがあるかもしれませんが、子どものあざの場合は、軽微なものを除き、ほとんど保険適用が可能です。まずは医療機関に問い合わせをしてみましょう。

レーザー治療は生後1カ月から可能

レーザー治療は生後1カ月から可能です。赤ちゃんは皮膚が薄いため、治療が早いほど効果が高くなります。かつては経過観察と言われていた症状も、早期にレーザー治療を行うケースが増えています。

子どもに行われるレーザー治療とは

レーザー治療は、麻酔成分の入ったクリームを塗布して行うため、基本的に強い痛みはほとんどありません。外来治療もできます。切除手術が必要なものを除き、ほとんどのあざはレーザー治療が可能。

皮膚

乳児湿疹

病気の知識

生まれて間もなく現れる赤い湿疹

0歳代の赤ちゃんの顔や頭、体に出る湿疹を乳児湿疹と言います。主によだれや食べこぼし、汗などによる刺激が原因です。口のまわりやあご、頭や額、顔などに赤い湿疹がかたまってでき、カサカサしたりジュクジュクしたりします。

生後すぐの場合は、ママからのホルモンの影響などによって皮脂の分泌が過剰になることから、湿疹ができやすくなります。生後2〜3カ月からは、皮脂の分泌が落ち着いて肌が乾燥しやすくなるために、刺激を受けやすくなり湿疹が増えてきます。

低月齢の赤ちゃんには珍しくない症状

低月齢の赤ちゃんの多くに見られます。皮脂の分泌がさかんな頬や額、髪の毛の生え際などにできやすいでしょう。かゆみを伴う場合と、かゆみのない場合があります。

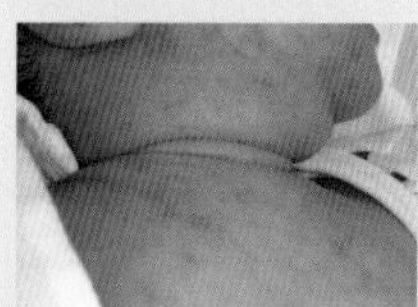
乳児湿疹

治療&再受診

受診の前に適切なスキンケアを

皮膚を清潔に保つことが大切ですので、まずはホームケアをしっかりしましょう。家で適切なスキンケアを心がければ、約3〜4週間で自然に治ることがほとんどです。ただし、1週間ほどスキンケアをしても肌の状態が変わらない、あるいはかゆみが強そうな場合は、受診しましょう。

ホームケアの知識

毎日のおふろで皮膚を清潔にして

通常の乳児湿疹であれば、毎日のおふろの際に泡立てた石けんでよく洗って皮膚を清潔に保ち、そのあとしっかり保湿することを心がければ、自然に治ります。赤ちゃんの肌は大人に比べてとても薄く、デリケートです。湿疹が気になるからといって、ガーゼやタオルを使ってゴシゴシと摩擦するように洗うと、皮膚を傷つけ、湿疹が悪化してしまうので、注意しましょう。

このページも確認 p37〜39・p197・p199

こんなことに注意！

アトピー性皮膚炎と診断されることも

乳児湿疹とアトピー性皮膚炎(P.114)の区別は難しいもの。顔や体幹、手足に左右対称の湿疹が乳児で2カ月以上、1歳以上で6カ月以上続いた場合、アトピー性皮膚炎と診断されることが多くなります。

赤ちゃんの爪は切っておきましょう

かゆみがある場合、赤ちゃんが皮膚をかきこわさないように、爪は短く切っておきましょう。赤ちゃん用のミトン（手袋）は、手の動きを妨げるのでおすすめしません。

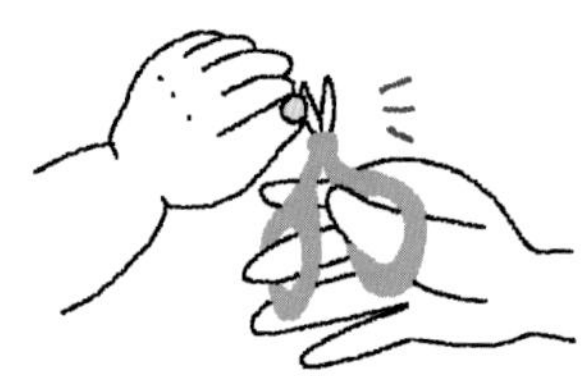

泡立てた石けんで手を使って洗います

毎日おふろに入れて皮膚を清潔にすることが基本です。ホイップ状に泡立てた石けんか泡状の洗浄剤でやさしく洗いましょう。手で洗ってあげるのがおすすめです。

乳児脂漏性湿疹

病気の知識

頭皮や額などに白いフケのようなかたまりができる

乳児脂漏性湿疹は、乳児湿疹と明確に区別されているわけではありません。過剰に分泌された皮脂が、頭皮や額、眉間などに白いフケのようにかたまり、まるでかさぶたのように付着している状態を乳児脂漏性湿疹と言うことが多いです。

治療の基本

皮膚を清潔に保つことが大切

皮脂の多い時期にできやすいので、皮膚を清潔にすれば改善するでしょう。改善しない場合は、早めに受診しましょう。

ホームケアの知識

オイルでふやかしてから手でやさしく洗って

付着したかさぶた状のものは、ベビーオイルやワセリンをつけてふやかしてから洗うと取れやすくなります。ゴシゴシこすらず、手のひらでやさしく洗いましょう。

あせも（汗疹）

病気の知識

汗をかきやすい部分にできる発疹

汗腺は汗やほこり、あかで出口がふさがりやすく、たくさん汗をかくと汗腺内に汗がつまって周囲の組織に漏れ出し発疹ができます。これがあせもです。頭や首、わきの下、ひじやひざの内側、背中など、汗をかきやすい部分に多くできます。皮膚の表面近くに汗がたまってできる白っぽい発疹はかゆみがありませんが、皮膚のやや深いところに汗がたまってできる赤いあせもには、かゆみがあります。赤ちゃんは新陳代謝が活発なうえに、小さな体に大人と同じ数の汗腺があるため、汗をかきやすく、あせもができやすくなります。

あせもが悪化すると「あせものより」に

あせもをかきこわし、化膿してしまうと、「あせものより」という状態になることもあります。とびひ（P.132）を起こすこともあるので、早めに受診しましょう。

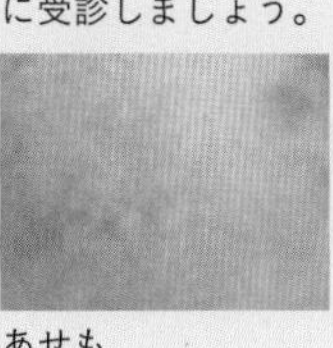

あせも

治療＆再受診

1週間ほどケアをしても治らなければ受診を

基本的には家庭でケアをしていれば自然に治るため、受診の必要はありません。汗をかいたらシャワーで洗い流し、こまめにふいて着替えさせましょう。ただ、1週間ほどホームケアしても治らなければ、受診をしてください。

ホームケアの知識

汗をかかせすぎないようにし皮膚を清潔に保って

汗をかくことは大切。2～3歳で適切に汗をかかせると、体温調節が上手になります。一方でエアコンなどを上手に使い汗をかかせすぎないことも必要です。おふろでは石けんをよく泡立てて、手のひらでやさしく洗います。おむつや衣類は、よく汗を吸う綿素材のものを。保湿も大切なので、入浴後は肌が乾燥しないように保湿しましょう。なお、保湿ができなくなるため、ベビーパウダーの使用はおすすめしません。

このページも確認 p37～39・p197・p199

おむつかぶれ

病気の知識

おむつに触れている部分に炎症が

赤ちゃんの皮膚は薄く、傷つきやすいもの。おむつの中は蒸れやすいので、おむつを長くあてていると、皮膚がふやけてさらに傷つきやすくなります。おむつかぶれは、皮膚がふやけた状態でおしっこに含まれるアンモニアやうんちの消化酵素などが付着したり、おむつでこすれたりすることで起きやすくなる皮膚の炎症です。最初は皮膚が赤くなるだけですが、ひどくなると赤いブツブツができたり、皮膚がむけてジュクジュクした丘疹（きゅうしん）ができることも。こうなるとおしっこやうんちがしみて、痛がって泣くこともあります。

広範囲に皮膚が真っ赤になる

おむつをあてている部分が炎症を起こし、真っ赤になります。ひどくなると皮がむけてジュクジュクに。

おむつかぶれ

治療＆再受診

こまめなケアをしてもよくならなければ受診

まずは家庭でおむつをこまめに替え、おむつがあたる部分を清潔に保ちましょう。1週間ほどケアをしてもよくならなければ、受診しましょう。病院では塗り薬が処方されます。

ホームケアの知識

おしりはやさしくふき十分に乾かして

こまめなおむつ替えと、皮膚を清潔に保つことが基本。うんちをしたら市販のおしりふきやお湯で湿らせたガーゼでやさしくふいたり、ぬるま湯で洗い流したりします。おしりをきれいにふくことは大切ですが、ゴシゴシこすらないことも重要。低月齢の赤ちゃんの水っぽく回数が多いうんちや下痢をしたとき、ふくのを痛がるときは、座浴やシャワーで洗い流してもいいでしょう。また、おしりを洗って十分に乾かしたあとは、ワセリンや保湿剤を塗りましょう。

このページも確認 p37～39・p199

手のひらでやさしく洗って

おふろは普通に入ってかまいませんが、泡状の洗浄剤や石けんをよく泡立て、手のひらでやさしく洗いましょう。お湯が熱いと痛がることも。ぬるめのお湯で洗ってあげて。

軟膏をたっぷり塗っておしりを保護

病院で軟膏を処方してもらった場合は、うんちやおしっこがおしりに直接つかないように、軟膏で保護を。医師の指示のもと、清潔にした皮膚に軟膏をたっぷり塗りましょう。

おしりをふくと痛がるときは…

おしりふきを痛がるときは、シャワーで洗い流すほか、洗面器にぬるま湯を入れておしりを洗う、携帯ボトルにぬるま湯を入れておしりを洗い流すといった方法もおすすめ。

皮膚(ひふ)カンジダ症(しょう)

病気の知識

カンジダ菌が増殖し皮膚に炎症が

カンジダ菌というカビの一種に感染し、皮膚に炎症が起きます。カンジダ菌は皮膚の表面などに存在する常在菌ですが、皮膚や体の抵抗力が落ちたときに繁殖し炎症を起こします。おむつの中はカンジダ菌が繁殖しやすいため、おむつかぶれになり皮膚の抵抗力が落ちると、炎症を起こしやすくなります。

おむつかぶれと見分けがつきにくい

おむつかぶれと症状が似ていますが、皮膚カンジダ症は、おむつがあたっていない皮膚のくびれや、股のしわ、陰部のひだなどにも紅斑が見られます。

皮膚カンジダ症

治療&再受診

カンジダ菌に効く抗真菌薬を塗布

おむつかぶれがなかなか治らないときは受診しましょう。皮膚カンジダ症と診断された場合、カンジダ菌に効果のある抗真菌薬入りの軟膏が処方されます。医師の指示に従って塗り薬を塗れば、1～2週間ほどでよくなります。なお、自己判断でステロイドの塗り薬を使うと悪化するので注意してください。

ホームケアの知識

おしりを清潔にしよく乾かすこと

おむつに覆われて温かく、蒸れているおむつの中は、カンジダ菌が増殖しやすい環境です。こまめにおむつを替え、よく乾かしてからおむつをあてます。保湿剤も予防に有効です。

このページも確認 p37～39

接触皮膚炎(せっしょくひふえん)

病気の知識

特定のものに接触し皮膚がかぶれる

特定のものに接触して起こる皮膚の炎症です。皮膚が赤くなって発疹が現れ、かゆみが出ることもあります。かぶれの原因となるのは、食べ物、果汁、汗やよだれ、涙、砂、毛虫などです。赤ちゃんの場合、よだれや食べ物などが原因で口まわりがかぶれることが多いです。

接触部位が赤くなり赤い発疹ができる

接触皮膚炎は、皮膚が「かぶれ」た状態のこと。腫れや赤み、水ぶくれが生じたり、ヒリヒリした痛みを伴うこともあります。

接触皮膚炎

治療&再受診

炎症やかゆみがひどい場合は受診を

かぶれた部分は、まず水でよく洗い、清潔に保つことが重要です。症状が軽いときはホームケアで様子をみたり、市販薬を使ってもかまいません。炎症がひどい場合やかゆみが強い場合は受診して。かゆみと炎症を抑える効果のある塗り薬や飲み薬が処方されることもあります。

ホームケアの知識

口まわりのかぶれはワセリンで保護

患部を清潔に保つのが基本。かゆみがひどい場合は、水で絞ったタオルなどで冷やすと症状が和らぎます。口まわりのかぶれは、食事前にワセリンを塗って保護する方法も。おふろではやさしく洗いましょう。

このページも確認 p37～39・p197・p199

水いぼ（伝染性軟属腫）

病気の知識

光沢のある小さないぼが体にできる

伝染性軟属腫ウイルスに感染して光沢のある水を含んだ小さないぼが全身に広がります。痛みやかゆみはほとんどありません。いぼがつぶれるとその中に潜むウイルスがほかの部分について広がっていきます。浮き輪やビート板などを介して、プールで感染することもあります。

小さな半球状のいぼができる

直径1～2㎜程度の光沢のあるいぼで、真ん中が少しへこんでいるのが特徴。胸やわきの下、ひじの内側などにまとまってできます。3～4㎜くらいまで大きくなることも。

水いぼ

治療＆再受診

自然に治るが処置する方法も

1年くらいで自然に治りますが、かきつぶすと増えてしまうため、早期に治療をするケースも。水いぼ用のピンセットで取る方法や、水いぼの数が多い場合は、液体窒素によって冷凍凝固させて取る治療法などがあります。治療したい場合は、皮膚科に相談しましょう。

ホームケアの知識

家族内でタオルは共有しないように

水いぼができている部分を清潔に保ち、接触してほかの部位に感染させないようにガーゼなどで保護しましょう。物を介して感染することもあるので、家族間でタオルなどの共有はしないようにしましょう。

このページも確認 p37～39

とびひ（伝染性膿痂疹）

病気の知識

傷口に細菌感染して水疱が広がる

虫刺されやあせも、湿疹などをかいたことでできる傷に、黄色ブドウ球菌などの細菌が感染することで起こります。飛び火するように水疱が広がることから「とびひ」と呼ばれます。強いかゆみがあり、かいて水疱が破れると、ほかの部分にもあっという間に広がります。

赤くただれてかさぶたになる

感染力が強いため、かきこわすとあっという間に体中に広がっていきます。水疱が破れたあとは、赤くただれてかさぶたに。かさぶたは乾いたらやがてきれいに取れます。

とびひ

治療＆再受診

全身に広がる前に早めに受診を

感染力が非常に強く、家族にも感染するため、水疱が破れて全身に広がる前に早めに受診をしましょう。抗菌薬入りの塗り薬やかゆみを抑える飲み薬などが処方されます。患部は消毒をし、ガーゼと防水テープで覆い、感染の広がりを予防します。

ホームケアの知識

患部を洗って清潔に保つ

1日1回は必ず患部を洗いましょう。石けんを泡立てて洗いますが、その過程で水疱がつぶれても、すぐに洗い流せば大丈夫です。おふろ上がりにしっかり消毒し、ガーゼと防水テープで覆います。家族でタオルは共有しないようにしましょう。

このページも確認 p37～39・p198

ブドウ球菌熱傷様皮膚症候群(SSSS)

病気の知識　発熱とともに皮膚が大きくむける

発熱とともに口のまわりやまぶた、鼻の穴が赤くなることから始まり、首、わきの下、陰部も赤くなります。やがて触ると、やけどをしたようにズルズルと皮がむけます。とびひの原因である黄色ブドウ球菌の毒素が全身の皮膚に作用して起こります。

一見、正常な皮膚が大きくむけます

一見すると正常な皮膚をこすると、やけどをしたときのように皮がズルズルと大きくむけます。触れると痛みを伴います。0～6歳くらいの乳幼児に多くみられ、とびひのあとに続いて起こることも。

治療&再受診　入院し抗菌薬で治療

全身をやけどしているような状態なので、基本的に入院が必要です。黄色ブドウ球菌に有効な抗菌薬を使って治療すれば、1週間ほどで軽減します。外用薬は補助的に使用します。外用薬を塗ったらガーゼなどで保護をします。

ホームケアの知識　すぐに受診するのが基本

ホームケアでできることはまずありません。症状がみられたら、皮膚をこすらないようにして、すぐに受診しましょう。自己判断で市販薬を塗ったりしないようにしてください。症状が改善すれば、肌は元どおりに治ります。

このページも確認 p37～39

単純ヘルペス

病気の知識　口の中や唇などに小さな水疱ができる

単純ヘルペスウイルスに感染することが原因で起こります。口内や唇のまわり、陰部などに小さな水疱が複数できます。初感染は重症化しやすく、アトピー性皮膚炎の子どもが感染すると、小さな水疱がかたまってでき、やがて広範囲に拡大するカポジ水痘様発疹症になることもあります。

口内にできると激しい痛みが続く

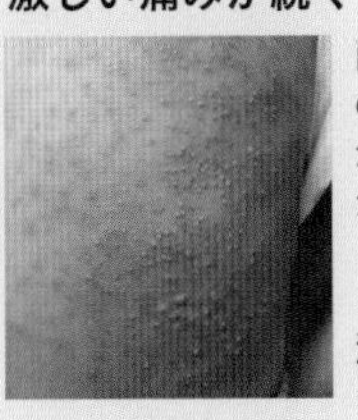

カポジ水痘様発疹症

直径1～2㎜程度の、中央にへこみがある小さな水疱がかたまってできます。口内にできると高熱を伴い、激しい痛みが続くため、食事や水分がとれなくなることも。

治療&再受診　抗ウイルス薬で治療を行う

抗ウイルス薬を服用します。また抗ウイルス薬の外用薬を塗ることもあります。ただ、口内の痛みが強くて薬が飲めない、水分がとれない、初感染で重症化した場合には、入院して抗ウイルス薬の点滴治療をすることもあります。

ホームケアの知識　飲み込みやすい食べ物をあげて

口内にできると痛くて食事がしづらくなるので、かまずに飲み込めるやわらかいものをあげましょう。プリン、アイスクリーム、冷ましたおじやグラタン、みそ汁、スープなどがおすすめです。オレンジジュースなど酸味があるものは避けましょう。

このページも確認 p42・p193

目・耳・鼻の病気

視力や聴力にかかわるトラブルに注意して

目、鼻、耳は外からの影響を受けやすく、ときには症状が長引くことも。子どもに多くみられる眼科と耳鼻科関連の病気を知っておきましょう。

さかさまつげ（睫毛内反症）

病気の知識

内側を向いたまつげが眼球を刺激してしまう

赤ちゃんのまぶたは腫れぼったく、まつげが内向きになりがちです。下まぶたによく見られ、目が赤くなる、涙目になる、目やにが出るなどの症状が出ます。まつげが角膜（黒目）に触れると、まばたきするときにうっとうしそうにしたり、目をこするしぐさが見られることも。2～3歳ごろには自然と外向きになってくることが多いでしょう。

治療の知識

結膜炎や角膜感染を起こしたときには点眼薬で治療

2～3歳までにはほとんどの子が治りますが、目やにや涙目、目をこするしぐさが多い場合は、早めに眼科に相談しましょう。結膜炎や角膜感染を起こしたときは、抗菌薬とヒアルロン酸の点眼薬が処方されます。4歳以降もまつげが外向きにならない場合、4歳未満でも角膜に潰瘍が起きた場合は、まぶたの皮下組織を切り取って、まつげの向きを変える手術を行います。

ホームケアの知識

目やにをふき取り手を清潔にしてあげて

目やにが気になるときは、ぬるま湯で絞ったガーゼなどでふき取ります。また、目をこすって細菌感染しないように、手をふいてあげるなど、清潔を心がけて。

こんなことに注意！

2歳になったら、眼科で健診を受けよう

さかさまつげが弱視（P.139）の原因になるケースもあるため、2歳になったら、角膜障害の有無や、弱視の心配がないかどうかのチェックを。

さかさまつげ

このページも確認 p41・p199

目やにが出ても、登園は普段どおりでOK

目やにが出ても他人への感染の心配はないので、保育園や幼稚園もいつもどおりに登園して OK。感染性ではないことを園に伝えて、手洗いなどを声がけしてもらいましょう。

感染予防のため手指の清潔を心がけて

外出後や食後、トイレのあとには手洗いを習慣づけさせるなど、手指の清潔を心がけましょう。自分で手洗いができない赤ちゃんの場合は、ママ・パパがふいてあげましょう。

先天性鼻涙管閉塞

病気の知識

鼻涙管がつまって目やにや涙目に

涙腺から分泌された涙が、目頭から鼻の中へと流れる通り道を鼻涙管（P.41）と言い、本来は胎児のころに開通します。しかし、薄い膜が残って鼻涙管が開通しないと、涙が鼻に抜けにくくなり、常に目がうるんで、目やにが多くなります。それが先天性鼻涙管閉塞です。症状が長引き、たまった涙に細菌が感染すると、急性涙嚢炎になることもあります。

こんなことに注意！

マッサージは2カ月くらい続けて

マッサージするときは、目頭の内側から鼻のつけ根にかけて流すような感じで10回行います。1セット10回×1日4回を朝、昼、晩、寝る前に2カ月くらい続けましょう。爪を短く切って、清潔な手で行います。

治療の知識

鼻涙管を開通させる処置を行う

1歳ごろに9割は自然に治るとされますが、目やにや涙目が続くときは、鼻涙管マッサージを行い、2カ月ほど様子をみます。涙嚢炎を併発していて、目頭を押すと膿が出てくる場合は、抗菌薬を点眼。改善がなければ局所麻酔で鼻涙管にブジーという器具を通し、涙道を拡げます。

ホームケアの知識

指の腹でやさしく鼻涙管マッサージ

目やにが気になるときは、ぬるま湯で絞ったガーゼでふき取りましょう。そして、目頭の内側から鼻のつけ根にかけて、人さし指の腹でソフトに鼻涙管マッサージをしてあげましょう。

このページも確認 p41・p199

急性涙嚢炎

病気の知識

目頭のまわりに赤みや腫れ、痛みが

先天性鼻涙管閉塞が長引くと、急性涙嚢炎に移行することが。目頭のまわりが赤く腫れ、涙目の度合いがさらにひどくなり、目やにが増えるのが特徴。目頭のあたりを押すと、黄色い膿が出てきます。とくに目のまわりが赤く腫れて、泣いたり、ぐずったりするときは、炎症が起きて痛がっているサイン。心配な病気の可能性もあり、夜間でも緊急受診しましょう。

こんなことに注意！

マッサージするときは目に指が入らないように注意

就寝前など、ママとパパが2人でできる時間帯には、2人で一緒に行うと安心です。子どもが頭を動かして目に指が入らないように、どちらかが頭を押さえて固定した状態で行いましょう。

治療の知識

点眼と内服などで鼻涙管のつまり改善

先天性鼻涙管閉塞と同様に、まずは医師が鼻涙管マッサージを行います。炎症がひどい場合は、抗菌薬の点眼を鼻涙管マッサージの前後に行います。抗菌薬の内服薬が処方される場合も。涙がたまる涙嚢と、鼻涙管に生理食塩水を流す涙嚢洗浄を行い、ママとパパにホームケアの指導も行います。

ホームケアの知識

鼻涙管マッサージを根気よく続けて

目やにや膿が見られたら、ぬるま湯で絞ったガーゼでふき取ってあげましょう。そして、目頭の内側から鼻のつけ根にかけて流すように、鼻涙管マッサージを毎日続けましょう。

このページも確認 p41・p192・p199

ものもらい（麦粒腫[ばくりゅうしゅ]）

病気の知識

まぶたの縁や内側が赤く腫れかゆみや痛みが出る

汚れた手で目をこすり、まぶたの皮脂腺や汗腺に黄色ブドウ球菌などの細菌が感染するのが原因です。まぶたの縁や内側が赤く腫れ、かゆみが出たり、化膿してしこりができたりします。目をつぶったり、まばたきしたときに痛みを感じやすくなります。

通常は２日ほどでピークを越えて腫れが引きますが、２日たっても赤みや腫れが引かないとき、痛がるようなときは、早めに眼科を受診しましょう。膿のような目やにが出ても、ほかの人にうつる心配はありません。夜間や休日にあわてて受診する必要はないので、診療時間内に受診しましょう。

こんなことに注意！

点眼前に目のまわりをふいてあげて

子どもの目に点眼するときは、パパとママも手洗いをして、清潔な手で行うことが大事です。また、点眼前に子どもの目のまわりをぬるま湯で絞った清潔なガーゼでふき、その際、子どもの手の指もふいてあげましょう。

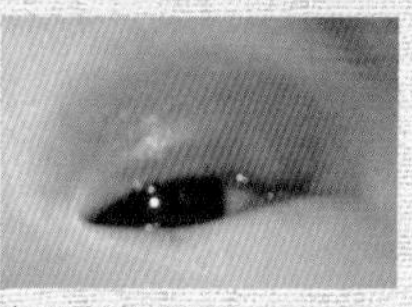

ものもらい

治療の知識

点眼薬や眼軟膏を使用4〜5日で治る

眼科で処方された抗菌薬の点眼薬や、眼軟膏を塗る治療が基本です。通常は2〜3日ほどで腫れが治まり、4〜5日ほどで治ります。腫れが治まらず、膿が出るなど、症状が長引く場合は抗菌薬の内服薬を併用するケースもあります。

ホームケアの知識

手洗いを習慣づけて手指を清潔に

汚れた手で目をこすらないように、外遊びのあとや食後、トイレのあとには必ず手洗いする習慣を身につけさせましょう。自分で手洗いできない小さな子の場合は、パパやママがぬれタオルできれいにふいて、手指の清潔を心がけてください。

このページも確認
p41・p192・p199

腫れている部分を刺激しないで

下のまぶたを引っぱって、内側に眼軟膏を塗る際、無理に膿を出そうとするのはNGです。腫れている部分を刺激すると炎症がひどくなってしまうことがあるので注意して。

点眼薬は目頭に落とすと楽

上下のまぶたを開けようとせず、下のまぶただけを引っぱり、目薬を落とします。または、閉じている状態の目頭に目薬を落とすと、まばたきしたときに自然と目に入ります。

うつす心配はなく登園して大丈夫

ウイルス性の炎症ではないので、膿のような目やにが出ていても、ほかの人にうつす心配はありません。感染する病気ではないことを、園に伝えておくといいでしょう。

霰粒腫（さんりゅうしゅ）

病気の知識

脂肪を分泌する腺の炎症が原因

見た目はものもらいと似ていますが、別の病気です。まぶたの裏側で脂肪を分泌するマイボーム腺が慢性的な炎症を起こすのが原因です。腫れた部分に触れるとコリコリとしたしこりがあり、まぶた全体が腫れる場合も。ほとんどの場合は痛みがありませんが、目の中がゴロゴロして、違和感があります。腫れが広範囲だと、見えにくく感じる場合も。

こんなことに注意！

腫れが大きな場合は、視力の発達に影響も

霰粒腫で問題となるのは、腫れが大きな場合に視界がさえぎられて「見る力」が育たなくなることです。通常は根気よく点眼を続けることで半年以内に治ることが多いのですが、気になるときは眼科医に相談を。

治療の知識

腫れが大きなときは切除を検討

通常はものもらいと同様の治療を行います。ステロイドの眼軟膏を併用すると、数カ月～半年くらいで治るケースが多いです。切るか、保存するかは医師の方針によりますが、見えにくいからと腫れているほうの目を使わないでいると、どんどん機能が衰えてしまう心配があります。腫れが大きく、目をふさいでしまう場合は、医師と両親が相談して手術するかどうかを決めることになります。

ホームケアの知識

長引かせないため手指を清潔に

汚れた手で触ると、痛みを伴う急性霰粒腫を起こすことも。手指の清潔を心がけて。

このページも確認 p41・p199

眼瞼下垂（がんけんかすい）

病気の知識

まぶたを持ち上げる筋力が弱いのが原因

まぶたを持ち上げる眼瞼挙筋という筋肉が生まれつき弱く、上まぶたが下垂した状態です。両方の目に起こる場合と、片目だけに起こる場合があります。やや垂れ目という程度なら心配いりませんが、下垂したまぶたが黒目にかかると視界が遮断され、その目を使わないために視力が育たなくなる心配があります。

こんなことに注意！

医師は弱視の可能性をチェックする

視力は「見ること」によって発達するため、眼瞼下垂によって視界が遮断されると、弱視が心配されます。両目を使って見ることができても、「見た目」が気になるという場合は、中学生以降に手術を行うこともあります。

治療の知識

まぶたが視界を遮断する場合は手術も

下垂したまぶたが視界を邪魔すると、弱視（P.139）になる心配があるため、早期に手術が検討されます。ただ、あごや眉を上げて見ようとしているようなら、弱視や斜視（P.138）になりにくいと言えます。その場合は、3歳以降に手術が行われるのが一般的です。軽症であれば6歳くらいまでに上まぶたの下垂が自然と軽減されるケースもあります。いずれにせよ、視力の発達をよく観察してもらい治療方法を決めることが大切です。

ホームケアの知識

片目だけで見ていないか観察

「眼瞼下垂の目を使っていないような気がする」「見えにくそう」など、気になることは、なるべく早めに眼科医に相談を。

斜視（しゃし）

病気の知識

片方の黒目が違う方向を向き視線が定まらない状態

物を見るときに、片方または両方の黒目が内側や外側に寄る状態が斜視です。斜視の種類には黒目が内側に寄る「内斜視」、外側に寄る「外斜視」、片目が上か下にずれる「上下斜視」があります。中でも多いのは内斜視。生後6カ月以降に発症する「調節性内斜視」は強い遠視が原因で、近くの物を見ようとすると、眼が過剰に寄ってしまいます。生後6カ月未満で発症する乳児内斜視は、片目または両目が内側に寄る状態。2歳までに手術を行うのが一般的です。

こんなことに注意！

こんな様子のときも斜視の可能性が

視線が合いにくい、片目をつぶる、あごを上げ下げして物を見る、眼瞼下垂（P.137）があるときは、斜視の可能性があります。

斜視

治療&再受診

適切なメガネをかけて視力の発達をサポートする

強い遠視を伴う調節性内斜視では、適切なメガネをかけて遠視矯正を行うことが治療の基本となります。早期に気づいた場合は1歳からメガネをかける治療を始めますが、中には3歳児健診で判明するケースもあります。

メガネをかけて4カ月たっても効果がない場合は、「健眼遮蔽（けんがんしゃへい）」といって、いいほうの目にパッチをつけて、悪いほうの目の視力を鍛えるトレーニングを行います。子どもの目の機能は1歳半から3歳ごろに目覚ましく発達するため、できるだけ早期に治療をスタートするほうがいいでしょう。

ホームケアの知識

目を使うトレーニングを自宅でも地道に続けて

メガネをかけても寄り目になってしまうときは、医師の指導のもと、健康なほうの目をアイパッチで隠し、斜視のほうの目を使う時間を過ごします。平日は幼稚園や保育園から帰って来てから2時間くらい、休日は6時間くらい、片目にアイパッチを貼ります。いつもどおりの日常生活を送る中で、斜視の目を使うことによって、「見る力」を鍛えることができます。

市販のアイパッチを使用するときは、必ず医師に相談のうえ、正しく使用することが大切です。

メガネを嫌がる子にはフレームに飾りを

フレームにデコレーションをしたり、おもちゃのメガネでごっこ遊びをしたあと、本物のメガネをかけさせてあげましょう。よく見えるとわかると、気に入ることが多いです。

赤ちゃんによくある「偽内斜視」って？

鼻の根元が低いために、黒目が中央に寄って見える「偽内斜視」。成長して鼻の骨が高くなると目立たなくなっていきます。この場合は、目の機能への影響はありません。

屈折異常（くっせついじょう）

病気の知識

子どもの遠視は弱視につながる心配が

屈折異常とは、簡単に言うと遠視、近視、乱視のこと。小さい子どもの屈折異常の多くは「近くも遠くも見えにくい」遠視のケースです。視力は、網膜に焦点のあった像が結ばれることで発達します。しかし遠視の場合は、何らかの原因により近くも遠くも焦点が合わないため視力が十分に発達できず、弱視になってしまいます。また、片目が遠視だと黒目が内側に寄りやすく、斜視が生じやすくなります。

治療の知識

遠視の場合は弱視を予防するためにメガネを

斜視があると遠視が発見されやすいですが、ない場合は3歳児健診や就学前健診で判明することもあります。遠視と判明されたら、弱視を予防するためメガネで調節するなど原因に合わせた治療をします。

ホームケアの知識

斜視の心配がないかどうか注意深く観察を

弱視を予防するには、早期の治療が重要です。視線が合いにくい、物を見るときにあごを上げ下げするなど、「もしや」と思ったら、眼科医に早めに相談しましょう。

【屈折異常のしくみ】

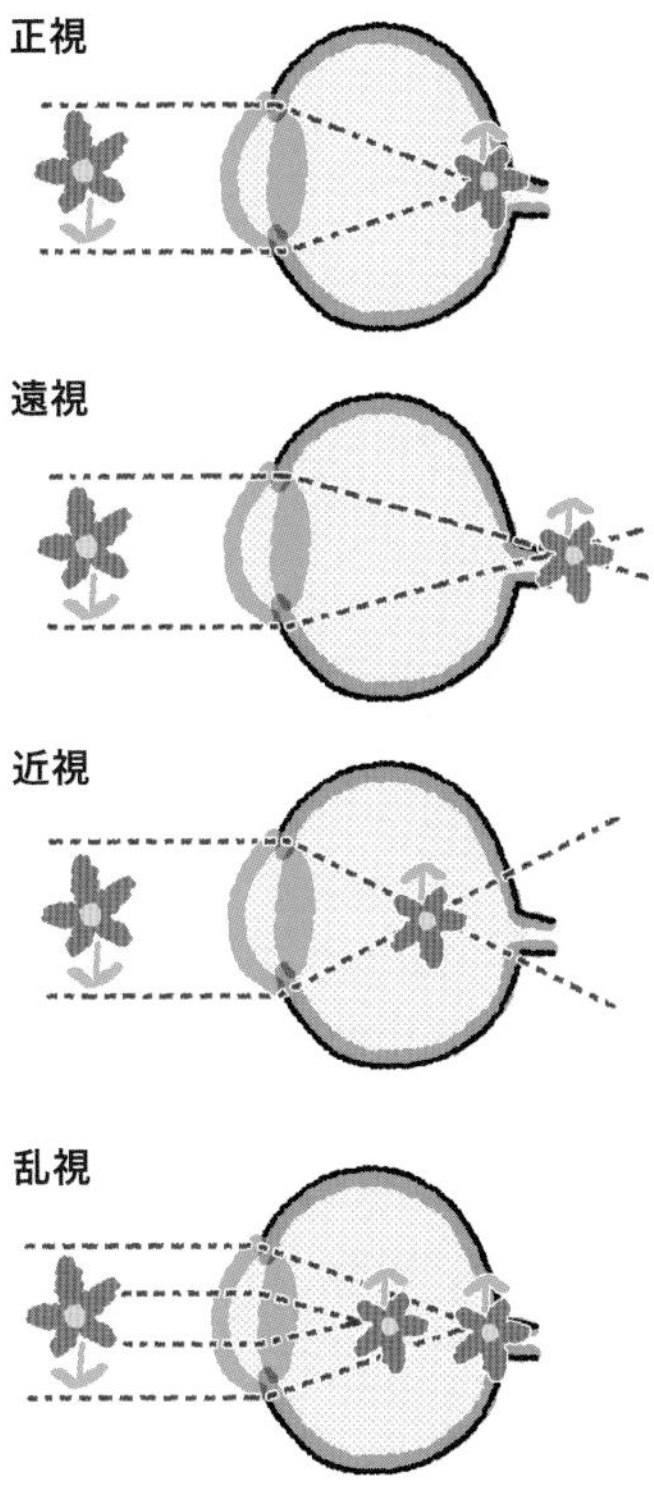

正視

遠視

近視

乱視

正常範囲の遠視、近視、乱視のことを屈折異常といいます。眼球の奥の網膜できちんと焦点の合った像を結ぶことができないため、物がピンボケに見えます。

弱視（じゃくし）

病気の知識

視力が未発達で視力矯正ができない状態

弱視とは乳幼児期に年齢に見合った視機能が発達できず、メガネをかけても正常な視力が出ない状態を言います。メガネで視力矯正ができないということが、屈折異常と大きく違う点です。通常は眼瞼下垂（P.137）や斜視、屈折異常が原因で起こります。

治療の基本

乳幼児期から治療をスタートして弱視を予防

生後6カ月までに発症し、弱視の原因になりやすい乳児内斜視があれば2歳までに手術を行い、生後6カ月以降に発症する調節性内斜視なら、メガネをかける治療を早めにスタートします。視力が回復していくにつれレンズの度数が変わりますし、骨格の成長に合わせてフレームのサイズを変えていく必要があります。眼科で定期的に検診を受けましょう。

目・耳・鼻

難聴（なんちょう）

病気の知識　聞こえが悪い原因はさまざま

音が聞こえにくいのが主な症状です。遺伝や形成異常が原因の先天性難聴と、感染症の後遺症として起こる後天性難聴があり、聞こえにくさの程度はさまざまです。

難聴の種類は原因別に、外耳道や中耳の機能障害が原因で音が伝わらない「伝音性難聴」、音を脳に伝える働きに問題がある「感音性難聴」、2つの要素を併せ持つ「混合性難聴」です。伝音性難聴の多くは滲出（しんしゅつ）性中耳炎が原因ですが、感音性難聴は遺伝性のほか、ママが妊娠中にかかった感染症の影響、子どもがかかったおたふくかぜ（P.102）などが原因です。

難聴の子の聞こえ方は？

片側難聴では、ざわざわしている場所では声が聞き取りにくくなり、両側軽度難聴の場合は、サ行とタ行が言いにくくなります。両側高度難聴があると、呼びかけても聞こえないため、振り向かないなどの特徴があります。

治療の知識　聞こえや言葉の発達のために療育と補聴器の使用が必要

新生児難聴のスクリーニングテストで早期発見された場合は、生後3カ月までに精密聴力検査を行いますが、その後の療育が大切とされています。療育では言語聴覚士などの専門家のサポートを受け、遊びながら聴力と言葉を発達させていきます。その際、療育施設と連携しながら、補聴器で聴力を補います。一方、補聴器をつけても45デシベル（通常の会話）の音が聞こえない高度難聴の場合は、1歳以降に人工内耳手術を行うこともあります。

ホームケアの知識　療育施設の専門家と連携して取り組もう

聞こえが悪いと、言葉を覚えることが難しくなってしまいます。1歳半では意味のある言葉3つ以上がめやすですが、心配な場合は早めに相談を。療育施設の専門家と連携して子どもにかかわっていきましょう。

このページも確認　p40

パパもママも頑張りすぎないで！

「毎日たくさん話しかけなくては」「補聴器をつけさせなくては」と、家庭内で頑張りすぎないことも大事です。子育ては長い道のり。困ったときには療育施設に相談を。

幼稚園・保育園での注意点

大人数でざわざわしている空間では、先生の話を聞き取れない場合も。パパとママが園側に協力を求め、よくコミュニケーションをとって子どもをフォローしてあげましょう。

少しずつ補聴器に慣れさせていこう

聴力が完成するのは3歳ごろ。子どもが補聴器を嫌がることもありますが、耳を育て、言葉を覚えるためにも、つけさせることが大事。長い目で見て慣らしていきましょう。

滲出性中耳炎

病気の知識

中耳腔の滲出液で聞こえが悪化

鼓膜の内側の中耳腔に滲出液がたまって起きる、軽い難聴と耳管閉塞が主な症状です。耳だれや痛み、発熱などはありませんが、発見が遅れて症状が進むと治りにくくなります。生後6カ月ごろから6歳以下の子どもに多くみられます。原因はさまざまですが、繰り返すケースもあり、アレルギー性鼻炎（P.117）やアデノイド肥大（P.143）がある場合や、鼻水をため込みやすい子は注意が必要です。

ワクチンで中耳炎が減ったという報告も

細菌性髄膜炎を起こす肺炎球菌やインフルエンザ菌は、中耳炎の原因になることがわかっています。ワクチンを打っていないと中耳炎を繰り返し、滲出性中耳炎になるケースも。予防接種を受けて。

治療＆再受診

鼓膜を切開して滲出液を排出

滲出液がたまると耳の聞こえが悪くなるため、耳鼻科医が鼓膜を切開して滲出液を出す処置を行い、抗菌薬を処方します。3カ月以上長引き、鼓膜が強く陥没したり、両耳の難聴を伴ったりする場合は、切開した鼓膜内にチューブを留め置きして滲出液の排出を促します。完全に治るまでには約3カ月かかり、1～2週間おきに10回くらい通院するのが一般的でしょう。

ホームケアの知識

チューブの留め置き中も、おふろOK

チューブを鼓膜内に留め置きしている間も、おふろはOK。ただし、海水浴や川遊びなどは細菌感染を防ぐために避けけて。

このページも確認 p40・p195・p199

外耳道炎

病気の知識

外耳道の炎症は激しい痛みを伴う

耳の入り口から鼓膜までの外耳道が炎症を起こし、耳の入り口が狭くなるほど赤く腫れあがることがあります。傷に細菌が入ることが主な原因。耳の入り口にできたアトピー性皮膚炎（P.114）をひっかいて化膿させるケースも多いです。始めは耳がかゆくなり、悪化とともに痛くて機嫌が悪くなり、着替えのときに衣類が耳に触れただけで泣いたりします。黄色い耳だれが出て気づくことも多いでしょう。

こんなことに注意！

治療中は、プールや海での水泳はNG

耳の中に汚れた水が入ると細菌感染しやすくなるため、プールや海に入れるのはやめましょう。また、耳に水が入ったら、やさしく水分をふき取りぬれたままにしないことも大切。

治療＆再受診

耳だれの吸引と薬で治療

症状が軽度であれば、耳鼻咽喉科で耳の入り口の消毒、耳だれの吸引をしてもらい、抗菌作用のある点耳薬や軟膏を処方してもらえば1週間程度で治ります。急性中耳炎（P.86）を合併したときは、飲み薬または注射で抗菌薬が投与されます。

ホームケアの知識

耳の中の掃除はしないこと

耳だれが出たら、自宅ではお湯で絞った清潔なガーゼで耳の入り口をふくだけでOK。また、日ごろから耳の中の掃除はしないことが大切です。回復してくると耳がかゆくなるため、爪をきちんと切ったり、枕などの寝具を清潔にしてあげましょう。

このページも確認 p40・p199

目・耳・鼻

急性副鼻腔炎

病気の知識
副鼻腔に炎症が起きて黄色い鼻水やせきが出る

副鼻腔の粘膜に炎症が起こり、膿がたまって鼻水が続きます。鼻づまりがひどくなると、口呼吸になったり、鼻水がのどに流れてせきやたんが出ることも。症状が進むとにおいを感じにくくなることもあります。風邪（P.78）のあとに発症することが多く、アレルギー性鼻炎（P.117）を合併していることも。急性副鼻腔炎が3カ月以上続くと慢性副鼻腔炎（蓄膿症）と呼ばれます。アデノイド肥大は慢性化の原因の一つです。

【副鼻腔の様子】

篩骨洞
前頭洞
上顎洞

治療＆再受診
鼻水の吸引、去痰薬、抗菌薬で2週間以内に治る

治療は鼻水の吸引と、薬を空気とともに鼻に送り込むネブライザー吸入、去痰薬の服用が基本です。まずは3日間ほど様子をみますが、改善傾向がなければ抗菌薬を処方されるでしょう。通常は10～14日ほどで治りますが、もし発熱がみられた場合は、早めに再受診しましょう。症状が長引くと、滲出性中耳炎（P.141）につながる心配があるため、しっかり治しましょう。

ホームケアの知識
鼻水をしっかり吸引したり鼻のかみ方を教えて

鼻水がたまってグズグズする症状が長引かないように、鼻水を吸引してあげましょう。また、3歳になったら自分で鼻をかめるように、かみ方も教えるといいでしょう。アレルギー性鼻炎の合併が疑われる場合は、寝具の清潔を保ち、こまめに掃除するなど、ハウスダスト対策も大切です。

このページも確認　p34～36・p192・p195

いつもどおり登園してOK

副鼻腔炎は鼻風邪のような症状ですが、発熱はなく、ほかの人にうつる心配もありません。いつもどおり、保育園や幼稚園に登園しても問題ないですし、外遊びをしてもOK。

乾燥シーズンは加湿対策を

空気が乾燥するシーズンは、副鼻腔の粘膜にウイルスや細菌が感染しやすくなります。室内の快適な湿度は40～60％。加湿器を使って適度な湿度を保ちましょう。

慢性化しても薬の治療が基本

慢性副鼻腔炎になると、昔は手術を行うことがよくありました。でも今は、成長とともに治ることが多いので、かなり重症でなければ手術は行わず、薬で治療を行います。

アデノイド肥大（ひだい）

病気の知識

睡眠時の呼吸がしづらくなることも

アデノイド（咽頭扁桃・P.109）が大きく肥大すると気道をふさぎ、鼻づまり、いびき、口呼吸を招きます。急性副鼻腔炎や急性中耳炎（P.86）、滲出性中耳炎（P.141）の原因になりますが、心配なのは睡眠時の無呼吸です。睡眠時に呼吸がしづらくなると、おねしょを招くほか、発達や発育に影響する心配も。アデノイド肥大は4～6歳でピークになり、その後は徐々に小さくなっていきます。

睡眠時の無呼吸の治療って？

近年では、鼻粘膜の腫れを抑えて、鼻の通りをよくするステロイドの点鼻薬と、ロイコトリエン受容体拮抗薬の併用が有用だという報告も。ただし、無呼吸の度合いが大きい場合は、アデノイドの摘出手術が検討されます。

治療の知識

睡眠時の無呼吸は慎重に経過観察

アデノイド肥大は10歳までに自然退縮するので、感染を繰り返すなどの問題がなければ治療を行いません。睡眠時に軽度の無呼吸症状がある場合は、薬を使用しながら経過観察をします。一方、睡眠時の無呼吸症状が強い場合、滲出性中耳炎や副鼻腔炎が治りにくい場合は、摘出手術が行われるケースも。

ホームケアの知識

鼻水の吸引で鼻づまり悪化防止

鼻づまりが悪化すると、無呼吸症状が強まるため、風邪をひいたらこまめに鼻水の吸引を。受診時には鼻づまり、いびき、口呼吸、睡眠時の無呼吸、おねしょの有無などを医師に伝えて。

このページも確認 p34～36・p194

急性鼻炎（きゅうせいびえん）

病気の知識

鼻の粘膜の炎症で水っぽい鼻水が

風邪をひいたときに起こりやすい鼻風邪です。鼻の中の粘膜がウイルスや細菌に感染して炎症を起こし、水っぽい鼻水、どろっとした黄色い鼻水、鼻づまり、くしゃみが主な症状。10日以内によくなります。風邪のウイルスに感染した場合は、のどの痛みやせき、発熱を伴うこともあります。鼻水が改善せず10日以上続くときや発熱が4日以上続くときは小児科を受診してください。

慢性鼻炎はどんな病気？

鼻の粘膜の炎症が長引き、鼻水・鼻づまりが長期間続くものが慢性鼻炎。副鼻腔炎を併発していることも多くなります。また、アレルギー性鼻炎も慢性鼻炎の中に含まれます。慢性化すると、治療も長引きやすくなります。

治療の知識

症状を和らげる治療が基本

症状が鼻水のみで苦しそうでなければ様子をみていて大丈夫ですが、鼻がつまって苦しそう、発熱が4日続く、機嫌が悪い場合は受診しましょう。鼻づまりを楽にするネブライザーの吸入を行ったり、去痰薬が処方されます。

ホームケアの知識

鼻水の吸引、鼻をかませるのが基本

鼻水をこまめに取り除くのがホームケアの基本です。赤ちゃんは鼻をかむことができないので、鼻水を吸引してあげましょう。自分で鼻をかめる子は、鼻をかませてあげてください。乾燥シーズンには部屋を加湿すると鼻が通りやすくなります。

このページも確認 p34～36・p195

口・歯の病気

早めに治療をしたほうがいい病気も

口の中の病気には、心配いらないものも少なくありません。しかし、たとえば虫歯などは乳歯だからと放っておかず、早めに治療することが大切です。

このページも確認 p42

鵞口瘡（口腔カンジダ）

病気の知識

カンジダ菌というカビが口の中で増えるのが原因

赤ちゃんの舌の表面や歯ぐき、頬の内側などに白いミルクカスのようなものがついて、ふいても取れないのが特徴。原因は口の中で真菌（カビ）の一種のカンジダ菌が増えたため。カンジダ菌は妊婦の20％が腟内に持っている常在菌で、分娩時、産道を通るときに感染すると考えられます。赤ちゃんは痛みもかゆみもありません。

治療の知識

自然に治るが広がるときは受診して

鵞口瘡は生後7～10日目によくみられる症状です。普通1カ月以内には自然に治ってしまうので、すぐに受診しなくても問題はありません。ただ、白い部分が広がったり、症状が長引いたりするときは、小児科を受診してください。抗真菌薬入りの塗り薬が処方され、1～2週間で治ります。

ホームケアの知識

白い部分を無理にこすらないで

「白い部分が気になるから」とガーゼなどで取ろうとすると、口の中を傷つけてしまう心配があります。無理にこすり取るのはやめましょう。

こんなことに注意！

「吸入ステロイド」の使用後はうがいを

気管支ぜんそく（P.115）の治療でステロイド薬を毎日吸入している場合、吸入後に口をよくゆすがないと、鵞口瘡になりやすい傾向があります。うがいができない小さな子は、水を飲むだけでもOKです。

鵞口瘡

大人が使った食具で離乳食をあげない

カンジダ菌は常在菌。大人の口の中にはたいてい存在しています。パパやママが口に入れたスプーンで赤ちゃんに食べさせるのはNG。虫歯菌同様、うつる可能性があります。

赤ちゃんの口に入れるものは清潔に

哺乳びんや乳首、おしゃぶりなど、赤ちゃんの口の中に入れるものは、毎日きれいに洗いましょう。離乳食が始まるころになれば、消毒はしなくても大丈夫でしょう。

地図状舌

病気の知識

舌の表面に地図状のまだら模様が出る

舌の表面に地図のような白い斑が現れ、白い部分がはがれると赤いまだら模様のようになります。1～6歳の子どもによくみられる症状で、未就学児の15%にみられるという報告も。本人には痛みなど不快感はなく、飲食に支障をきたすことはありません。見た目は鵞口瘡と似ていますが、カンジダ菌ではなく原因は不明です。

地図状舌

粘膜の角化異常とされますが、今のところはっきりした原因はわかっていません。

治療の知識

治療をしなくても自然に治る

まだら模様は数日で消えるケースが多く、治療しなくても問題ありません。日によって位置や模様が変わって、長引くケースもありますが、成長に伴って自然と治っていきます。

ホームケアの知識

自然と消失するので無理にふき取らない

地図のような模様が日によって形を変えるため、ママとパパは驚いてしまうかもしれませんが、子どもに害はありません。「気になるから」と、ガーゼでふき取ろうとしたり、歯ブラシでこすってはいけません。長引く場合も無理に取ろうとしないこと。いずれ消えるので、安心して待ちましょう。

このページも確認 p42

上唇小帯付着異常

病気の知識

上唇の膜が歯ぐきの頂点の近くまで付着

上唇小帯とは上唇と歯ぐきとの間にある膜。その膜が、歯ぐきの頂点に近い部分に付着していることを言います。将来的に前歯の真ん中にすき間ができて、歯並びが悪くなる心配があります。また、上唇が持ち上がりにくいため、歯みがきのときに歯ブラシがあたり、傷ついて出血することも。乳幼児健診で指摘されるのが一般的です。

上唇小帯付着異常

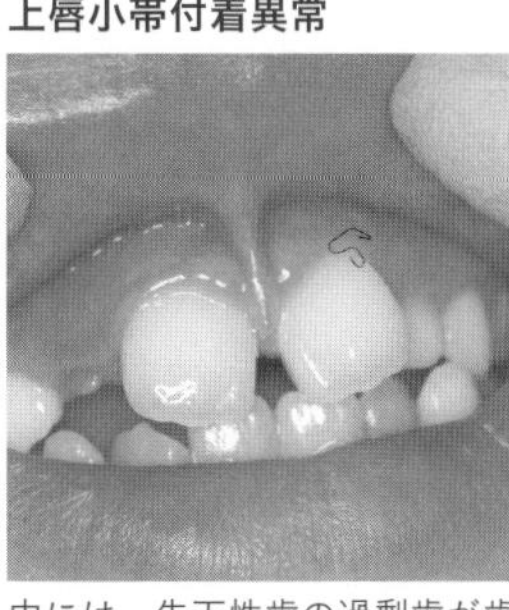

中には、先天性歯の過剰歯が歯ぐきの中に埋まっているのが原因の場合もあります。

治療の知識

永久歯の前歯の間にすき間があれば手術

付着部分を切除するかどうかは、医師が経過観察して診断します。体の成長とともに口腔内の骨が成長し、上唇小帯が正しい位置に移動するのもよくあることです。手術が必要になるのは、永久歯の前歯の間にすき間ができてしまった場合。通常は上の歯4本が永久歯となった時点で、前歯のすき間がなくなりますが、すき間がある場合は、10歳前後に手術を行います。

ホームケアの知識

やわらかい歯ブラシで縦みがき

前歯が生えてきたら、上唇小帯の付着部分を傷つけないように、やわらかい歯ブラシで、1本ずつ縦みがきしましょう。

このページも確認 p43

上皮真珠（じょうひしんじゅ）

病気の知識

乳歯をつくる組織の一部が歯ぐきに出てきて白い粒に

新生児期～歯が生えそろう前までの赤ちゃんの歯ぐきにみられる、ツヤのある白い粒状のかたまりを上皮真珠と言います。これはあごの中でつくられる乳歯の組織の残りが、歯ぐきの表面に出てきたもの。パパやママが「歯の生え始め?」と誤解しやすいのですが、歯ではありません。赤ちゃんにとっては、かゆみも痛みもありません。

治療とホームケア

自然と消失するので治療の必要はなし

上皮真珠は病気ではなく、赤ちゃんの半数近くにみられるありふれた症状です。乳歯が生えるころには、自然となくなってしまうので、治療の必要はありません。また、ケアの必要もありません。「気になるから」と、白い粒を触らないようにしましょう。

このページも確認 p43

先天性歯（せんてんせいし）

病気の知識

生まれたときにすでに生えている歯

1～2本の乳歯が生まれたときから生えていたり、生後すぐに生えてきた歯のことを言います。乳歯が生えそろうと20本になりますが、先天性歯として、21本目の「過剰歯」が生えてくるケースもあります。

治療とホームケア

基本は経過観察誤飲予防で抜くことも

基本はそのまま様子をみますが、つくりが未熟で抜けやすいため、グラグラするときは誤飲予防のため抜くことがあります。歯がとがっている場合は、自分の舌やママの乳首を傷つけないように丸く削ります。先天性歯は虫歯になりやすいので、離乳食のあとは歯をふいてあげましょう。歯の周囲に潰瘍や歯肉炎ができるなど、問題が生じた場合は、小児歯科に相談しましょう。

このページも確認 p43

癒合歯（ゆごうし）

病気の知識

2本の歯がくっついて生えてきてしまうケース

歯がつくられる段階で、隣り合っている歯がくっついてしまった状態です。乳歯が癒合歯だと、そこに生えてくる永久歯が癒合歯だったり、永久歯の本数が減ってしまうことがあります。また、永久歯の本数が正常な場合は、乳歯との交換がスムーズにいかないケースがあります。

治療とホームケア

グラグラし始めたら歯科で抜いてもらって

1本のサイズが大きいので抜けにくく、永久歯が横向きに生えてくることがあります。グラグラし始めたら、歯科で抜いてもらうほうがいいでしょう。2つの歯が癒合しているため、間にくぼみができて、汚れがたまりやすくなります。パパ、ママがきちんと仕上げみがきをしてあげましょう。

このページも確認 p43

虫歯（むしば）

病気の知識　ミュータンス菌が食べかすを分解し、歯を溶かすのが原因

生後6カ月ごろから下の前歯2本が生え始め、2～3歳までには上下20本が生えそろいます。離乳食期に多いのは前歯のすき間の虫歯。虫歯ができるのはミュータンス菌という細菌が歯についた食べかすの糖分を分解して歯垢をつくり、それを酸に変え、歯のエナメル質や象牙質を溶かすのが原因です。初期は白く濁ったり、変色したりします。気になったらすぐ受診を。

治療と知識　初期の虫歯には薬剤を塗布 治療は0歳から可能

1歳半でフッ素塗布をすると虫歯予防に効果的。初期の虫歯には殺菌作用や虫歯抑制効果のある薬を塗る治療が行われます。

ホームケア　パパとママも虫歯を治すことが大事

家族がなめたスプーンで食べさせるのはNG。わが子にミュータンス菌を移行させないためにもパパ、ママも虫歯治療を。

このページも確認　p43

【歯のしくみ】

乳歯　永久歯
エナメル質
象牙質（ぞうげしつ）
歯髄（しずい）（神経）
セメント質
永久歯の芽

虫歯治療前

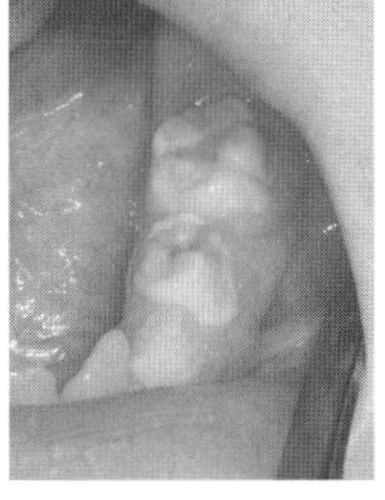

虫歯治療後

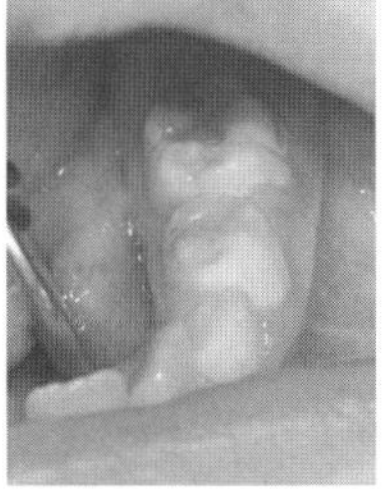

乳幼児の虫歯は1歳6カ月前後から増加。とくに上の前歯の裏側、上下の第一乳臼歯（奥歯）は要注意。写真は、茶色に変色した虫歯部分を削り、詰め物でふさいでいます。

POINT 歯のみがき方

2歳ごろ（スプーンが使えるころ）

最初は子どもに歯みがきのまねをさせるところから。仕上げみがきは、仰向けになった子どもの頭を、ひざの間で挟む体勢だと行いやすいでしょう。

歯が生えてきたら

下の歯2本が生え始めたら、歯みがきを開始。まずは口に物が入ることに慣れさせるために、ガーゼを巻いた指で歯をふくのでもOK。

乳幼児期は習慣づけの時期。9歳までは親が仕上げみがき

最初は短時間で済ませ、少しずつ慣れさせていくのがコツ。歯ブラシを口の中に入れても嫌がらないことを目指します。自分で歯みがきをする時期になっても、仕上げみがきは必要。終わったら「上手！」とほめたり、歯みがき後には親子の触れ合いを多くして楽しい印象づけをしましょう。

泌尿器・性器・おしりの病気

生まれつきのトラブルや感染症も

泌尿器や生殖器、おしりまわりは、細菌感染しやすい場所。おむつ替えやおふろのときなどにチェックすることを心がけましょう。

尿路感染症（にょうろかんせんしょう）

病気の知識

尿路に細菌感染が起こって炎症が生じるのが原因

腎臓でつくられたおしっこが尿管、膀胱、尿道までの尿路を通る過程のどこかで細菌感染して起こる病気です。尿検査で診断されますが、尿路感染症のうち発熱がないものを膀胱炎、発熱があるものを腎盂腎炎（じんうじんえん）と言います。

せきや鼻水などの症状がない発熱は腎盂腎炎の特徴ですが、発熱初期では風邪と区別することが難しく、発熱が3〜4日続いてから診断されることも少なくありません。

膀胱尿管逆流症とはどんな病気？

おしっこが膀胱から腎臓に逆流する病気です。本来は、排尿時に膀胱と尿管のつなぎ目が閉じて、尿が尿道に流れますが、つなぎ目が閉じないために尿管に逆戻りします。尿路感染症の発熱がきっかけとなって判明します。

治療&再受診

腎盂腎炎と診断されたら入院して点滴投与を受ける

尿中の細菌や白血球の数を調べて、腎盂腎炎と診断された場合は、入院して抗菌薬の点滴投与を受けます。直ちに治療を始めないと、尿管や腎臓に障害が残る心配もあるためです。通常は48時間以内に熱が下がることがほとんどですが、入院期間は1週間ほど。「膀胱尿管逆流症」など、尿路に生まれつきの問題がある場合は腎盂腎炎を繰り返す心配があります。

ホームケアの知識

尿路感染症の疑いがあるときは水分補給をしっかりと

尿路感染症の疑いがあるときは、菌をおしっこと一緒に出すため、水分をたっぷりとらせましょう。排便後のおしりのふき方はいつもどおりで大丈夫ですが、女の子は「前から後ろ」にふくように教えましょう。

おしっこを我慢させないことが大切

おまたを押さえてもじもじするなどのそぶりが見られたら、トイレに行くように促してあげてください。「おしっこは我慢しちゃだめだよ」と教えることも大切です。

おむつ替えの頻度が原因ではない

おむつ替えの回数を増やすと尿路感染症を予防できるという科学的根拠はありません。普段どおりで大丈夫ですが、おしっこをしていたらその都度替えてあげましょう。

このページも確認 p22〜24・p192

ネフローゼ症候群

病気の知識

たんぱく尿が大量に。顔などにむくみが

腎臓に障害が起こり、たんぱく尿が大量に出て、血液中のたんぱく質が不足してしまう状態です。結果、血管中の水分が血管外に漏れてしまい、顔や手足にむくみが出るのが特徴です。原因は不明ですが、3～6歳児に多い病気です。症状が進むと、むくみのせいで体重が増えたり、男の子の場合は陰嚢に水がたまることも。また、腹痛・嘔吐・下痢、食欲不振、体がだるいなどの症状が現れることもあります。

ステロイド服用中は体重増加に注意

ステロイドの服用中は太りやすくなるため、肥満対策が必要です。栄養バランスのよい食事を心がけ、高カロリーなおやつは控え、低カロリーなものを選ぶといいでしょう。

治療&再受診

入院後、通院治療に。再発しやすい病気

むくみ自体は2週間程度で治りますが、1～2カ月ほど入院して、ステロイド薬の投与を8週間受けます。退院後3～5年は通院治療が必要です。再発しやすいため、医師の指示で尿検査用キットでたんぱく尿の有無を毎日チェックします。約80%の子たちが再発を経験し、再発した場合は、再びステロイド薬で治療します。

ホームケアの知識

ステロイド服用中は感染症に注意

ステロイドを服用しているときは免疫機能が低下しやすくなります。感染症を予防するためにも、手洗いを心がけましょう。予防接種は主治医に相談を。

このページも確認 p28～30

水腎症

病気の知識

腎臓に尿がたまり、ふくらんだ状態

腎臓でつくられた尿は膀胱にたまり、尿道から排泄されます。でも、尿路の途中に狭くて流れが悪い場所があると、尿が出口に向かって流れていかなくなります。腎臓に尿がたまってふくらんでしまった状態を水腎症と言います。尿路感染症を発症した際に見つかることもありますが、近年では妊娠中の胎児超音波診断で見つかるケースが増えています。尿路に先天的に狭い部分があるのが原因です。

グレード1～2の水腎症は無症状です

近年では医学の進歩とともに胎児エコーの精度が上がり、以前は見つからなかったごく軽度な胎児の腎臓のふくらみがわかるようになりました。グレード1～2の場合は無症状なので、あまり心配しすぎないで大丈夫です。

治療&再受診

軽度な症状なら経過観察に

水腎症には4段階のグレードがあります。グレード3以上はハイリスクですが、胎児エコーで見つかるグレード1～2はごく軽度。尿路感染症につながる心配はありません。経過観察は念のためのフォローと考えましょう。一方、尿路感染症を繰り返したり、腎機能の低下を招く場合は、尿路が狭くなっている部分の手術を行います。

ホームケアの知識

検査や通院が必要なケースも

尿路感染症になった場合は、膀胱尿管逆流症がないか検査されることが。手術を受けた場合は、定期的な通院が必要です。

経過観察中、左右の腎機能に低下がみられず問題がなければ、普段どおりに生活できます。

亀頭包皮炎（きとうほうひえん）

病気の知識

おちんちんが赤く腫れ排尿時に痛くなることも

亀頭とはおちんちんの先端、包皮とはおちんちんを包んでいる皮のこと。赤ちゃんの亀頭は包皮に包まれた真性包茎（しんせいほうけい）で、亀頭と包皮の間にたまったおしっこの汚れやあかから、細菌感染を起こしやすい状態です。炎症を起こすとおちんちんの先が赤く腫れ、悪化すると全体が赤く腫れあがります。また、おしっこが出るときにしみて痛みを感じることも。おむつ替えのときに、膿や血がつくこともあります。おむつをしていたり、汚れた手でおちんちんを触ったりすると、亀頭包皮炎を起こしやすくなります。

治療の知識

腫れと痛みがあるときは抗菌薬が処方される

おちんちんが赤く腫れて、痛がっている場合は、早めに小児科を受診しましょう。抗菌薬の塗り薬を塗ると数日で治ります。

ホームケアの知識

塗り薬を塗るときは包皮の入り口を少しだけ広げて

入浴時に洗いましょう。包皮がむけない場合は無理にむく必要はありません。むくときに力を入れすぎると包皮に傷がつき、包茎が悪化することも。ケアするときは、包皮の入り口を少しだけ広げ、わずかに亀頭がのぞいたところに塗り薬を塗って。

このページも確認 p37〜39・p197〜198

パパへ

洗うときは包皮をむく？むかない？

亀頭をすべて露出できるのは11〜15歳でも63％程度。無理にむいて洗うのはおすすめしません。「むくか、むかないか」は医師の方針にもよります。おちんちんのケアはパパの出番。ママにも洗い方を教えてあげてください。

こんなことに注意！

汚れた手で触らないように教えて

男の子は3歳くらいになると、無意識におちんちんを触ることがあります。外遊びをして汚れたままの手で触ると、細菌感染しやすくなります。日ごろから、「汚れた手で触らないようにしようね」と教えましょう。

パパとママへ

おちんちんの洗い方

1 おちんちんの前側や裏側、陰嚢、太もものつけ根、肛門など、性器全体を、洗浄剤の泡をつけた指でやさしく洗ってあげましょう。

2 包皮がむけない場合は無理にむかなくてもOK。陰嚢のしわは汚れがたまりやすいので、傷つけないように、指でそっと伸ばして洗います。

3 洗浄剤の泡が残っていると肌トラブルの原因になるので、ぬるま湯のシャワーで落とします。とくに陰嚢の裏側は指で広げてていねいに。

外陰炎・膣炎

病気の知識

外陰部や膣が炎症を起こしかゆみや痛みが出る

女の子の外陰部（大陰唇、小陰唇、会陰）や膣に細菌感染が起きて、赤く腫れ、かゆみや痛みを伴うトラブルです。乳児の場合、おむつにより外陰部や膣が常に湿っているため、細菌が繁殖しやすいのが原因です。乳幼児の場合、膣の自浄作用が弱いのも原因の一つ。外陰炎や膣炎が起こると、幼児では、もじもじしたり、外陰部を気にするそぶりを見せたり、おしっこするときに痛がることもあります。悪化すると、色のついたおりものが出たり、におうこともあります。

治療の知識

かゆみや痛みを伴う炎症は抗菌薬の塗り薬で治療

赤く腫れたり、おりものがみられるときは、抗菌薬が処方されます。炎症がひどいときは飲み薬が処方されることもあります。

ホームケアの知識

清潔を心がけ、排便後は「前から後ろ」にふいて

おりものや頻尿、排尿痛がなく、軽いかゆみがある程度なら、おふろで洗って、入浴後に保湿剤を塗ってあげましょう。また、おむつ替えや、トイレでうんちをしたあとは、外陰部や膣に汚れがついて細菌感染しないように、「前から後ろ」にふく習慣を。

このページも確認 p37～39・p192・p198

こんなことに注意！

外陰部に接触皮膚炎を起こすことも

肌がデリケートな子は、おむつや下着などが局所にあたることで、接触皮膚炎（P.131）を起こすことも。トイレットペーパー、石けんの成分などが刺激となることもあるので、気をつけましょう。

こんなことに注意！

乳幼児は外陰部の皮膚が薄い

乳幼児は外陰部の皮膚が薄く、外的な刺激を受けやすい状態です。女性ホルモンの分泌量が少なく、成人女性のような自浄作用が備わっていないため、細菌感染しやすいのです。

ママとパパへ　おまたの洗い方

1 おまたのヒダ（大陰唇、小陰唇）をそっと開いて、洗浄剤の泡をつけた指でやさしくなでるように洗いましょう。膣の中は洗わなくても大丈夫。

2 洗浄剤の泡で、うんちなどの汚れが残りやすい肛門のまわりを洗います。汚れがたまりやすい太もものつけ根も隅々まで指で洗ってあげて。

3 最初に洗ったおまたのヒダを開いてぬるま湯で流し、太もものつけ根や肛門のまわりも、洗浄剤が残らないようにきれいに流しましょう。

泌尿器・性器・おしり

停留睾丸（停留精巣）

病気の知識
陰嚢の中に精巣が下りていない状態

出生時に片側の精巣（睾丸）が陰嚢の中に入っていない状態。鼠径ヘルニアを合併するケースもあります。精巣は胎児期に赤ちゃんのおなかの中でつくられ、出生時までに自然と陰嚢の中に収まります。ところが何らかの原因で、精巣が途中で停留したままの状態で生まれることが。停留する場所はさまざまで、陰嚢の近くまで下降している場合や、おなかの中に留まっていることもあります。

精巣が行き来する「移動性精巣」も

「おふろ上がりには陰嚢の中に精巣があったのに、泣いたらなくなってしまった」ということがあります。精巣が陰嚢の中にしっかりと固定されなかったため、ちょっとした刺激で行ったり来たりするためです。

治療＆再受診
下りてこない場合は手術が必要

陰嚢の左右のバランスを見て触診し、出生時に診断されます。停留睾丸の60〜70%は生後3カ月までに自然と陰嚢の中に下りてくるので、まずは超音波検査で精巣が停留している位置を調べて様子をみます。生後3カ月を過ぎても停留したままの場合は自然に治らないので、精巣を陰嚢内の正常な位置に下ろす手術を1歳前後に行います。手術後は、定期的に受診し精巣の発達を確認してもらいます。

ホームケアの知識
陰嚢に触ってチェックしてみて

「もしや」と思ったら、赤ちゃんの陰嚢を観察し、陰嚢に触れて、左右に睾丸が入っているかをチェック。陰嚢の構造をよく知るパパにお願いしましょう。

精巣捻転

病気の知識
腹部と精巣をつなぐ器官がねじれた状態

腹部と精巣をつなぐ「精索」という器官がねじれた状態。新生児期と、精巣が急激に発達する10〜15歳ごろに発症しやすいとされています。新生児期の場合、70%は出生前に発症し、精巣の機能を失います。陰嚢に触れると精巣がかたく大きくなっていたり、精巣がなくなっていたりするのがわかります。陰嚢全体が腫れる場合もありますが、新生児では通常、壊死していて痛がることはありません。

思春期に生じる精巣捻転の症状

精巣捻転は精巣が発達する思春期のころも起こりやすく、寝返りなどのはずみで発症することも。その際、激痛とともに吐きけを伴います。精巣機能を守るには、発症から6〜8時間以内に手術を行うことが必要です。

治療の知識
機能していない場合手術を行わない

出生前に左右のいずれかの精巣捻転を起こしている場合、片側の精巣は機能をすでに失っている状態です。また、新生児期に判明した場合も精巣の機能の回復が望めないと医師が判断した場合は、あえて手術を行いません。しかし、もう一方の精巣が正常なら、将来的に子どもをつくることは可能です。

ホームケアの知識
思春期も精巣捻転が起こりやすい

思春期では恥ずかしさから相談できず、治療が遅れると精巣の機能を失ってしまいます。「睾丸の腫れや痛みを伴う病気もある」と、親子の会話の中で伝えておくことが大切です。また、睾丸が腫れて嘔吐や腹痛を訴える場合は、すぐに受診を。

鼠径(そけい)ヘルニア

病気の知識 太もものつけ根にふくらみができる

腸が腹膜をひきずって下降し、鼠径部（太もものつけ根）がポッコリとふくらむのが特徴です。男の子は胎児期におなかの中でつくられた精巣が下降して陰嚢の中に収まったあと、本来はその通り道が閉じます。しかし、通り道が開いたままのことがあり、そこから腸が出たり入ったりするのです。男の子に多い病気で、泣いたり、いきんだりして、腹圧がかかると症状が出やすくなります。

鼠径ヘルニアの手術は何歳からできるの？

嵌頓のリスクがあるため、生後4カ月～1歳になるまでに手術がすすめられます。嵌頓した場合は、より早期に手術します。腸が鼠径部まで下降することがないよう、通路の穴をふさぐ手術が行われます。

治療の知識 自然に治らないので手術が必要

小児科を受診すると、医師が鼠径部に沿って手をあてて、飛び出した腸を押し戻し、パパやママにもやり方を指導してくれます。注意が必要なのは、腸の位置が元に戻らずに締めつけられ、激痛を伴う嵌頓(かんとん)という状態になること。夜間でも至急受診しましょう。鼠径ヘルニアは自然に治らないため、手術が必要です。小児外科で相談しましょう。手術後は、基本退院直後から普段どおりの生活が可能です。

ホームケアの知識 ふくらみを手で押し戻して

ピンポン玉のようなふくらみに気づいたら、鼠径部に沿って上に流すように、手で押し戻してあげて。手技の行い方は小児科で教わりましょう。

陰嚢水腫(いんのうすいしゅ)

病気の知識 陰嚢が腫れるが痛みはない

陰嚢に体液がたまって、腫れる病気です。胎児期におなかの中の精巣が陰嚢の中に下りてきたあと、その通り道が閉じずに、腹腔内の滲出液(しんしゅつえき)が流れ込む「交通性」と、精巣を包む膜に滲出液がたまっているだけの「非交通性」があります。通常は陰嚢の片側が腫れることが多いのですが、両側が腫れるケースも。手で触るとかたい水風船のような感触がありますが、赤ちゃんには痛みはありません。

陰嚢から水を抜く処置は行わない

交通性がない場合は、陰嚢にたまった体液が自然と吸収されます。一方、交通性がある場合は、おなかと陰嚢の通り道をふさぐ手術が必要です。昔は陰嚢から水を抜く処置が行われましたが、危険なので今は行われていません。

治療の知識 非交通性の多くは自然に治る

腹腔内との交通がなく、陰嚢のサイズが変わらないタイプであれば、90％は自然に治ります。3歳まで治らない場合は手術がすすめられます。腹腔内と陰嚢をつなぐ交通性があるタイプは、鼠径ヘルニアを合併することも。鼠径ヘルニアが見つかった場合は早期に手術を行います。陰嚢水腫は鼠径ヘルニアと同様に、通り道をふさぐ手術を行います。

再受診の目安 陰嚢が変化したら念のため再受診して

突然、陰嚢が大きくなったときは、交通性のある陰嚢水腫かもしれませんが、鼠径ヘルニアの疑いもあります。気になるときは、ほかの病気の可能性がないか小児科に相談しましょう。

包茎（ほうけい）

病気の知識

おちんちんの包皮がむけず亀頭が見えない状態

おちんちんの先の包皮口が狭かったり、包皮とおちんちんが癒着していたりして、包皮をむいて亀頭を出すことができない状態です。赤ちゃんはもともと真性包茎。3～4歳で90％の子が亀頭の半分くらいを出せるようになり、11～15歳でも亀頭がすべて露出できるのは63％程度です。

治療とホームケア

トラブルがあるときには治療が必要

無理に包皮をむくと傷ついてしまうため、自然にむけるのを待つのが基本です。ただし、亀頭包皮炎（P.150）を繰り返す場合、膀胱尿管逆流症（P.148）がある場合は治療が必要です。包皮をほんの少し下げて、1日1～2回、包皮口の入り口にステロイド軟膏を塗るケアを4週間続けると約80％が治ります。薬を塗り終わったら、下げた包皮は、忘れずに元に戻しましょう。

尿道下裂（にょうどうかれつ）

病気の知識

おしっこの出口がおちんちんの途中や根元に

尿道口が亀頭の先端ではなく、おちんちんの途中や根元にあり、立って排尿したときにおしっこが前方に飛びません。成人期まで放置すると、勃起した際におちんちんが下向きに曲がり、正常な性生活を行えなくなる心配も。停留睾丸（P.152）や鼠径ヘルニア（P.153）を合併するケースもあります。

治療とホームケア

1～2歳ごろに尿道口の形成手術を行う

1～2歳ごろに正しい位置に尿道をつくる手術を行います。下裂の程度によっては高度な手術が必要となり、複数回の手術が必要な場合も。おちんちんの屈曲を治すと正常に排尿でき、将来の性生活に支障をきたす心配もなくなります。思春期以降におちんちんがやや短くなるという報告もあり、性的コンプレックスなどの問題が生じたときは心理的なサポートが必要です。

埋没陰茎（まいぼついんけい）

病気の知識

おちんちんが皮下脂肪に埋まって見えない状態

おちんちんが生まれつき皮膚の中に埋もれた状態です。おちんちんの長さが正常で、皮下脂肪に埋もれているだけのケースがほとんどですが、おちんちんの皮膚が本体に付着していないために埋もれていることも。包皮と亀頭が癒着した包茎を合併しているケースもあります。まれにおちんちんが短い子もいます。その場合は、矮小陰茎（わいしょういんけい）と言い治療法が異なります。

治療とホームケア

包茎の治療や、おちんちんの形成手術が行われることも

包茎が原因で埋没している場合は、包茎の治療を行いますが、それだけで解消しない場合は、おちんちんの皮膚と体部を縫い合わせる陰茎形成手術を行います。形状を整えることが目的の手術であれば、6歳前後に行いますが、排尿に支障をきたす場合は早期に手術が行われます。

陰唇癒合

病気の知識

左右の小陰唇がくっついて膣の穴がふさがってしまう

女の子の外陰部の左右の小陰唇がくっついて、膣の穴が見えない状態を言います。小陰唇は湿っているため、外陰部に炎症が起こることなどにより、くっついてしまうことがよくあります。癒着の程度はさまざまですが、小陰唇が全長にわたってくっついてしまうと、膣や尿道口の出口がふさがれて尿が出にくくなり、膀胱炎や膣炎（P.151）を引き起こすこともあります。

治療とホームケア

塗り薬の処方と切開する治療が

入浴時やおむつ替えのときに陰部をしっかり開いて洗うことで、1～2カ月以内に94％が治ったという報告があります。治らない場合は病院を受診しましょう。病院では剥離または切開する治療や、ステロイドや女性ホルモンであるエストロゲンを塗る治療を行います。

肛門周囲膿瘍

病気の知識

肛門周囲に細菌感染が起きて皮下に膿がたまる

赤ちゃんの肛門と直腸の粘膜は入り組んでいます。そのため、細菌感染が起こると、肛門の周囲が炎症を起こして腫れあがり、皮膚の下に膿がたまってしまうことがあります。肛門の両側の9時、または3時の方向に赤い腫れができやすく、赤ちゃんが痛みでぐずることもあります。

治療とホームケア

塗り薬の処方や切開のほかに漢方で炎症を抑える治療も

抗菌薬の処方と、切開して膿を取り除く治療が基本ですが、抗炎症作用がある漢方の排膿散及湯、十全大補湯も効果的です。炎症を繰り返すと、おしりの膿と直腸がつながってしまう痔ろうになる心配があるため、おしりを清潔に保つとともに、薬をしっかりと服用させることが大事です。

このページも確認 p37～39・p198

肛門裂

病気の知識

便秘や下痢の影響で肛門が傷つき出血

かたいうんちが出る、下痢の回数が多いなどの理由で肛門に負担がかかり、肛門が切れてしまった切れ痔です。肛門の内側が切れてしまった場合、見た目ではわかりませんが、便に血がついたり、おむつに血がついたりすることがあります。赤ちゃんが排便時に痛がり泣くこともあります。

治療とホームケア

食物繊維が多い食事を心がけ体を動かして便秘を改善

肛門の傷を治療する塗り薬が処方されます。便秘を治すため、とくに食物繊維が豊富な豆類や野菜を食べさせるとともに、体を動かして腸のぜん動運動を活発にすることが大切です。便がかたい状態が続くときは、便をやわらかくする整腸剤を使用するなど、便秘をコントロールします。

このページも確認 p31～32・p196

動きを観察して早めの治療を

骨・関節・筋肉の病気

赤ちゃん・子どもの骨や関節、筋肉は未発達。早期発見・早期治療によって改善される病気が多いので、気になる症状は早めに医師に相談しましょう。

先天性股関節脱臼（発育性股関節形成不全）

病気の知識

足のつけ根の関節がはずれて片方の足が開きにくくなる

足のつけ根の関節がはずれる病気で、先天性と後天性のケースがあります。先天性ではおなかの中で赤ちゃんが骨盤位（逆子）になり、ひざが伸びた姿勢だったことがリスクになります。後天性では股関節の動きを制限するような窮屈なおむつのあて方や、スリングで足を伸ばして横抱きにする習慣などがリスクになりやすいと言われます。赤ちゃんに痛みはありませんが、脱臼している側の足の動きが悪くなります。「両ひざを曲げた状態でまたを広げるとカクッと音がする」「片方の足がかたくて開きにくい」「左右の足の長さが違う」「太もものしわやおしりの形が左右対称でない」などの症状がみられます。

治療＆再受診

リーメンビューゲル装具を装着する治療を行う

生後3～4カ月の乳児健診で発見されることが多く、最終的にX線検査や超音波検査で診断されます。外来で「リーメンビューゲル装具」という治療用装具を3カ月間装着し、股関節を曲げた状態に保つことにより、股関節への負担を軽減する治療を行います。この治療で約80％の股関節脱臼が整復されます。治らない場合は入院して牽引治療や手術を行います。

ホームケアの知識

まずは予防が大切。股関節を無理に伸ばさないように注意

おむつ替えや着替えの際、股関節の動きを妨げないことが重要。とくにおむつを替える際、足を引っぱらないように注意しましょう。装具をつけている最初の1カ月間は入浴できないので、体をふいてあげて。

「コアラ抱っこ」がおすすめ

赤ちゃんと正面で向き合うように抱くと、赤ちゃんがパパやママの胸にしがみつくコアラのようなスタイルに。赤ちゃんの両ひざと股関節が曲がったM字型開脚に保てます。

向きぐせにも気をつけて

向きぐせがあると、反対側の足が立ちひざになり股関節脱臼を誘発することが。反対側からあやしたり、くせがある側の頭や体の下にバスタオルを置いて、反対側を向く工夫を。

先天性内反足（せんてんせいないはんそく）

病気の知識

生まれつき、足の裏が内側を向いた状態

足の裏が下を向かずに内側を向いた、先天性の足の変形です。足を外に向けようとしても動きません。約1000人に1人の割合で発生し、男の子に多いとされます。成長とともに関節が変形し、かたくなるので治療が必要です。一方、力を加えて簡単に矯正できる「内反足位」であれば、自然に治ります。

治療とホームケア

ギプスや矯正靴をはかせて足の裏の向きを矯正

医師が手で足の向きを矯正したうえで、ギプスで固定します。施設の方針にもよりますが、約90%がアキレス腱を切る手術を行い、その後、矯正装具をつける治療を行っています。最初の3カ月間は入浴時以外ずっと矯正装具をつけて過ごすのが基本。それ以降は、睡眠時に装具をつけて過ごし、4〜5歳まで矯正器具を使用します。

外反踵足（がいはんしょうそく）

病気の知識

足の裏が外向きになるくせがついた状態

足首が曲がったまま外側に向いている状態で、生まれたての赤ちゃんによくみられる足の変形です。胎児期に赤ちゃんがママの子宮の壁に足をつけて過ごしていた際に、足首を屈曲させたまま外向きになるくせがついてしまったと考えられます。多くが2〜3歳までに治りますが、治らない場合は外反偏平足に移行します。

治療とホームケア

医師の指導のもと足のストレッチを行う

パパやママが赤ちゃんの足のストレッチを行うと効果的です。医師の指導のもと、おむつ替えのときなどに、足指を伸ばして正座をするときのような足の形を5秒くらいキープするのを10回ほど行います。1日3セットがめやす。ストレッチを毎日続けることで、ほとんどの場合、正常な足に戻ります。

外反偏平足（がいはんへんぺいそく）

病気の知識

足の裏が平らでかかとが外側に傾く

足の裏が平らで、土踏まずが見られない状態です。後ろから見ると、足首が内に入りかかとが外に傾くのが特徴です。生活に支障はありませんが、将来的に足が疲れやすい、足首が痛むなどの症状が出ることも。

治療とホームケア

足の外側が浮くときは靴の中敷きを使うことも

軽度の場合は、発育とともに足の筋肉が鍛えられて自然に治ることが多いです。足の外側が完全に浮いてしまう場合は、2歳くらいから「足底挿板（そくていそうばん）」という靴の中敷きを使う治療を行うことがあります。

外反偏平足

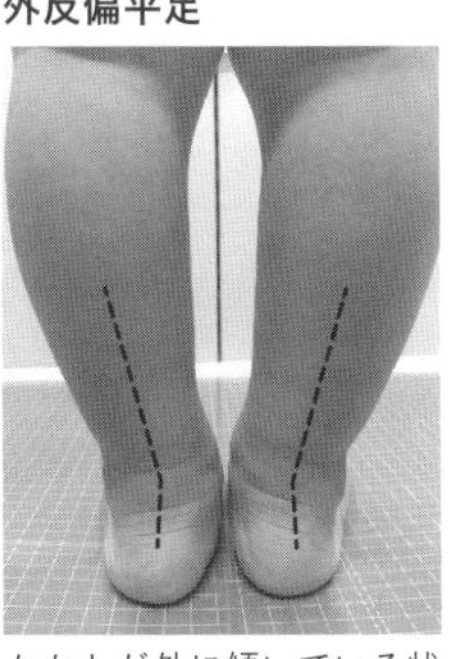

かかとが外に傾いている状態。つま先立ち、かかと立ちなどの運動療法で足の筋肉を鍛えるのも効果的。

O脚（おーきゃく）・X脚（えっくすきゃく）

病気の知識

2歳までのO脚、3〜7歳のX脚は心配いらない

歩き始めるまでの赤ちゃんの足はM字型ですが、歩き始めてから2歳ごろまではO脚（左右のひざが離れる）であることが多いです。その後、3〜7歳ごろはひざの関節がゆるいためにX脚（左右のくるぶしが離れる）になりやすい傾向があります。これらのO脚、X脚は誰にでも起こる生理的なものです。ただし、3〜4歳のO脚や、2歳以下のX脚、片方の足だけ曲がっている場合は、病気が隠れている可能性も。6〜7歳以降にO脚が残ると、将来的に変形性膝関節症を発症しやすいことがわかってきているので、気になるときは受診しましょう。

生理的O脚

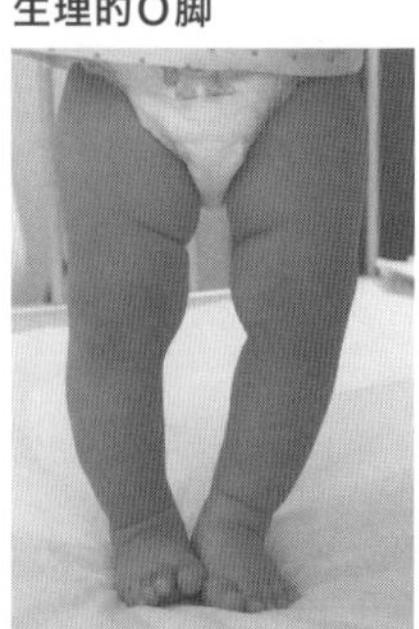

歩き始めの子に多い、生理的O脚。足を無理にまっすぐにするのはNGです。

治療＆再受診

両ひざの間が開きすぎているときは、骨の病気の可能性も

生理的なO脚、X脚は成長とともに改善するので心配いりません。一方、足首をそろえて立ったときに、両ひざの間に大人の指が3本以上入る（約5㎝）O脚や、ひざをそろえて立ったとき、足首の間に大人の指が4本以上（約7㎝）入るX脚のケースでは、血液検査やX線検査を行って、骨の病気の可能性がないかを調べ、経過観察を行います。近年ではO脚の中には、ブラウント病という骨の成長障害、くる病という骨が弱くなる病気が隠れている場合もあることがわかっています。

ホームケアの知識

外遊びをたくさんさせてあげて

たくさん外遊びをさせてあげましょう。足の筋力の発達を促すとともに、日光にあたることでビタミンDの生成を促すこともできます。ただ、生理的なO脚、X脚は、成長とともに自然に解消されるので、あまり心配しないことも大切です。

POINT

子どもの靴の選び方

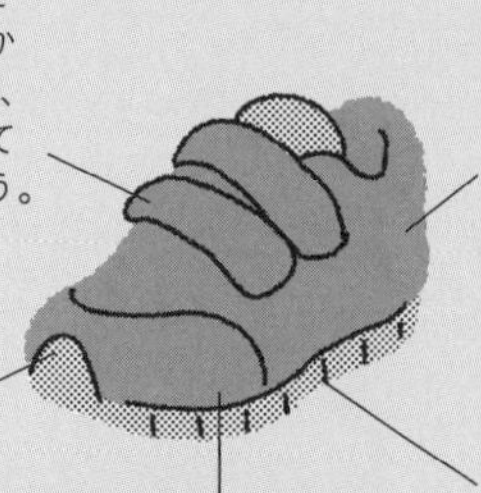

甲の高さが調節できるマジックテープか紐のタイプを選び、甲の高さに合わせて締めてあげましょう。

足が靴の中で動かないように、かかとが靴の内側にフィットするものなら、安定した歩行ができます。

乳幼児は足の指で「地面をつかむ」ように歩きます。足の指の動きを邪魔しないように、つま先に1㎝ほどの余裕を。

靴底に適度な弾力があることによって、地面からの衝撃を吸収、足への負担を軽減します。

足の裏が曲がる位置で靴も曲がることで歩きやすくなります。サイズが大きな靴は曲がる位置がずれるので注意。

かかとをしっかり支える足にいい靴を選ぼう

乳幼児は足の骨がやわらかいため、靴のサイズが合っていないと、足の指の変形を招く心配があります。足の指の変形は不自然な姿勢を招き、筋肉の発達に影響することも。足は全身を支える土台。つま先に余裕があり、かかとをしっかり支えてくれる靴を選びましょう。

筋性斜頸

病気の知識

首の片側の筋肉にしこりができる

生後1週間前後に、首から鎖骨にかけての筋肉にしこりができて、赤ちゃんが反対の方向ばかりを向いてしまう状態。徐々に大きくなるしこりのせいで筋肉が引っぱられるために起こりますが、生後3週以降はしこりが小さくなっていき、1歳半までには9割が自然に治ります。

治療とホームケア

反対側から声をかけるなど工夫を

いつも同じほうを向いていると、頭の形が変形する心配もあるので、反対側から声をかけたり、おもちゃの音を鳴らしてみましょう。首が向いているほうと逆の足が立ちひざになると、股関節脱臼につながる場合も。いろいろな方向を向かせることが大事です。ちなみにマッサージはNGです。治らない場合は装具や手術が検討されます。

くる病

病気の知識

ビタミンD不足で骨に変形が起こる

近年、くる病にかかる子が増えています。ビタミンDの不足が主な原因で、O脚、X脚などの骨の異常、身長の伸びが悪いなどの症状が出ます。カルシウムが低下し、全身のけいれんが起きることも。くる病が疑われるときはX線検査や血液検査のほか、詳しい検査が必要です。

治療とホームケア

ビタミンDとカルシウムを補充

骨の変形を防ぐために、ビタミンDとカルシウムの補充を行います。ビタミンDは日光にあたることで体内でもつくられます。夏季は約5分、冬季は約1時間程度、服を着たまま日にあたっても効果があります。骨はたんぱく質やカルシウム、リンなどのミネラルから構成されているので、授乳期は親子でバランスのいい食事を心がけて。

肘内障（ちゅうないしょう）

病気の知識
ひじの関節がずれて痛くて動かせない状態

よく「ひじが抜けた」と言われますが、抜けたわけではなく、ひじの関節の靭帯がずれてはずれかかった状態を言います。急に腕を引っぱられたり、転んだりしたときなどに起こりやすくなります。5歳以下の乳幼児は関節や靭帯が未熟なため、無理な力がかかると、肘内障になりやすいのです。ひじや腕が腫れることはありませんが、激しい痛みとともに、ひじを動かせなくなります。大泣きする、手を触ると痛がる、手がだらんと下がって動かすことができないなど、いつもと様子が違うときは、肘内障を起こしているのかもしれません。

正常な輪状靭帯

橈骨頭（とうこつとう）

ずれた輪状靭帯

治療＆再受診
早めに受診し、ひじの関節を元の位置に戻してもらって

痛みが強いため、むやみに触らないことです。時間がたつと戻りにくくなるため、早めに小児科か整形外科を受診しましょう。ずれた関節を医師が元の位置に戻してくれます。腕を引っぱられるなど、無理な力が加わることで、何度も繰り返すケースもありますが、骨の成長とともに関節がずれにくくなっていきます。7歳以降に肘内障になることはほとんどありません。

ホームケアの知識
手を強く引っぱらないように日ごろから気をつけて

医師がひじの関節を元の位置に戻したあとは、ケロリとして元気になります。また、はずれかけていた関節がちょっとしたはずみで元に戻ることもあります。痛がらずに自然に動かしているようなら、受診しなくても大丈夫です。肘内障を繰り返さないように、手をつなぐときに強く引っぱらないことが大事。子どもの手を持ってぶら下げる遊びを控えるなど、注意しましょう。

パパとママの手にぶら下がる遊びに注意

パパとママが子どもを真ん中にして手をつなぎ、手を持ち上げてぶら下げる遊びは肘内障を招きやすくなります。両手で抱っこして持ち上げるなど、別の遊びをしてあげて。

関節が元に戻れば、入浴もOK

打ち身やねんざと違って、温めたり、冷やしたりする必要はありません。はずれかけた関節を医師に整復してもらったあとは、いつもどおりにおふろに入っても大丈夫。

あまり神経質になりすぎないで

「肘内障を繰り返さないために」と遊びを制限するなど、心配しすぎる必要はありません。ただし、肘内障を起こした当日は鉄棒にぶら下がるなどの遊びは控えましょう。

漏斗胸（ろうときょう）

病気の知識

胸が漏斗のようにへこむ骨の形態異常

胸の骨格の真ん中がへこんでしまう先天性の骨の形態異常です。痛みはありません。胸椎、肋骨（ろっこつ）、胸骨（きょうこつ）で囲まれた部分を胸郭（きょうかく）と言いますが、この胸郭が内側に陥没し、漏斗のような形をしているため、漏斗胸と呼ばれます。1000人に1人の割合で起こると言われ、男の子に多く見られます。陥没が極端に大きな場合は、ごくまれに心臓や呼吸器を圧迫して、呼吸障害が起こるケースもあります。

胸骨や肋骨がへこんでいる状態

治療&再受診

外見が心理面に影響する場合は手術

漏斗胸の多くは健康に支障をきたすことはありません。心肺機能や呼吸機能に問題が出るのはきわめてまれなので、基本、治療をしなくても問題ありません。ただ、3歳以降にへこみが目立って、子どもがコンプレックスを持つケースがあります。その場合は、8～9歳ごろに形成手術がすすめられています。

ホームケアの知識

心理面をサポートしてあげて

心肺機能に問題がなければ、すこやかな成長のためにもスポーツがおすすめです。本人が漏斗胸に劣等感を抱くようであれば、心理面をサポートしてあげてください。小児外科医と相談のうえ、思春期前に形成手術を検討するとよいでしょう。

ばね指（ゆび）

病気の知識

手の親指が曲がってまっすぐ伸びない

親指がまっすぐに伸びなくなったり、無理に伸ばそうとすると、指がばねのように元に戻る「ばね現象」が生じることがあります。これは、手の指を曲げる腱の一部に小さなコブができることなどが原因。コブが腱鞘（けんしょう）に引っかかってしまい、指の関節を曲げる腱のすべりが悪くなります。指の曲げ伸ばしをしにくい状態ですが、無理に伸ばさなければ痛みはありません。生後数カ月から2歳までの間に診断されることが多いです。

腱
靭帯性腱鞘
腱のコブ

治療&再受診

親指を添え木などの装具で固定

以前は指の腱鞘を切開する手術が行われていましたが、今は手術することはほとんどありません。近年では、親指の第一関節を添え木などの装具で固定して、症状が改善するケースが増えてきました。まぎらわしい状態として、親指を伸ばす筋肉の発育障害、曲げる部分の筋肉や皮膚がかたくなっている場合もあるため、小児科や整形外科に相談しましょう。

ホームケアの知識

自然に治るケースも多い

子どものばね指は、大人の場合のように炎症が原因ではなく、手の骨が成長するとともに自然に治ることも多いです。マッサージなどは意味がないので、自己流の手当はNGです。

神経の病気

体の動きや感覚、言葉に問題が生じる

繰り返すけいれんや、心的外傷などは長期的な治療が必要になるケースも。赤ちゃんや子どもの神経にかかわる病気について解説します。

てんかん

病気の知識

脳の神経細胞内で電気信号がショートする

てんかんは脳の神経細胞のネットワーク内で電気信号のショートが起きた状態。脳のどの部位でショートが起きるかによって症状が異なりますが、全身のけいれんや、体に意思とは関係なく異常な動きが生じるてんかん発作を繰り返すのが特徴です。中でも乳幼児期に多いのは以下の5つです。

こんなことに注意！

受診時に医師に伝えることは？

発熱の有無、けいれんの持続時間、手足の動き、吐きけの有無など、けいれん時の様子を医師に伝えましょう。発作の持続時間があいまいなときは、病院に問い合わせたときのスマホの発信履歴がめやすになるかもしれません。

●小児欠伸てんかん

突然意識を失い、一瞬動作が止まります。数秒から10秒間の発作のあとは、何ごともなかったように発作前の動作をすることができます。治りやすいてんかんです。

●小児良性てんかん

正式には「中心・側頭部に棘波を持つ良性小児てんかん（BECTS）」と言います。口の片側の端をピクピクさせたり、手足をバタバタさせる発作が夜間に起こりやすいのが特徴。治りやすいてんかんです。

●点頭てんかん（ウエスト症候群）

目覚めたとき、眠くなったときに手足を突っぱる、首を前にカクンカクンと倒して両手を広げるなどの動作を繰り返します。

●パネイトポーラス症候群

睡眠時に嘔吐とともに比較的長めなけいれんが起こりますが、数時間後には回復します。3～6歳に発症し、12歳までには治る、治りやすいてんかんです。

●レノックス・ガストー症候群

急に手足を突っぱる、体の力が抜ける、意識がぼんやりするなどの発作が起こります。2～5歳に始まることが多く、精神面や運動の発達に遅れを伴う場合も。

診断されたら、入浴は家族と一緒に

入浴中に発作が起こりやすいケースもあります。事故を予防するためにも、おふろは家族と一緒に入らせましょう。水泳に関しては主治医に相談を。

保育園、幼稚園にも伝えておこう

入園時には持病や健康状態を記す調査書を提出しますが、その際、持病にてんかんがあることは正直に申告しましょう。園にも知っておいてもらうほうが安心。

治療の知識

抗てんかん薬で発作を抑える

てんかんの診断には脳波検査とＭＲＩ（磁気共鳴画像診断装置）検査が行われ、「発作を起こしたとき、どのような症状がみられたか」がポイントになります。

治療はタイプによって異なりますが、抗てんかん薬の服用が基本。まずは2～3年の発作抑制を目標にします。その後は薬を徐々に減らして、症状がよくなれば服薬を止めるケースもあります。今では抗てんかん薬の服用で、6～8割のてんかん発作を抑えられるようになっています。ただし、薬を止めたあとで再発することもあり、長い目で治療に取り組む必要があります。

難治性のケースには、抗てんかん薬のほかに、糖と炭水化物を減らして脂質を増やす「ケトン食療法」が指導されたり、外科手術が検討されることもあります。点頭てんかんでは、副腎皮質刺激ホルモンを注射してステロイドの分泌を促す「ＡＣＴＨ（アクス）療法」を行うこともあります。

ホームケアの知識

抗てんかん薬は毎日の服用が大事

抗てんかん薬は、毎日欠かさず飲ませることで、突然起こる発作を抑えられます。これは、近眼の人が生活に支障をきたさないようにメガネをかけるのと同じと考えてください。子どもにもそう教えましょう。

こんなことに注意！

規則正しい生活を心がけて

てんかん発作は、発熱や睡眠不足、ストレス、疲れなどで誘発されやすく、規則正しい生活を心がけることが大切。発作が抑えられていれば、適切な方法で適度に楽しむ程度にテレビやゲームも可能です。

このページも確認 p25～27・p196

憤怒（ふんぬ）けいれん

病気の知識

激しく泣く途中に息を止める発作が

生後6カ月～3歳にかけて、激しく泣いたり、かんしゃくを起こしたときに1分程度の息止めの発作が起こるのが特徴。別名「泣き入りひきつけ」とも呼ばれます。激しく泣くことで一時的に低血圧になり、脳の血流が低下するのが原因です。息止めからけいれんを起こす場合もありますが、1分以内に治まります。憤怒けいれんを繰り返しても、成長とともに治まります。

治療＆再受診

念のため小児科でチェックを受けて

一時的な息止めや憤怒けいれんは、治療の必要はありません。でも、念のため小児科を受診して、てんかんや不整脈などの心配がないか、チェックを受けて。原則、薬物治療は行いませんが、起こす回数が多い場合は、漢方薬や軽い鎮静薬が処方されることもあります。

ホームケアの知識

いずれは治るので心配しすぎないで

激しく泣いて息止め発作が心配なときは、抱っこしてほかの部屋に連れていくなど、気分を変えてあげましょう。ただ、成長とともに自然に治るので、「泣かせてはいけない」と気を張りすぎなくても大丈夫です。

こんなことに注意！

鉄の不足がけいれんを招くこともあるの？

生後９カ月以降は胎内でママからもらった鉄が少なくなり、鉄不足に陥りやすい時期。憤怒けいれんを繰り返す際は鉄欠乏性貧血が関連している場合もあり、鉄剤が処方されることも。

このページも確認 p25～27

PTSD（ぴーてぃーえすでぃー）

病気の知識

ショッキングな体験が心の傷となって残ることが

自然災害や交通事故、身近な人の死、病気入院、暴力など、ショッキングな体験が心の傷として残ってしまい、時間が経過しても強い恐怖を感じることをＰＴＳＤ（心的外傷後ストレス障害）と言います。

言葉で伝えられない3歳以下の子の場合は赤ちゃん返り、おもらし、夜泣きなどのサインがよくみられます。また、言葉で伝えられる3～6歳くらいの子の場合は、体験に関連した遊びを繰り返したり、体の痛みを訴えるなどのサインがあります。

こんなことに注意！

外で話ができない「場面緘黙症（ばめんかんもくしょう）」とは

家庭では普通に話せるのに、園などの特定の場所で話せないという症状です。緘黙児の多くは繊細で不安感が強い傾向が。話すことを強制しないで、安心して話せる場所や人を増やしていくスモールステップが大切です。

治療の知識

親の面接と子どもの行動観察が基本

気になる場合は、かかりつけの小児科や児童精神科に相談しましょう。親と子を別々に面接して話を聞き、子どもが遊んでいる様子を行動観察するなど、心理療法が行われます。6割以上は半年以内に治りますが、長期的な通院が必要になることも。

ホームケアの知識

スキンシップを大切にして安心させてあげて

子どもが自分の身に起きたことを繰り返し話すときは、何度でも耳を傾けてあげましょう。そして、スキンシップを大切にして、「大丈夫だよ」と言葉で伝えて安心させてあげてください。本人が外傷体験を再現する遊びをする場合には、無理にやめさせる必要はありません。ただし、周囲の大人が無理に思い出させるのはNG。自然災害が外傷になっている場合はテレビの映像などを見せないほうがよいでしょう。

また、緊張や不安が続いている場合は、ゆっくりと吸って吐く呼吸をさせるのは効果的。小さい子は、ストローで丸めた紙などを飛ばす、シャボン玉で遊ぶなどがゆっくりした呼吸をさせるいい方法です。

このページも確認　p44～45

チック症

病気の知識 不随意な体の動きが繰り返し起こる

本人の意思とは関係なく、体が動いたり、声が出るなどの症状が繰り返し起こります。強いまばたきを繰り返すなどの運動チック、せき払いを繰り返すなどの音声チックがあり、どれが出やすいかは生まれつきの脳の体質によると考えられています。親の接し方が原因ではありませんが、ストレスで悪化することも。チックは男の子に多く、大半が1年以内に治ります。

こんなことに注意！

複数の症状が長引く「トゥレット症候群」

多種類の運動チックと1種類以上の音声チックが1年以上続く場合は、トゥレット症候群と呼ばれる自然に治りにくいチックの可能性があります。気になるときは、小児神経科を受診しましょう。

治療の知識 重症の場合は投薬治療を

かかりつけの小児科か小児神経科、児童精神科に相談しましょう。症状が軽い一過性の場合はとくに治療を行いませんが、子ども本人や親がストレスを抱えているときは、カウンセリングが有効なケースもあります。チックが1年以上続く場合は、ドーパミンの働きを抑える薬が処方されることもあります。

ホームケアの知識 無意識の行動なので決してしからないで

チックは体質のようなもの。わざとではないので、しからないで。神経を休ませるためにも規則正しい生活や適度な運動をさせ、疲れないよう気をつけてあげましょう。

このページも確認 p46～47

吃音症

病気の知識 言葉を発するときに最初の音が出にくい

吃音とは、言葉が出にくくなること。「バナナ」が「バ、バ、バ」となる連発性吃音、「おかあさん」を「おーーかあさん」と引き伸ばす伸発性吃音、始めの一音がなかなか出ない難発性吃音があります。言葉の発達過程で生じる障害とされ、親の接し方が原因ではありません。3歳ごろに発症し、80％が6歳までに自然に治りますが、中学生ごろまで目立つ場合もあります。

こんなことに注意！

周囲にからかわれて困っているときは？

園に専門家のアドバイスを伝え、周囲のからかいをやめてもらうように協力を求めましょう。「わざとじゃないからまねしないでね」と伝えてもらうといいでしょう。園と密に連絡をとりましょう。

治療の知識 ことばの教室などでアドバイスを受けて

周囲にからかわれたりすると、症状が悪化することもあるため、気になるときは小児科や地域の発達支援センターなどに相談を。聴覚言語士や「ことばの教室」などを紹介してもらえ、適切な接し方についてアドバイスを受けられます。

ホームケアの知識 親が話し方を指摘するのはNG

子どもが気にしているときは、「話し方のくせだよ。今のままのあなたでいいんだよ」と、肯定してあげてください。言葉の言い直しや、言葉の先回りをするのはNGですが、親子で声を合わせて話すのはOK。ただし、無理強いはいけません。

このページも確認 p46～47

その他の病気

原因がまだはっきりしていない病気

病気の中には、まだ原因がはっきりしていないものも。もしものときに早期発見・治療に臨めるよう正しい知識を持っておきましょう。

このページも確認 p22〜24・p37〜39・p41

川崎病（かわさきびょう）

病気の知識
血管が炎症を起こして特有の症状が現れる

全身の血管に炎症を起こす原因不明の病気です。主な症状は①発熱 ②左右の白目の充血 ③唇や口の中が赤く腫れ、舌がいちご状になる ④体に赤い発疹ができる（BCGの接種痕も赤くなる） ⑤手足が腫れてむくむ ⑥首のリンパ節が腫れる。この6つの症状のうち5つ以上がみられたとき、または4つの症状とともに冠動脈瘤（かんどうみゃくりゅう）がみられたら、川崎病と診断されます。

川崎病の合併症・後遺症とは？
さまざまな臓器に炎症を起こす合併症が現れますが、最も重い合併症は、冠動脈瘤。コブがあると血栓ができやすく、結果、血管がつまると心筋梗塞を起こす恐れが出てきます。

治療&再受診
早期に治療して冠動脈瘤の発生を予防

炎症を抑える免疫グロブリンの点滴を受け、血栓を予防するアスピリンを服用する入院治療が基本。また、心臓超音波検査を行い、冠動脈瘤が発生していないか、医師が慎重に観察します。経過が順調であれば入院期間は約1〜2週間です。万一、冠動脈瘤ができた場合は、川崎病の症状が治まったあとも、治療を継続します。

ホームケアの知識
予防接種のスケジュールが変わることを知っておいて

免疫グロブリンには、さまざまな免疫抗体が含まれているので、予防接種をしても免疫抗体がつくられなくなる可能性があります。予防接種を受ける際は、かかりつけ医と相談を。

退院後も定期的に受診が必要？
退院から５年間は定期受診が必要です。一例として、発症から１カ月、３カ月、６カ月、１年、以降は１年に１回などで、５年後まで心臓超音波検査で冠動脈瘤の有無をチェックします。

免疫グロブリン投与後の予防接種は？
不活化ワクチン、BCG、ロタウイルスワクチンは退院後２カ月以降から可能です。麻疹、風疹、水ぼうそう、おたふくかぜは6カ月後か、できれば11カ月以上あけるほうが安心です。

小児がん

病気の知識

15歳未満に生じる小児がんは大人のがんとは異なる性質が

小児がんとは15歳未満で発症するがん。中でも多いのが急性白血病と脳腫瘍です。

●急性白血病

血液中の白血球ががん化して、骨髄で正常な血液細胞（白血球・赤血球・血小板）をつくる力が抑えられてしまう病気。正常な白血球が減少するため、まず発熱や倦怠感など風邪（P.78）とよく似た症状が出ます。

また、正常な赤血球が減ることによって、だるさ、ふらつきが起こり、正常な血小板が減ることで血が止まりにくくなり、皮下出血や鼻血を起こしやすくなります。とくに2～6歳ごろに発症しやすい病気です。

だるいときは白血病？ 風邪？

急性白血病の初期症状は風邪に似ています。「だるい」「元気がない」「体のどこかが痛む」のは白血病の初期症状にもよくあります。もしも、皮下出血、発熱を繰り返す、出血しやすい場合は早めに受診をしましょう。

●脳腫瘍

頭蓋骨の中にできる腫瘍の総称。成人の場合は大脳に腫瘍が発生するケースが多いのですが、子どもの場合は脳内のさまざまな場所に発生するのが特徴です。

大泉門が閉じる前の1歳未満に腫瘍ができると、頭が大きくなることがあり、大泉門が閉じた1歳以降だと、頭蓋内圧が高まって、頭痛や食欲低下、不機嫌、嘔吐が生じたりすることがあります。

また、腫瘍ができる場所によっては、手足の麻痺が起こるほか、けいれんや発達障害、無呼吸、視力低下、聴力低下、平衡感覚の障害、思春期早発（7～9歳ぐらいに乳房や睾丸が大きくなる、陰毛、月経が出現する）など、さまざまな症状が起こります。

治療の基本

症状に応じて、抗がん剤や放射線、外科手術を検討

急性白血病は骨髄検査で診断し、抗がん剤を使う化学療法、ステロイド投与で治療を行います。化学療法のみでは再発率が高いと判断された場合や、白血病細胞が減らない場合、または再発してしまった場合は造血幹細胞移植が検討されます。

一方、脳腫瘍は造影CT検査やMRI検査によって診断し、外科手術、放射能療法、化学療法を組み合わせて治療します。治療法は腫瘍の種類や、発症時の年齢により異なります。たとえば小脳に腫瘍ができる「髄芽腫」では、腫瘍を摘出した後、放射線療法と化学療法を行うのが標準的です。

がんに関する相談ができる「がん相談支援センター」とは

小児がんの拠点病院には「がん相談支援センター」が設置され、医療ソーシャルワーカーが療養中の不安や疑問に対応してくれます。最近では、「がん看護相談」も増えています。「病気の専門用語がわからない」「治療費について知りたい」「不安な気持ちを聞いてほしい」など、困ったときに利用できます。

基礎知識を知って
おきましょう

子どもが入院することになったら

合併症を起こす恐れがある、検査や手術をするという場合は入院が必要になります。入院費用の助成についても調べておくと安心です。

入院費用の一部は医療費助成の対象に

自治体ごとに異なりますが、未就学児の入院医療費は自治体が支払ってくれるケースがほとんどです（差額ベッド代、入院食などの費用は自己負担）。医療費助成がない場合も、健康保険に加入していれば未就学児の医療費は、２割負担に。

ほかにもいろいろな医療費助成制度が

医療費が高額になった場合は、一定額（自己負担限度額）を超えた部分が払い戻される「高額療養費制度」が利用できます。申請のしかたには、医療費を支払ったあとに申請する方法と、事前申請が。詳しくは加入先の健康保険組合に確認を。

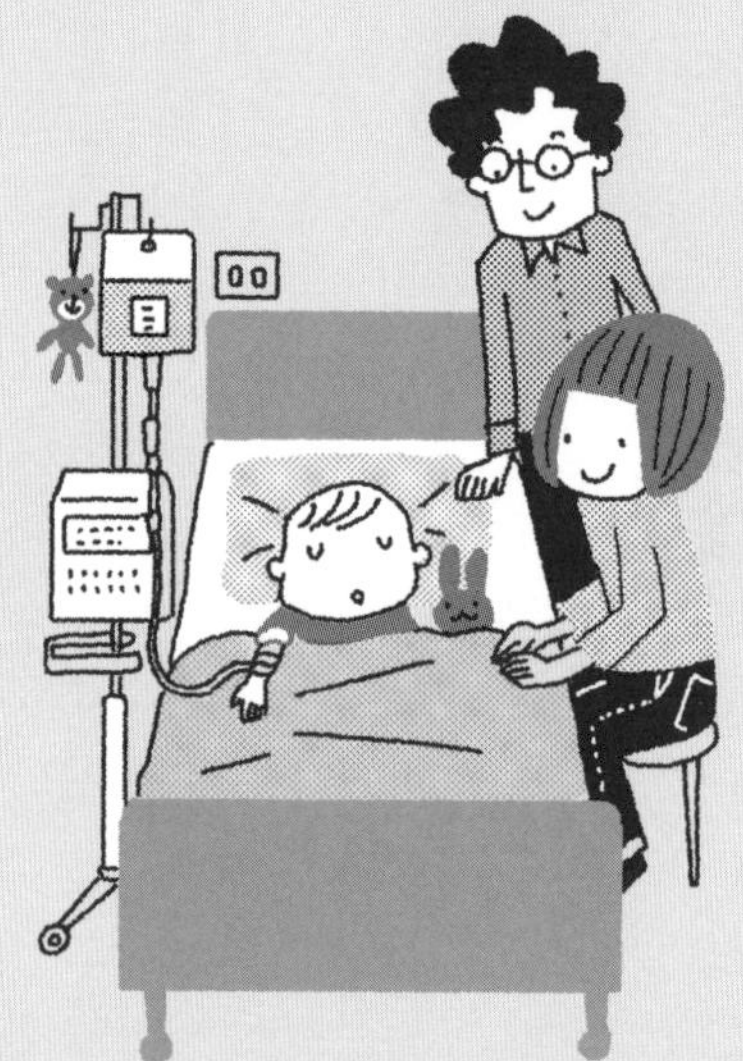

緊急入院と予定入院の違い

高熱が続くなど、症状の悪化が心配されるケースでは、外来の診察時に「直ちに入院治療を始める」と医師が判断することも。その場合は「緊急入院」となります。一方、検査日や手術日を前もって決める場合は「予定入院」です。

付き添いや面会は病院によってさまざま

「完全看護のため付き添いは不可」「24時間の付き添いが必要」「母親のみＯＫ」「個室のみＯＫ」など、施設の方針によって異なります。面会できる時間や人数、年齢制限などが決められていることもあるため、事前に確認を。

入院時に必要なもの

病状や施設によって多少違いが。入院前に施設から資料が配布されることが多いでしょう。

- □ 入院申込書
- □ 診察券
- □ 健康保険証
- □ 母子健康手帳
- □ 公費医療受給者証
- □ お薬手帳
- □ 印鑑
- □ パジャマ
- □ 下着（おむつ）
- □ 水筒
- □ 歯みがきセット
- □ 石けん
- □ シャンプー
- □ 洗面器
- □ タオル・バスタオル
- □ ティッシュペーパー
- □ 上ばき（スリッパ）

※兵庫県立丹波医療センターの場合

PART 4

予防接種と乳幼児健診

赤ちゃんや子どもがかかりやすい重い感染症を予防したり、発達や成長に何らかのトラブルが起きたとき、早期発見をするのに欠かせないのが、予防接種と乳幼児健診です。予防接種では、どんな病気を防ぐことができるのか、乳幼児健診では、どんなことをチェックするのかを紹介。ママやパパの不安や心配も解消します。

種類やしくみを知って、効率よく接種

予防接種の基本とスケジュールの立て方

乳幼児期に受けておきたい予防接種は、種類によって受け方や費用の負担が違います。予防接種の基本を知っておきましょう。

予防接種で赤ちゃんを感染から守り、重症化を防ぐ

予防接種は、病気の原因となるウイルスや細菌の病原性を弱めたり、なくしたりして精製したワクチンを体内に入れ、その病気に対する免疫抗体をつくります。赤ちゃんが自然に感染すると重症化しやすく、後遺症が残ったり、命に危険が及んだりする病気から守る有効な手段です。また、予防接種は赤ちゃんを感染症から守るだけでなく、感染症そのものの流行を抑え、社会から感染症をなくすことにもつながります。

0～6歳までの間に受けておきたい予防接種は10種類（インフルエンザを含めると11種類）。とくに0歳代に打つワクチンは種類、接種回数が多いので、できるだけ早くスタートすることが大切です。早いものでは原則生後2カ月から接種できるワクチンがあります。

予防接種の基本

予防接種の種類は2種類

定期接種

定期接種は、国が予防接種法によって「受ける努力をするべき」とすすめている予防接種。決められた期間内であれば、ほとんどの場合、自治体の負担によって無料で受けられます。

任意接種

希望する人が自費で受ける予防接種。自治体が費用の助成をしている場合もあります。重症化しやすい病気を防げるワクチンに変わりなく、受けなくてよいというものではありません。

ワクチンの種類は3種類

生ワクチン

生きた病原体の病原性を、症状が出ないように最小限に抑え、免疫抗体をつくれるまで弱めたもの。十分な抗体をつくることができますが、種類によっては2～3回の接種が必要な場合も。

不活化ワクチン

病原体の病原性を完全になくし、免疫抗体をつくるのに必要な成分だけを取り出したワクチン。1回の接種では抗体ができないため、複数回の接種が必要です。

トキソイド

基本的には不活化ワクチンとほぼ同じ。細菌の出す毒素のみを取り出して、毒性をなくして作ったもの。十分な免疫抗体をつけるため、複数回の接種が必要です。

受け方は2通り

集団接種

接種時期に適した赤ちゃんが、自治体により決められた日時、場所に集まって接種します。ポリオやBCGを集団接種で行っている自治体もありますが、近年は少なくなっています。

個別接種

かかりつけの小児科などで個別に接種します。病院により予約が必要な場合も。日ごろの健康状態を知る医療機関で接種することが望ましく、予防接種の原則は個別接種。

副反応とは

接種後に生じる目的とは違う反応

ワクチンが体内に入り、目的とは違う反応を起こすことを言います。多くの副反応は接種部位が腫れる、熱が出るなど軽いもので、数日で治まります。ワクチンは副反応が限りなく少なくなるようにつくられていますが、万が一、深刻な副反応が出た場合は国の補償制度があります。

予防接種のスケジュールはかかりつけ医と相談

赤ちゃんの予防接種は、種類も接種回数も多く、スケジュールを考えるのはなかなか難しいもの。赤ちゃんの健康状態を把握してアドバイスをしてくれる、かかりつけ医と相談して進めると安心です。スムーズに進めるには生後2カ月のスタートがポイント。同時接種をすると、効率よく進めることができます。接種のしかたは、集団接種の有無や医師の方針によって違ってくるため、赤ちゃんが生まれたらなるべく早く、かかりつけ医を決めることも大切でしょう。172ページの「接種めやす時期一覧表」も参考にしてください。

POINT

2種類以上のワクチンを同時接種することが基本

複数のワクチンを同じ日に接種することを「同時接種」と言います。同時接種に、接種できるワクチンの本数や組み合わせの制限はありませんが、医師の方針もあるため、心配なことは事前にしっかり確認しておきましょう。

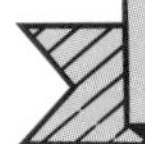

スケジュールを考えるときのポイント

優先度

0歳代は重症になりやすい病気のワクチン、接種時期が限られているワクチンを優先。流行性のある病気は、流行状況をかかりつけ医や自治体に確認して、優先度を上げても。

接種回数

ワクチンにより、接種回数が異なります。乳幼児期に4回接種が必要なものもあるので、できるだけ早い時期から接種を始めましょう。

間隔のあけ方

注射の生ワクチンは次の注射生ワクチンまで中27日以上あけなければいけません。複数回受ける必要のあるワクチンは、次の接種までの期間が決まっているので間隔を確認しましょう。

集団接種の有無

住んでいる地域によっては、集団接種を実施している場合も。受け逃すと、次の接種日時まで受けられないことがあるため、先に予定を入れてスケジュールを考えましょう。

同時接種

接種時期が重なっていれば同時接種でき、医療機関に行く回数を減らすことができます。効率がよいだけでなく、より早く、より多くの病気から赤ちゃんを守ることができます。

こんなときはかかりつけ医と相談

- 接種当日に発熱がある
- 突発性発疹や麻疹、水ぼうそうが治ったばかり
- 接種予定の部位に湿疹がある
- 接種後にアレルギー反応を起こしたことがある
- 予防する感染症にすでにかかっている

など

多少鼻水が出る程度であれば受けられますが、接種当日に37.5度以上の明らかな発熱がある場合は受けられません。ほかに、左記のような心配がある場合は、接種する前にかかりつけ医に相談しましょう。

受けておきたい予防接種と接種時期がわかる

受け方と接種めやす時期一覧表

0歳から受けておきたい予防接種とその接種対象時期をまとめました。接種の流れや持っていくものも知っておくとスムーズです。

予防接種の受け方と注意

予防接種の推奨期間は、その病気にかかりやすい時期やかかったときのリスクの重大さ、安全性、効果を考えて決められています。接種時期になったら早めに受けましょう。接種推奨期間を過ぎても、多くのワクチンは接種できます。ただし、定められた期間を過ぎると定期接種も任意接種扱いになるので自費になります。早めにかかりつけ医に相談しましょう。

持ち物

- 予診票
- 予防接種券（接種カード）
- 母子健康手帳
- 健康保険証
- 乳幼児医療証
- 診察券

★ 必要に応じて
- おむつとおしりふき
- 着替え
- 飲み物
- 筆記用具
- おもちゃ

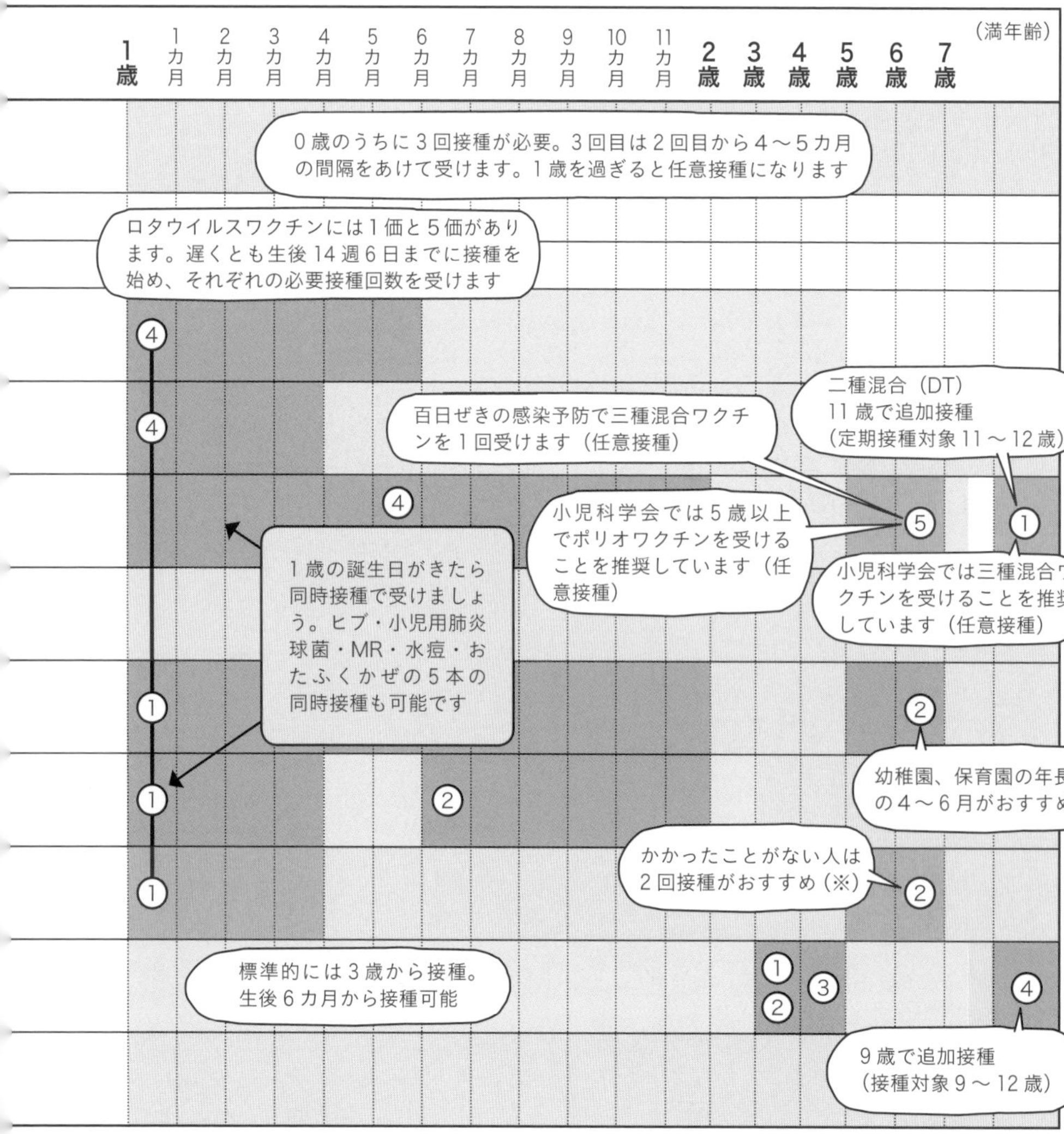

（満年齢）

1歳	1カ月	2カ月	3カ月	4カ月	5カ月	6カ月	7カ月	8カ月	9カ月	10カ月	11カ月	2歳	3歳	4歳	5歳	6歳	7歳

0歳のうちに3回接種が必要。3回目は2回目から4～5カ月の間隔をあけて受けます。1歳を過ぎると任意接種になります

ロタウイルスワクチンには1価と5価があります。遅くとも生後14週6日までに接種を始め、それぞれの必要接種回数を受けます

④ ④ ④

百日ぜきの感染予防で三種混合ワクチンを1回受けます（任意接種）

二種混合（DT）
11歳で追加接種
（定期接種対象11～12歳）

⑤ ①

小児科学会では5歳以上でポリオワクチンを受けることを推奨しています（任意接種）

小児科学会では三種混合ワクチンを受けることを推奨しています（任意接種）

1歳の誕生日がきたら同時接種で受けましょう。ヒブ・小児用肺炎球菌・MR・水痘・おたふくかぜの5本の同時接種も可能です

① ②

幼稚園、保育園の年長時の4～6月がおすすめ

① ②

かかったことがない人は2回接種がおすすめ（※）

① ②

標準的には3歳から接種。生後6カ月から接種可能

① ② ③ ④

9歳で追加接種
（接種対象9～12歳）

― 同時接種　同時に複数のワクチンを接種することができます。

■ 任意接種の推奨期間
※ワクチン製品の添付文書に記載はないが、接種を推奨

日本小児科学会が推奨する予防接種スケジュール2020年10月1日版を改編

こんなときはすぐ受診を

ワクチンを接種後、発熱が2日以上続く場合は、予防接種が原因ではない別の病気の可能性もあるので受診を。また、ごくまれにロタウイルスワクチンの初回接種後に腸重積(P.119)を起こすことも。ぐったりする、血便がある、嘔吐を繰り返すなどの症状があるときはすぐに受診してください。

接種当日の流れ

自宅で
- 朝、体温を測る
- 予診票の記入をしておく

→

病院で
- 母子健康手帳と予診票を提出
- 体温を測る
- 問診・診察を受ける

→

- ワクチン接種を受ける
- 母子健康手帳に接種済のサインをもらう

→

帰宅後

接種後30分程度は様子をよく観察する
- 受けた当日は静かに過ごす
- おふろは入って問題なし
- 何かあったら接種した医療機関に相談を

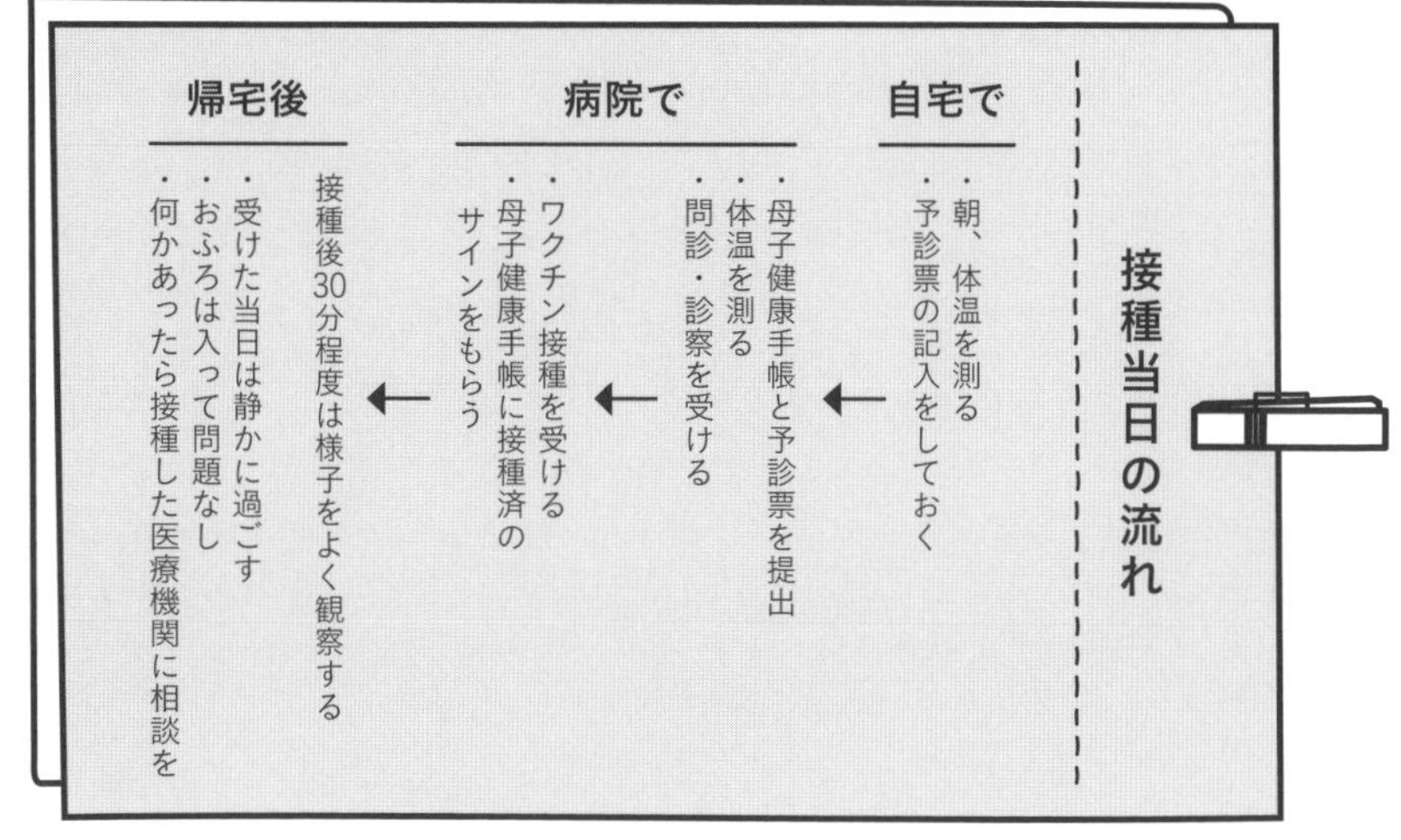

〈接種めやす時期一覧表〉

ワクチン名				0歳	1カ月	2カ月	3カ月	4カ月	5カ月	6カ月	7カ月	8カ月	9カ月	10カ月	11カ月
B型肝炎(母子感染予防を除く)	不活化ワクチン	定期				①	②					③			
ロタウイルス(飲むワクチン)	生ワクチン	定期	1価			①	②								
			5価			①	②	③							
ヒブ	不活化ワクチン	定期				①	②	③							
小児用肺炎球菌	不活化ワクチン	定期				①	②	③							
四種混合(DPT-IPV)三種混合・ポリオ	不活化ワクチン	定期					①	②	③						
BCG	生ワクチン	定期							①						
MR(麻疹風疹混合)	生ワクチン	定期													
水痘(水ぼうそう)	生ワクチン	定期													
おたふくかぜ	生ワクチン	任意													
日本脳炎	不活化ワクチン	定期													
インフルエンザ	不活化ワクチン	任意		毎年、10～11月ごろに2回接種しましょう											

ロタウイルス・ヒブ・小児用肺炎球菌・四種混合の必要接種回数を早期に完了するには同時接種が大切

定期 定められた期間内で受ける場合は自治体の負担により原則無料。

任意 多くは自己負担。自治体によっては助成があります。

定期予防接種の対象期間

おすすめ接種時期(数字は接種回数)

任意接種の接種できる期間

ワクチンと予防できる病気

受けておきたいワクチンの基礎知識と、それぞれのワクチンで防ぐことのできる病気、副反応について解説します。

ロタウイルスワクチン

初回接種は決められた期間までに

ロタウイルス感染による胃腸炎を予防して、重症化を減らす効果があります。２種類のワクチンがあり、接種回数が異なります。生後15週以降の初回接種は推奨されず、決められた時期を過ぎると初回接種が受けられないので注意。

- 予防する病気
  ロタウイルス感染症
- ワクチンについて
  生ワクチン（経口）
- 副反応について
  ずっと機嫌が悪い、激しく泣く、血便が見られる、嘔吐を繰り返すなど、腸重積症を疑わせる症状がある場合は、すぐに受診しましょう。

B型肝炎ワクチン

母子感染予防の接種の場合は、生後すぐに接種

B型肝炎に感染すると、将来的に肝硬変や肝がんに移行する可能性があり、ワクチンで予防します。ママがウイルスを保有しているキャリアの場合、母子感染することがあるため、生後１週間以内に接種。この場合は接種が保険適用になります。

- 予防する病気
  B型肝炎
- ワクチンについて
  不活化ワクチン（皮下注射）
- 副反応について
  発熱や発疹、接種部の腫れが見られることがあります。家で様子をみて問題ありません。気になる症状がある場合はかかりつけ医に相談を。

小児用肺炎球菌ワクチン

ヒブワクチンと同様、細菌性髄膜炎予防に有効

肺炎球菌感染による細菌性髄膜炎や肺炎を予防します。ヒブワクチンとともに、細菌性髄膜炎予防に非常に有効です。ヒブワクチンと同時接種もできます。生後２カ月になったら優先して早めに接種を始めましょう。

- 予防する病気
  細菌性髄膜炎など
- ワクチンについて
  不活化ワクチン（皮下注射）
- 副反応について
  接種翌日に38度以上の熱が出ることがあります。ほとんどの場合１日で治まりますが、機嫌や顔色が悪い場合は受診を。

ヒブワクチン

0歳代でかかりやすい病気。優先して早めの接種を

ヒブ（ヘモフィルス・インフルエンザ菌b型）の感染による細菌性髄膜炎を防ぎます。早期発見が難しい重い病気で、生後６カ月からかかりやすくなります。生後２カ月になったら、優先して早めに接種を開始しましょう。

- 予防する病気
  細菌性髄膜炎など
- ワクチンについて
  不活化ワクチン（皮下注射）
- 副反応について
  接種部が腫れる場合がありますが、2、3日で治まります。また接種翌日に38度近い熱が出ることもありますが、元気であれば様子をみて。ただし、2日以上続く場合は受診。

BCGワクチン

無料で接種できるのは１歳になるまで

結核菌が肺や髄膜に感染し炎症を起こす、結核を予防します。集団接種の場合もあるので、広報誌や保健センターで確認を。１歳を過ぎてから接種すると、任意接種となり自己負担になります。

- 予防する病気
  結核
- ワクチンについて
  生ワクチン（スタンプ）
- 副反応について
  ２～３週間後から接種部が腫れ出し、５～６週間後に最も強く腫れるのは正常に免役がついた証拠。２～３カ月後にはきれいになります。接種10日以内に腫れる場合は受診を。

四種混合（DPT-IPV）ワクチン

重症化しやすい病気。同時接種で効率よく

百日ぜきは新生児でもかかることがあり、６カ月未満でかかると重症化の恐れが。生後３カ月からの接種がおすすめ。ヒブや小児用肺炎球菌、ロタウイルス、B型肝炎ワクチンなどと同時接種すると、効率よく接種できます。

- 予防する病気
  ジフテリア、百日ぜき、破傷風、ポリオ
- ワクチンについて
  不活化ワクチン（皮下注射）
- 副反応について
  接種部が腫れる場合がありますが、２～３日で治まります。接種部にしこりができることがありますが、１～２カ月で小さくなります。

水痘（水ぼうそう）ワクチン

感染力が強く、重症例も。免疫をしっかりつけて予防

全身にかゆみのある発疹が出て、水ぶくれになり、かさぶたに変化して1週間程度で治まります。感染力が強く、重症例もあり、あなどれません。保育園に通っている、入園予定の場合は、1歳になったら早めに接種を。

- 予防する病気
  水痘（水ぼうそう）
- ワクチンについて
  生ワクチン（皮下注射）
- 副反応について
  ほとんどありませんが、発疹がひどい場合や38度以上の発熱がある場合は受診しましょう。

MRワクチン（麻疹風疹混合ワクチン）

1歳になったら優先的に接種して

麻疹は高熱と全身の発疹が見られ、重症化しやすい病気。風疹は発熱、発疹とともに、耳の後ろのリンパ節が腫れます。1歳になったら優先的に接種したいワクチンです。任意接種で生後6カ月からの接種も可能。

- 予防する病気
  麻疹（はしか）
  風疹（三日ばしか）
- ワクチンについて
  生ワクチン（皮下注射）
- 副反応について
  接種7～10日後に発熱や発疹が出ることがありますが、1日で治まります。熱が続く、けいれんを起こした場合はすぐ受診。

日本脳炎ワクチン

流行している地域では早めの接種も可能

日本脳炎はかかっても多くの場合、症状が出ません。数は少ないものの、急性脳炎を引き起こすことがあります。標準的な第1期の接種年齢は3歳からですが、流行している地域では生後6カ月以降で早めの接種も可能です。

- 予防する病気
  日本脳炎
- ワクチンについて
  不活化ワクチン（皮下注射）
- 副反応について
  接種部が腫れることがありますが自然に治ります。38度以上の熱が続いたり、意識がおかしかったりする場合は受診を。

おたふくかぜワクチン

保育園など集団生活をする場合は接種を

おたふくかぜは、かかっても軽症で済むことが多いですが、難聴や脳炎など合併症を引き起こすケースも。水痘と同様、保育園など集団生活をする場合は、1歳になったら早めに接種しておきましょう。

- 予防する病気
  おたふくかぜ（流行性耳下腺炎）
- ワクチンについて
  生ワクチン（皮下注射）
- 副反応について
  2～3週間後に熱が出たり、耳の下が腫れたりすることがありますが、自然に治ります。嘔吐や、発熱もあり機嫌が悪い状態が続く場合は受診を。

パパ と ママ へ

子宮頸がんワクチンの有効性が報告されています

子宮頸がんワクチンは2013年に「接種の積極的な推奨」が一時的に中止されました。ですが、国内外でワクチンの有効性が報告されており、接種のメリットは大きいです。日本では、小学校6年～高校1年相当の女子が定期接種で受けることが可能です。

インフルエンザワクチン

肺炎や脳症などの重症化を予防

乳幼児期にインフルエンザにかかると、気管支炎や肺炎、脳症など重症化しやすいため、予防接種が大切。生後6カ月から接種できます。毎シーズン、流行する前に2回目の接種が終わるように受けるといいでしょう。

- 予防する病気
  インフルエンザ
- ワクチンについて
  不活化ワクチン（皮下注射）
- 副反応について
  接種部が腫れることがありますが、自然に治まります。呼吸困難や嘔吐、38度以上の熱が続く場合は受診しましょう。卵アレルギーがあっても接種に問題はありません。

乳幼児健診（健診）の受け方

赤ちゃんの発育、発達の状態をチェックするのが乳幼児健診。いろいろな視点から赤ちゃんを観察する大切な機会です。

トラブルの早期発見につながり、育児をサポートする役割も

赤ちゃんの成長過程で、「キーエイジ」といわれる発育や発達の節目、かつ病気を発見しやすい月齢があります。乳幼児健診はそのキーエイジに行われ、身長の伸び、体重の増え具合や健康状態、運動機能、心の発達の様子を確認し、トラブルの早期発見、早期治療につなげることが目的。ママ・パパでは気づきにくいトラブルのサインを見逃さないため、きちんと受けましょう。

また、医師だけでなく保健師や栄養士、歯科医などがいる場合もあり、さまざまな視点から赤ちゃんを観察します。ママ・パパが普段、気になっていることや育児の不安、悩みに対し、それぞれから専門的なアドバイスが得られるチャンス。乳幼児健診はママ・パパの気がかりを解消し、育児をサポートする役割もあるのです。

乳幼児健診の基本

費用

数回は公費負担で無料。それ以外は自費

自治体が実施している乳幼児健診は、公費負担のため無料。自治体が設定する月齢以外で受ける場合は、健康保険の適用外で全額自費です。費用は病院によって違います。

回数

回数、月齢は自治体により異なる

どの月齢で実施するかは自治体により異なります。１歳までに２～３回と１歳６カ月、３歳が多いようです。それ以外の月齢でも、気になることがあれば受けることができます。

受け方

● 個別健診
かかりつけ医などで個別に受ける

自治体から事前に配布された受診票を持って、かかりつけ医など病院で個別に受けます。赤ちゃんの体調やママの予定に合わせて受けられるメリットがあります。

● 集団健診
指定された日時、場所に集まって行う

決められた日時に、保健センターなどで集団で行います。同時に予防接種を行う自治体も。同じ月齢の子がいるママが集まるので、育児の情報交換ができる場にもなります。

乳幼児健診のスケジュール

公費負担で、無料で受けられる月齢は自治体によって異なります。どの月齢かは通知や広報で確認を。定められた時期にきちんと受けましょう。

- **1カ月健診**　基本は出産した産院で受診
- **3～4カ月健診**　集団健診
- **6～7カ月健診**　多くはかかりつけ医で受診（自治体により集団もあり）
- **9～10カ月健診**　多くはかかりつけ医で受診（自治体により集団もあり）
- **1歳健診**　希望者がかかりつけ医に受診
- **1歳6カ月健診**　集団健診（自治体により個別もあり）
- **3歳健診**　集団健診
- **就学前健診**　居住学区の小学校で集団健診

全身状態の確認のほか 栄養・生活指導も受けられる

乳幼児健診で行われるのは、身長や体重などの測定、聴診、触診、皮膚や手足の指、性器などの視診、口の中の診察と全身のチェックと、月齢に応じた運動機能や保護者とのかかわりの様子、心の発達の様子などの確認です。また、母乳やミルク、離乳食についての栄養指導や生活習慣の指導なども行います。どの月齢の健診で集団健診、個別健診を行うかは自治体により異なりますが、個別健診は普段の様子を知っている、かかりつけ医で受けると安心です。

また、健診の結果、場合によっては「様子をみましょう」と言われることがあるかもしれません。それは、問題があると判断をするには時期が早すぎたり、成長とともに自然に治る可能性が高かったりするため、経過を観察するということ。次の健診もしくは指定された時期に受診して、改めて確認しましょう。発育や発達具合には個人差があります。心配なことは医師に相談し、アドバイスをもらいましょう。

乳幼児健診での主な検査

触診

おへその状態、内臓の腫れやしこりがないか、姿勢や首にトラブルがないかなどを、手で触って確かめます。触診の30分前までに母乳やミルクを済ませておくのがおすすめ。

問診

日ごろの家での様子について聞きます。健診でチェックしたいことがうまく行えなくても、問診のときのママと赤ちゃんの様子から確認できることもあります。

身体測定

身長と体重はどの月齢でも行われます。順調に発育しているかを確認する大きなめやすとなります。体重の増え具合により、母乳やミルク、離乳食の量について相談できます。

耳・聴力の診察

耳の中に、ただれや腫れなどはないかをチェックします。音を耳元で鳴らし、反応を見て耳の聞こえを調べることもあります。

口の中の診察

舌やのど、口の中に異常はないかを調べます。また、月齢に応じて、歯の生え具合なども確認します。3歳健診で歯科検診を行う場合も。

聴診

聴診器で心臓の音や呼吸音をチェックし、問題がないか調べます。心雑音は成長とともに消えることが多いですが、精密検査を要することも。

精神発達の診察

保護者に抱っこされているときの様子や言葉かけをしたときの反応などで親子関係や心の発達を確認します。個人差が大きいので、定期的に健診で様子をみていきます。

運動発達の診察

月齢に応じて、おすわりやはいはい、つかまり立ちや歩行、体のバランス、指先や手足の動きなど、運動機能を確認。個人差があるため、健診で定期的にチェックします。

性器の診察

男の子は陰嚢（いんのう）を調べ、腫れていないか、睾丸（こうがん）が入っているかを確認。女の子は外陰部にトラブルがないかをチェックします。

1カ月健診

先天的な病気の有無や体重増加を確認

先天性の病気が隠れていないか調べる大切な健診です。身長、体重、胸囲や頭囲の測定、触診、聴診などで全身をくまなく観察します。おへその状態や黄疸、斜頸、股関節脱臼の有無を確認するほか、新生児特有の原始反射をみて、中枢神経の発達がどうかも調べます。また、体重増加で授乳量がたりているかどうか判断し、著しく少ない場合は授乳方法の指導があります。母乳育児で不安なことや、赤ちゃんの飲み具合、飲ませ方についても、相談にのってもらえるいい機会です。頭蓋内出血予防のために3回目のビタミンK_2シロップが投与、もしくは処方されます。

POINT

生まれた産院で受けるのが基本

赤ちゃんの1カ月健診は、ママの体の回復具合を確認する必要もあるため、出産した産院で受けることがほとんど。生後3週間から1カ月後に設定され、退院時に相談して決めることが多いでしょう。

主なチェック項目

筋肉の緊張をチェック

赤ちゃんの両手を持って引き起こし、筋肉にこわばりがないか確認します。また、体を持ち上げたときの筋肉の様子もみます。

原始反射のチェック

生まれながらに持っている反応のこと。わきの下で支えて足を床につけて前傾させると歩くような動作をする歩行反射、口元にふれたもの吸おうとする吸綴（きゅうてつ）反射（はんしゃ）などを調べます。

● そのほかのチェック項目

- □赤ちゃんの大泉門のふくらみの状態
- □股関節の開き具合、股関節脱臼の有無
- □目の色や動きに異常がないか
- □おへその乾き具合や出血の有無
- □うんちの色の確認
- □脂漏性湿疹やおむつかぶれの有無

岡本先生からのアドバイス

体重増加が良好かどうかは1日25g以上をめやすに

体重がどれくらい増えたかを心配するママ・パパは多いでしょう。1日に赤ちゃんの体重（kg）×150ml飲めていれば、十分に体は大きくなっていきます。母乳育児だと飲んでいる量がわかりにくいですが、1日25g以上増えていれば良好と考えてください。

3〜4カ月健診

首のすわり具合や目が合うか、耳が聞こえるかをみます

発達具合を確認するポイントとなる健診。そのため、ほとんどの自治体が無料で受けられるようにしています。チェックポイントとしては、首のすわり具合の確認です。3カ月で完全に首がすわるわけではありませんが、赤ちゃんの体を支えて座らせたときの頭や首の状態や、両手を持って引き起こしたときに首がついてくるか、うつぶせにしたときに首を持ち上げるかなどで確認します。また、ペンライトやおもちゃなどを動かしたときに目で追うか、耳の近くで音を出したときに反応するかなどで目や耳の機能もチェック。あやすと笑うかどうかで心の発達についても確認します。

POINT

地域の子育て支援の情報が得られる

集団健診で行う自治体もあり、ママ・パパが初めて地域の保健センターに訪れる機会になる場合も。ママの不安や悩みの相談にのってもらえる場所や、子育て支援センターの情報を得ることもできます。

主なチェック項目

首すわりのチェック

赤ちゃんをあお向けに寝かせた状態から、ゆっくりと両手を持って引き上げ、頭がどのくらいついてくるかチェック。うつぶせにして頭が上がるかどうかを見る場合も。

視覚、聴覚のチェック

聴覚は、赤ちゃんの耳の近くで音のなるおもちゃを使ったり、声をかけたりしたときの反応で確認。視覚は目の前でおもちゃや指を動かして、目で追うか、目が合うかを確認します。

● **そのほかのチェック項目**

- □体を傾けたときに元の位置に戻ろうとするかどうか
- □斜視がないかどうか
- □斜頸がないかどうか
- □左右の脚の長さに違いがないか
- □両ひざの高さが同じかどうか
- □股関節の開き具合はどうか
- □あやすと笑うかどうか
- □外気浴をしているかどうか

岡本先生からのアドバイス

首がすわっていないケースも。あやしたとき笑えば大丈夫

4カ月の時点で首がすわっていないケースは約6.2%あります。首がぐらついていても、視線が合い、あやしたときに笑うようであれば、まず心配ありません。また体重が増えすぎと言われることもあるかもしれません。その場合、成長曲線をつけて経過を追うことが大切です。

6～7カ月健診

おすわりや寝返りなどを確認。個人差が出てくる時期

発達のポイントになるのは、おすわりや寝返りをするかどうかです。ただし、発達に個人差が出てくるころで、おすわりの場合、6～7カ月では、できない子どものほうが多いです。寝返りも、足を交差させるまで大人が手伝えば体をねじる子も。完璧にできなくても問題ありません。そのほかにおもちゃに興味を示して手を伸ばしたり、つかんで持ち替えたりするかも観察。あやしたときやママ・パパに抱っこされているときの様子や人見知りのあるなしなども観察し、心の発達具合もみます。泣いてうまくできなくても、家での様子も参考にするので心配いりません。

POINT

多くはかかりつけ医で受ける個別健診

集団健診を行っている自治体もありますが、かかりつけ医で個別に受けることが多いです。公費によって無料で受けられるか、自費で受けるかも住んでいる自治体によって違うので確認しましょう。

主なチェック項目

手指の発達のチェック

おもちゃなど興味を持ったものに、手を伸ばし、指を使ってしっかりつかめるかを見ます。おもちゃを持ち替えられるかどうかも観察しますが、この時期はできなくても大丈夫。

神経発達のチェック

顔の上にハンカチなどをかけて、自分で取り除けるかどうかを観察。視野がふさがれることを嫌がり、意思どおりに手を動かせるかをチェックします。泣いてできない場合も。

● そのほかのチェック項目

- □おすわりをするか、手を前について体を支えようとするか
- □寝返りや体のねじり具合はどうか
- □引き起こしたとき体を起こそうとするか
- □ひざのばねを上手に使えるかどうか
- □耳の聞こえはどうか
- □歯が生え始めているか
- □離乳食の進み方はどうか

岡本先生からのアドバイス

パパの「たかいたかい」など、平衡感覚を育む遊びを

体幹がしっかりしてくる時期。「たかいたかい」など、平衡感覚を育む遊びを取り入れましょう。体力が必要な遊びですから、ここはパパの出番ですね！　まだ1人でおすわりができないと心配になるかもしれませんが、9カ月ごろにできるようになれば問題ありません。

9～10ヵ月健診

はいはいなどの運動発達や手指の発達をチェック

おすわりやはいはい、つかまり立ちなど、運動発達の様子が大きなチェックポイントです。はいはいをしなかったり、ずりばいや高ばいをしたりと、はいはいの様子は個人差が大きいので、どんな形でも心配はいりません。赤ちゃんの体を抱え、前に傾けたとき、両手を広げてバランスをとろうとする「パラシュート反射」をするかどうかで、中枢神経の発達をみます。小さいおもちゃを渡し、親指とほかの指を使ってつまめるかも観察します。

主なチェック項目

精神発達のチェック

愛着心や認知能力が芽生えることで、人見知りが始まり大泣きをする子も。それも心の発達の表れで心配ありません。ママやパパの話しかけに反応するか、まねをするかなども観察します。

運動発達のチェック

大人の支えなしにおすわりするか、はいはいでママやパパに向かっていくか、台などにつかまって立つかなどを観察します。個人差が大きいので、できないことがあっても大丈夫です。

● そのほかのチェック項目

- □おもちゃをつかんだり、持ち替えたりするか
- □１人で機嫌よく遊んでいるか
- □あと追いをするか
- □歯の生え方、形などで気になるところはないか
- □音に反応するか
- □歯みがき（寝かせみがき）をしているか
- □離乳食の進み方はどうか

1歳健診

つかまり立ちや伝い歩き、言葉の理解度を確認

つかまり立ちや伝い歩きをし始め、中には1人で立つ子や、早い子ではあんよができる子も出てきます。1歳健診ではそれらの様子を観察し、運動発達を確認します。発達の個人差の幅が広い時期なので、うまくできないからといって、心配することはありません。

そのほかに、ママ・パパや大人が声をかけたり、名前を呼んだりしたときの反応や、「バイバイ」など大人のまねをするかなどを観察し、言葉の理解度や心の発達を確認します。人見知りをして泣いてしまい、その場でできない場合は、家での様子を参考にしてチェックします。

POINT

実施していない自治体も。同時に予防接種も可能

自治体によっては、1歳健診を実施していないところも。その場合は自費になりますが、心配なことがあればかかりつけ医で受けてもいいでしょう。また、MRや水ぼうそうなどの予防接種を健診と一緒に済ませることも可能です。

主なチェック項目

神経発達のチェック

「バイバイ」「いいこ、いいこ」など大人のまねをしたり、「はい、どうぞ」と出されたものを受け取ろうとするなど、言葉を理解しているかを観察します。

運動発達のチェック

診察台や物につかまり、つかまり立ちをするか、その姿勢から伝い歩きをするかどうかを見ます。手の使い方や足の動き、バランス状態などを確認します。

● そのほかのチェック項目

- □1人立ちをするか
- □歯の生え具合や虫歯の有無
- □大人が相手になって遊ぶと喜ぶか
- □離乳食の進み具合や量
- □これまでに受けた予防接種
- □視覚の様子
- □聴覚の様子

岡本先生からのアドバイス

誕生日おめでとうございます！ママ・パパも2年目に

お子さんが1歳になったのと同時に、ママ・パパも2年目。本当におめでとうございます。成長の個人差が大きく出てくるこの時期は、不安になりがちかもしれません。ですが「うちはうち」と思うほうが気楽に子育てできると思いますよ。

1歳6カ月健診

歩行の様子やコミュニケーション能力が健診のポイント

心身の発育、発達の大切な節目であるため、ほとんどの自治体が行っています。チェックポイントの一つは、1人で歩けるか、左右でバランスをとりながら、つまむ、つかむなど手指を自由に使えるかといった運動機能の発達具合です。あんよの様子を見たり、おもちゃで遊んでいる様子を見て確認します。

また、動物の名前を伝えて、その絵を指さして答えるか、「ちょうだい」「どうぞ」などのやりとりができるかなどを観察。言葉を理解しているか、コミュニケーションがとれているかどうかも大切なチェックポイントです。

POINT

歯科検診を同時に行う自治体も

乳前歯がだいぶ生え、乳臼歯も生える時期でもあり、歯科検診を健診と同時に行う自治体もあります。仕上げみがきの指導やフッ素塗布なども行われます。

主なチェック項目

運動発達のチェック

ママやパパに向かって1人で歩いていく様子などで歩行のチェックをします。積み木を重ねる、手に持ったおもちゃを動かすなど、手指を使った遊び方を確認する場合も。

神経発達のチェック

絵を見せて、大人が質問すると指さしで答えるか、名前を呼んだときに振り返るかなどを観察。「ママ」「ブーブー」など意味のある言葉が3つぐらい出るかどうかも確認します。

● そのほかのチェック項目

- □自分でコップを持って飲み物を飲めるか
- □目の動きがおかしいと感じたことはないか
- □どんな遊びが好きか、1人で機嫌よく遊んでいるか
- □食事やおやつの時間、内容
- □歯みがき、仕上げみがきの習慣、フッ素塗布の履歴
- □排便の様子、トイレトレーニングの様子

岡本先生からのアドバイス

発達の評価に適した節目の中でも大切な時期の健診

発達具合を確認する大切な時期のため、チェック項目もたくさんあります。不安な点を指摘される場合もあるかもしれませんが、運動面、言葉の発達面、どちらか単独の遅れなら、多くは問題ありません。成長を継続してみていきましょう。

3歳健診

乳幼児期を評価する最後の健診

多くの自治体で、乳幼児期に行う最後の定期健診になります。このあとは小学校入学前の就学前健診まで、自治体の健診は行われないため、とても大切です。ぜひ受けるようにしましょう。

視力や聴力、尿検査は、事前に検査のためのキットが送られて、家庭で行う場合も。自分の名前を言えるか、医師の質問に答えるかなど言葉の理解度を確認したり、ごっこ遊びをするか、1人で着替えや手洗い、歯みがきをするかなど生活の様子をママ・パパに聞くなどして、心の発達具合を確認します。

健診と同時に歯科検診を行う場合も。虫歯の有無や歯並びを確認します。歯みがきの指導を行う自治体もあります。

岡本先生からのアドバイス

大人が受ける健康診断に近づきます

3歳健診は、視力検査や尿検査など今までとは違う確認項目が出てきます。大人が毎年受ける健康診断と同じ内容が入っていますね。お子さんの体が成長し、少しずつ大人に近づいてきていることを示しています。

● そのほかのチェック項目

- □クレヨンなどで丸（円）を書くか
- □階段を上れるか
- □物を見るとき目を細めたり、極端に近づけてみたりしないか
- □指しゃぶりをしていないか
- □よくかんで食べるか、スプーンやはしは使うか

就学前健診

小学校入学に際し健康状態をチェック

次の年の4月から小学校入学予定の子どもが受ける健診で秋ごろに行われます。小学校での集団生活に備えて、健康状態や、配慮や援助が必要ないか確認します。気になることがあれば、生活習慣の見直しや治療をしたり、専門施設につなげたりして入学前に準備をします。

基本的に、会場は入学予定の小学校になります。国立、私立小学校に通う予定でも地域の小学校で受けられます。健診の内容は、内科、眼科、歯科、耳鼻科のほか、学習適応検査などを行います。また、健康調査書や母子健康手帳をもとに、かかった病気や予防接種の状況なども確認します。健診の間、ママ・パパは別室で待機することが多いようです。

岡本先生からのアドバイス

個性を発揮しやすい環境を教えてくれるヒントに

子どもの行動に気になることがあり、不安なママ・パパもいるでしょう。就学前健診は行動特性の強さや支援の必要性をみる場です。そして、子どもの個性を発揮しやすい環境づくりのヒントが得られる機会になると思います。

就学前健診の流れ
※自治体によって異なります

- ○受付　事前に送られてくる健康調査書に記入して提出します。
- ○健診　多くの場合、ママ・パパは待機。内科検診、聴力検査、眼科検査、歯科検査、耳鼻科検査、学習適応検査など
- ○面談　入学の意思の確認。

予防接種 Q&A

Q インフルエンザの予防接種は子どもも毎年受けたほうがいいのですか？

A 重症化を防ぐためにも受けましょう

2歳未満のインフルエンザワクチンの有効性が報告されています。生後6カ月から接種可能です。赤ちゃんがかかると重症化しやすいですから、毎シーズン受けましょう。ママやパパからの感染を防ぐ意味でも、家族みんなで接種することをおすすめします。

Q 飲むワクチンを接種したあと、吐いたら受け直しが必要ですか？

A 飲むタイプはロタウイルスワクチンのみ。少量であれば再投与は必要ありません

飲むタイプのワクチンはロタウイルスワクチンです。「ロタリックス」と「ロタテック」の2種類がありますが、どちらも少量を吐き戻した程度であれば再投与はしません。ロタリックスでは、接種直後10分以内に大量に吐いたときのみ再投与をします。

Q 1歳で保育園に入園します。それまでに受けたほうがいいワクチンは？

A 水ぼうそうやおたふくかぜはぜひ接種を

保育園に入園予定の場合、予防するだけでなく、周囲にうつさないためにも、かかりやすい感染症の予防接種はしておきたいもの。水ぼうそうやおたふくかぜは1歳になればすぐに接種できますから、ぜひ受けておきましょう。

Q 予防接種を受けた帰りがけに買い物に行ってはダメですか？

A しばらく様子を見つつ、いつもどおりで問題ありません

問題ありません。ただし、ワクチンの接種後はしばらく赤ちゃんの様子を観察しましょう。また、嘔吐や下痢など起こしたとき、副反応によるものかわからなくなるため、飲食は接種後30分たってからにしましょう。

Q 予防接種で免疫がついても病気にかかることがあるのはなぜ？

A 感染を100%防止はできませんが、リスクを減らすことができます

水ぼうそうのワクチンは接種しても約30%の人はかかることがあります。抗体を獲得しても徐々に低下する場合や、まれに接種しても抗体がつかない人もいます。いずれにせよ、感染自体を100%抑えることは期待できませんが、かかっても軽く済み、重症化を防ぐことができます。

乳幼児健診 Q&A

Q 1歳6カ月健診のあと、3歳まで健診の機会がないのが心配です。

A 心配があれば2歳で健診を受け、確認をしましょう

1歳6カ月健診で大丈夫と言われたら、3歳健診まで待って問題ありません。もし、健診のときに様子をみましょうと言われ、少しでも心配なことがあれば、かかりつけ医で2歳で健診を受けて確認しましょう。

Q 集団健診に行くときに、上の子を連れていっても大丈夫ですか？

A 検査が多く、時間がかかる健診は、可能ならば預けて

連れていくのは問題ありません。ただ、1歳6カ月健診、3歳健診は検査項目が多く、時間がかかるため、多くのママ・パパが疲れたと感じると思います。負担を軽くするために、可能であれば、家族などに預かってもらうことをおすすめします。

Q 1歳6カ月健診で大泣き。それでも正確に発達を確認してもらえますか？

A 家での様子も参考にするので心配しないで

家ではできることが健診ではできない、人見知りで大泣きしてできないというのはよくあることです。家での様子も参考にするので、心配ありません。ママ・パパもリラックスして健診を受けてください。

Q まだ、はいはいをしません。健診までに練習をしたほうがいいですか？

A あせる必要はありません 体を動かす働きかけを

あせる必要はありませんが、ママやパパのちょっとした働きかけで発達が促されます。床のスペースを広くとり、お気に入りのおもちゃを少し離して置いてみましょう。頑張ったらとれるという体験を重ねて、体を動かすことが楽しくなっていくと思います。

Q 集団健診でなく、全部かかりつけ医に健診してもらうのは可能ですか？

A 可能ですが、専門家にみてもらえなくなります

健診をすべてかかりつけ医で受けることは可能です。ですが、集団健診は健診と同時に歯科医や保健師、栄養士など、専門家にみてもらえるメリットがあります。また、自治体が実施する集団健診を受けずに、個別で健診を受ける場合は自己負担になります。

PART 5

赤ちゃんや
子どもに
よく処方される薬

赤ちゃんや子どもによく処方される薬は、飲みやすいように甘い味がついているのが一般的。それでも飲ませるのに苦労する場合も少なくありません。そこで上手に飲ませる方法や塗り薬や坐薬など外用薬の適切な使い方を解説します。また、よく処方される薬の効能をはじめ、薬の味や混ぜるのにおすすめな食べ物なども紹介します。

薬の飲ませ方・使い方

スムーズにケアするために知っておきたい

子どもの年齢、病気・症状によって、さまざまな形状の薬が処方されます。飲ませ方・使い方のコツを知っておくと安心です。

薬の効果が病気や症状を治す手助けに

子どもの病気で処方される薬は、さまざまあり、効果によって大きく4つの目的に分類できます。まずは子どもがつらそうにしている症状を和らげるための薬。次に細菌やウイルスなど病原体を倒し、増殖を抑える薬。そして、体の中でたりないものを補ったり、多すぎるものを抑えたりする薬。さらに予防のための薬です。適切な薬を使うことで、子ども自身の回復しようとする力を助けることができます。

POINT

薬の処方のために医師に伝えること

- 子どもの年齢（月齢）や体重
- 現在使っている薬や最近まで使っていた薬があるか
- アレルギーの有無と、過去に使った薬で副作用があったか

薬を使うときに気をつけること

薬を使う間隔や回数

自己判断で間隔や回数を変えるのは禁物。ただし、「保育園に通っていて昼に薬を飲めない…」などのときは、ライフスタイルに応じて回数の変更ができる場合もあるので、医師に相談を。

用量分を飲めなかったとき

風邪のときの鼻水やせき症状を抑える薬などを除いては、基本的に処方された量は確実に飲みましょう。どうしても飲めなかったときは、かかりつけ医に相談を。

1回分抜いてしまったとき

自己判断で、飲めなかった1回分を次回に追加するのはやめましょう。処方された量・回数を守るのが基本。飲めなかった場合はどうしたらいいか、かかりつけ医に相談しましょう。

症状が治まったとき

症状がよくなったからと、自己判断で薬をやめるのはNG。処方された分は使いきって。ただし、薬によっては症状が治まったらやめていい場合も。診察時、医師に確認しましょう。

効き目が感じられないとき

レベル10の症状を一気に0にする薬はまずありません。もともと効果が穏やかな薬を処方することもあります。すぐに効き目を感じられないと不安になりがちですが、指示どおりに続けて。

こんなときは受診

- 薬を使ったあと、発疹や発赤、かゆみが出た
- 症状が悪化した
- 嘔吐や下痢など普段と違う様子がある

頻度は非常に少ないですが、薬に体が過敏に反応しアレルギー症状を起こす場合も。薬を飲ませたあと、発疹やかゆみ、下痢、嘔吐など気になる症状が現れたら受診し、薬が原因か判断してもらいます。症状が悪化した場合も受診しましょう。

薬の飲ませ方・使い方のコツ

薬の形状により、飲ませ方や使い方が違います。
手早く、子どもに薬を飲ませる工夫を紹介します。

シロップ薬

甘みをつけるなど飲みやすくした液体薬

液状の薬です。泡立たないように軽く上下に振って中身を均一にし、1回分を正確にはかって飲ませます。飲ませたあとは、湯冷ましなどを飲ませましょう。

スポイトを使って飲ませる

哺乳びんの乳首を嫌がる赤ちゃんなどにおすすめ。薬局で売っている薬用のスポイトで、先を赤ちゃんの頬の内側に沿わせて押し出します。

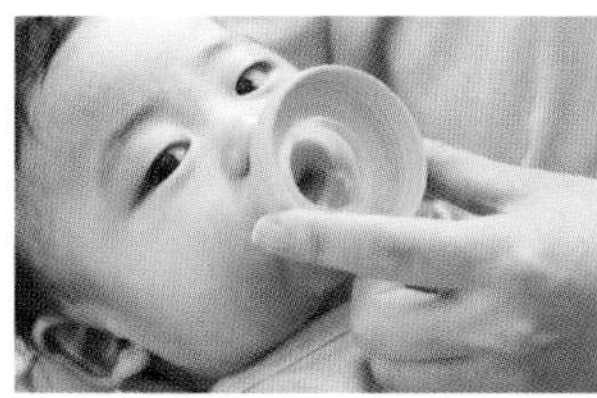

哺乳びんの乳首で飲ませる

月齢の低い赤ちゃんにおすすめの飲ませ方。先に哺乳びんの乳首を吸わせ、はかったシロップを入れて飲ませるとスムーズです。

小さな容器を使って飲ませる

コップで飲める赤ちゃんは、おちょこサイズの小さなコップに入れて飲ませます。むせたり、吐き出したりしないよう、少しずつ。

スプーンで飲ませる

スプーンに慣れている子向き。こぼさない量を数回に分けて飲ませます。口の少し奥のほうにスプーンを入れて、流し込むように。

- **おなかがいっぱいで嫌がってしまう場合は、無理じいしないで。しばらくたってから飲ませればOK。**
- **容器から出したシロップ薬を元に戻すのはNG。必ず廃棄して。**
- **一気に飲ませるとむせたり、吐いたりすることも。少しずつ飲ませます。**

粉薬

数種類の薬を混ぜて処方されることも

粉薬は赤ちゃんや小さい子どもには、そのままで飲みにくいため、水で溶かしたり、練ったりして与えます。混ぜるのは飲ませる直前に。数種類の薬を混ぜて処方される場合も。

水で練って頬の内側や上あごに塗る

ペースト状にした薬を清潔な指先につけ、頬の内側や上あごに塗ります。口の中に薬が残らないよう飲んだあとに湯冷ましなどを飲ませて。

水に溶かして、飲みやすい方法で飲ませる

小皿に粉薬を出し、少量ずつ水を加えて溶かします。一口で飲めるくらいの量にするといいでしょう。最後に湯冷ましなどを飲ませます。

ヨーグルトやプリンなど食べ物に混ぜる

薬によっては混ぜてはいけない食品もあるため、かかりつけ医や薬剤師に事前に確認しましょう。

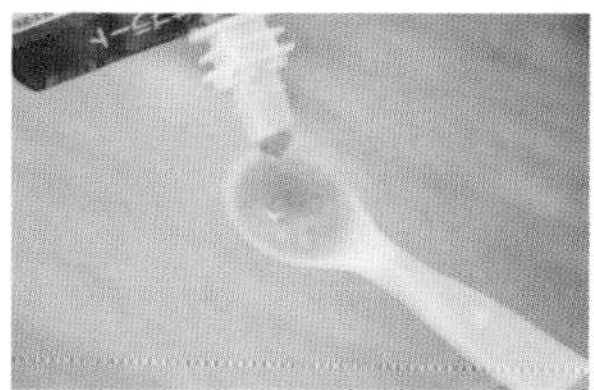

ゼリー状オブラートに包む

スプーンに市販のゼリー状オブラートを出し、その上に粉薬をのせて、さらにゼリー状オブラートを出して包み込み、飲ませます。

- **水や食品に混ぜたあと放置すると、成分が変化してしまうこともありNG。**
- **おかゆやミルクなど主食となるものには混ぜないで。味を嫌がって、以降、主食を食べなくなることも。**

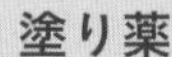

多くは湿疹、かぶれなど皮膚トラブルに処方

塗り薬は、湿疹やかぶれなど皮膚トラブル、口内炎など患部に直接塗って治す薬です。軟膏やクリーム、ローションといった形状があり、症状によって種類も量も異なります。

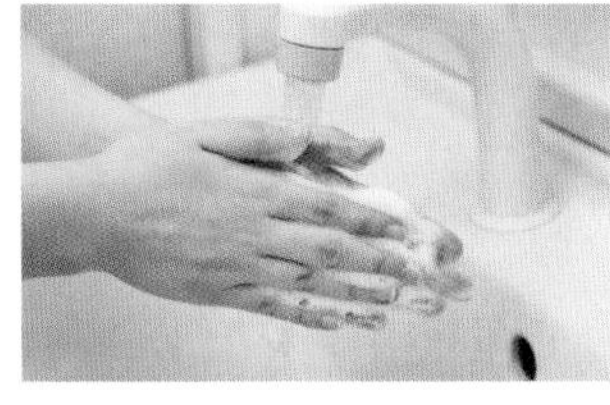

①塗る部分とママ・パパの手を清潔に

入浴などで、患部を清潔にしてから塗ります。薬を塗るママ・パパの手もしっかり洗って清潔にしておきましょう。

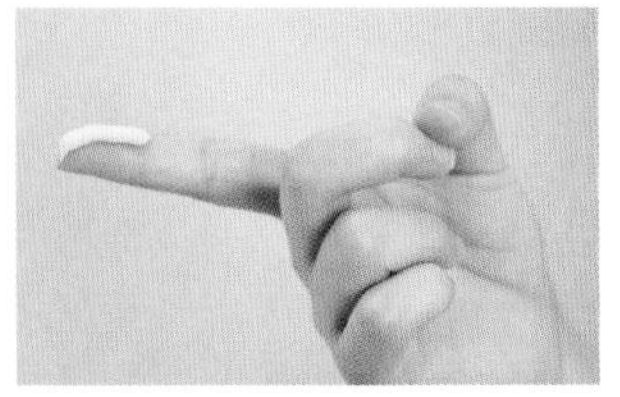

②指の第一関節分を両手分の範囲に

大人の人差し指の先端から第一関節くらいまでの量が両手分の広さに塗る目安量。1回量を患部に小分けに乗せてから塗り広げます。

- チューブから直接患部に塗ると、雑菌が入る恐れがあるので厳禁。
- 薄く伸ばして塗っても効果がないのでNG。たっぷり塗るのが基本です。
- 患部に塗る前に、ママやパパの手のひらに薬を広げないで。

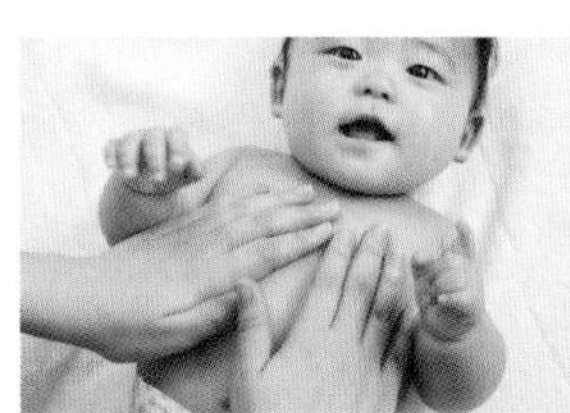

塗り方、量は医師の指示どおりに

塗る部分や塗り方、量は医師の指示どおりに。とくに指示がなければ、塗った部分がテカテカ光るくらい塗るのが目安です。

目、耳に直接、薬をたらして

点眼薬、点耳薬は、目や耳の中に直接たらし入れて目や耳の病気を治す薬。薬が目や耳からあふれ出たときはふき取りましょう。耳の中を掃除してから点耳薬を使うのはNGです。

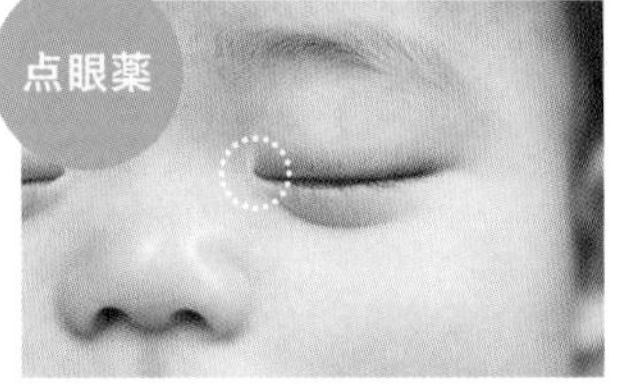

目を閉じた状態で点眼しても大丈夫

両脚で子どもの頭を挟んで軽く固定し、下まぶたを指で少し下げて目を開き点眼。閉じた状態で目頭にたらしても。目を開ければ薬が入ります。

使用前に、人肌まで温めてから

耳の外側の汚れをふきます。薬を冷たいまま使うと、めまいを起こすことがあるので、手で温めて。点耳後は、そのまま約10分間待ちます。

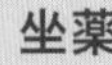

肛門から入れて腸で成分を吸収

坐薬は肛門に薬を挿入して使う薬。成分が腸から吸収されます。薬を飲ませる必要がないので、嘔吐があるときも使えます。薬が上手に飲めない乳児期によく処方されます。

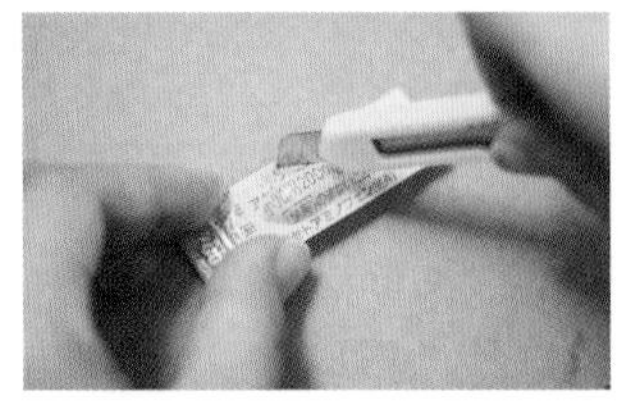

①包装のまま、使用量に切る

1回量が1/2などのときは、包装から出さずにカッターなどで切ります。包装をはがし、先の尖ったほうから出しますが、崩れないように注意。

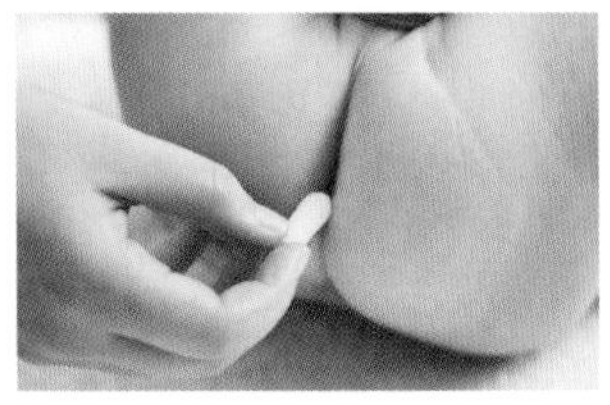

②あお向けにして足を持って入れる

あお向けにして足を持ち、先の尖ったほうから肛門に素早く押し込みます。先端にベビーオイルなどをつけると、入れやすくなります。

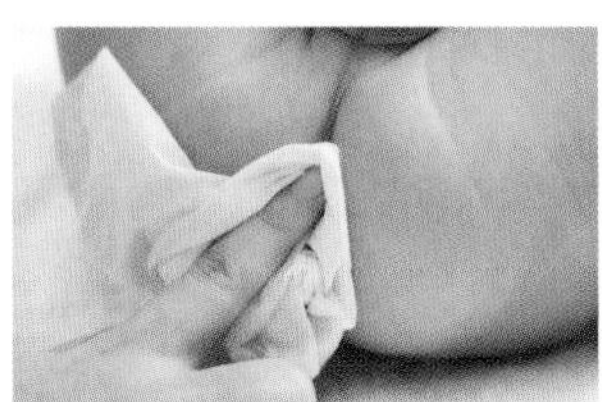

③出ないよう、しばらく押さえる

薬が出てこないよう、指で肛門を5秒程度押さえます。刺激でうんちが出やすくなる場合もあるので、ティッシュで押さえても。

- 使用量が2/2、3/4の場合、残った薬を使うのはNG。基本、毎回処分を。
- ママ・パパの爪が伸びた状態で使わないように。
- 赤ちゃんが大泣きしているときは薬が出てきてしまう可能性が。落ちついてから使って。

2歳未満は市販薬でなく原則、処方薬を使って

2歳未満の赤ちゃんの場合、保湿薬や虫刺され用など一部の外用薬などを除いて、原則、市販薬を使うのは避けます。市販薬は、いろいろな成分が入っているものが多く、必要のない成分が体の負担になる恐れも。かかりつけ医に受診したうえで出される処方薬を使いましょう。

もし2歳以降、市販薬を使う場合には、有効成分が1つだけのものを選んで。解熱薬であればアセトアミノフェンだけが入っているものを。薬剤師に相談するといいでしょう。

POINT

市販薬を使うときの注意

- 有効成分が複数入っているものではなく、1つだけのものを選んで
- 処方薬を飲んでいる間は、同じ症状に対処する市販薬を使わない
- 使っても問題ないか、薬剤師に相談すると安心

救急箱リスト

◎体温計
◎鼻吸い器
◎ガーゼ
◎包帯
◎サージカルテープ
◎ばんそうこう
◎洗浄綿
◎綿棒
◎ベビーオイル
○虫刺され用の薬
○熱冷却シート
△消毒・殺菌薬
△浣腸薬
△はさみ
△毛抜き
△ピンセット
△ペンライト

※必要度は◎○△の順番で、表しています

鼻吸い器は電動のものが重宝。鼻水の吸引は風邪症状のときの大切なホームケアです。

虫刺され、かゆみ止めなどの市販薬はあると便利。赤ちゃん用は、2歳未満でも使えます。

ばんそうこうは、傷口から出る浸出液を吸収して保つ高機能のものを用意しておくと便利。

綿棒は浣腸やおへその消毒にも使えるのであると便利です。

薬の保管のしかた

□シロップや坐薬、点眼薬は冷蔵庫で保管

シロップ、点眼薬はふたをきちんと閉めて冷蔵庫で保管を。坐薬は高温多湿の場所に置くと薬剤が溶けてしまいます。冷蔵庫で保管を。

□粉薬は多湿を避け、薬名がわかるように

粉薬は湿気で固まることがあるので注意。直射日光を避け、気温に影響されないような場所に、何の薬かわかるようにして保管を。

□塗り薬は高温多湿を避けて常温で保管

使用期限は容器に記載されています。きちんとふたをして、高温多湿になるところで保管しないようにしましょう。

□パッケージに記載があればそのとおりに保管

薬の説明書きや、パッケージに保管方法や注意点など記載がある場合も。指示に従って保管しましょう。

乳幼児期に処方されることの多い薬について、その特徴や、使われるときの症状、使うときの注意点などを紹介します。

抗菌薬(抗生物質)

パセトシン細粒
(アモキシシリン)

オレンジ色の細粒。溶連菌感染症、中耳炎、副鼻腔炎、細菌性の肺炎に使われる。パイナップルの香りで甘く、飲みやすいが、量が多い場合も。バニラアイスに少量ずつ混ぜると飲みやすい。

セファクロル細粒
(セファクロル)

黄色の細粒。甘みがあり、飲みにくくないものの、量が多くなる場合も。少量の水でペースト状にして頬の内側に塗るか、バニラアイス、ジャム、練乳など粘りけがあるものと混ぜると飲みやすい。尿路感染症や頸部リンパ節炎で使われる。

クラバモックスドライシロップ
(アモキシシリン・クラブラン酸)

白色の粉末。中耳炎、副鼻腔炎で使われることが多い。1日2回の服用。ストロベリークリームの香りで、そのままでも飲みやすいが、オレンジジュース、ヨーグルトと相性がいい。食後の服用は下痢をしやすくなるので注意。

クラリスロマイシンドライシロップ
(クラリスロマイシン)

白色の細粒。マイコプラズマ肺炎、百日ぜきなどに使われることが多い。ストロベリーの風味はあるものの、苦みがある。バニラやチョコレートアイス、牛乳、練乳、砕いた氷と混ぜると飲みやすい。酸味のある飲食物と混ぜると苦みが増す。

最後までしっかり飲みきることが大切

完全に細菌を抑え込むためには、症状が治まっても飲み続けることが大切。処方された日数分はきっちり飲みきりましょう。残しておいて、次回に使うのも絶対にNGです。

病原菌の殺菌、増殖を抑える

病気の原因となる細菌に働いて、殺菌したり、増殖を抑えたりします。処方されることの多い病気は溶連菌感染症。中耳炎や副鼻腔炎で処方されることもありますが、軽症では使わない場合も。細菌が原因の場合は肺炎にも処方されます。

薬の名前について

薬の名前は商品名を表示しています。一般名は( )で表示しています。商品名は製薬会社が自社の製品につけている名前で、薬の成分の名称が一般名です。解熱鎮痛剤の「アルピニー」と「カロナール」は、成分はどちらもアセトアミノフェンですが、作っている製薬会社が違うため、商品名が違います。

吸入薬　飲み薬

抗ウイルス薬

イナビル吸入粉末剤
（ラニナミビル）

抗インフルエンザ作用のある吸入薬。1回吸入するだけでよく、便利。6歳ごろから吸えるようになる子もいるが、吸入練習用の専用笛で音が出るようなら吸入できる。気管支ぜんそくがある場合は避ける。

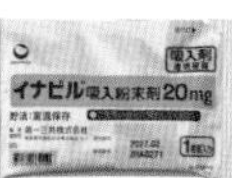

タミフルドライシロップ
（オセルタミビル）

内服の抗インフルエンザ薬。ミックスフルーツ風味の中に苦みがある。りんごジュース、バニラアイス、乳酸菌飲料、スポーツドリンクと混ぜると苦みが増すので避ける。薬の副作用で嘔吐することがある。

ビクロックス顆粒
（アシクロビル）

水ぼうそうや単純ヘルペス、帯状疱疹ウイルスに有効。1日4回の服用。ヨーグルト風味で、チョコレートアイスに混ぜると飲みやすい。途中でやめると再燃する恐れがあり、指示された期間は飲み続けて。

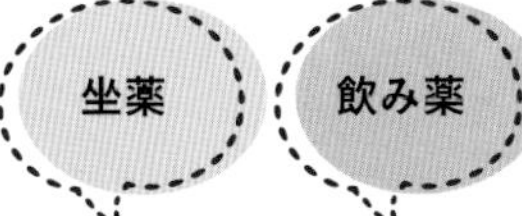

タミフルの使用については医師と十分に相談を

日本小児科学会は、乳幼児のタミフル使用について推奨しています。ただし、嘔吐症状などの副作用を引き起こすことも多いため、かかりつけ医から説明を十分に受け、納得したうえで使用を決めましょう。

ウイルスの増殖を抑え、病気を軽くする

病気の原因であるウイルスの増殖を抑える目的で使います。主にインフルエンザや、水ぼうそうのときに処方されます。ウイルスだけに作用する薬の開発は難しく、ほとんどのウイルスにはまだ抗ウイルス薬はありません。

坐薬　飲み薬

解熱鎮痛薬

アセトアミノフェン坐剤
（アセトアミノフェン）

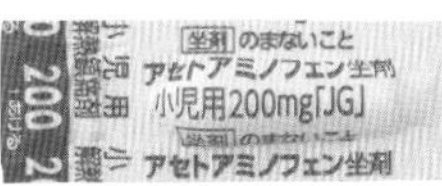

体重が11kg以上の子どもに処方する、解熱鎮痛効果のある坐薬。続けて使用する場合は、間隔を6時間以上あける。体温で溶けてしまうので、なるべく涼しいところ、冷蔵庫で保管を。

アルピニー坐剤
（アセトアミノフェン）

解熱鎮痛効果のある坐薬。体重10kg以下の子どもに使われる。続けて使用する場合は、間隔を6時間以上あける。体温で溶けてしまうので、なるべく涼しいところ、冷蔵庫で保管を。

カロナール細粒
（アセトアミノフェン）

淡いオレンジ色の細粒で、解熱鎮痛効果のある飲み薬。ほのかなオレンジの香りで甘苦い。続けて使用する場合は6時間以上あけること。ゼリー、ヨーグルトなどに混ぜると飲みやすい。坐薬もある。

機嫌よく、水分がとれていれば使う必要なし

発熱は体がウイルスとたたかうための免疫反応。機嫌がよく、水分もとれて、眠れているなら使う必要はありません。また、熱性けいれんの予防効果は現時点では不明確です。予防のために解熱剤を使うべきではありません。

熱を下げ、痛みを緩和する

病気の種類を問わず、熱のある場合に処方されます。高熱でつらそうなときに一時的に熱を下げたり、のどの痛みで食欲がないときに、痛みを和らげたりして、体を休めやすくする目的で使います。

抗ヒスタミン薬

エピナスチン塩酸塩ドライシロップ
（エピナスチン）

アレルギーによるじんましん、くしゃみ、鼻水に有効だが、風邪によるくしゃみ、鼻水には効果はない。ヨーグルト風味で飲みやすく、1日1回の服用。

フェキソフェナジン塩酸塩錠
（フェキソフェナジン）

アレルギーによるじんましん、くしゃみ、鼻水を緩和。風邪によるくしゃみ、鼻水には無効。7〜11歳の子どもに使われる。1日2回の服用。

ザイザルシロップ
（レボセチリジン塩酸塩）

アレルギーによるじんましん、くしゃみ、鼻水に使用。風邪によるくしゃみ、鼻水には効果がない。ガムシロップに近い甘みで、生後6カ月から使える。1歳未満は1日1回、1歳以上は1日2回の服用。

強い食物アレルギーには効かない

食物アレルギーによるかゆみやじんましんに使われることが多いですが、強い食物アレルギーに効果はありません。ひどくせき込んだり、顔色が悪くなったりした場合は、救急車を呼びましょう。

アレルギー性鼻炎やじんましんなどを緩和、予防

アレルギーの発症にかかわる、ヒスタミンという体内物質の働きを抑え、アレルギー症状を緩和します。花粉症などのアレルギー性鼻炎やじんましん、皮膚のかゆみなどに有効で、予防的に使うことも。

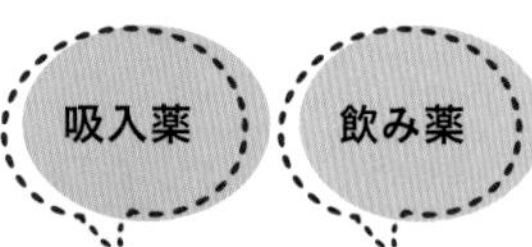

抗アレルギー薬

POINT

エピペン
（アドレナリン注射液）

アナフィラキシー補助治療剤。ミツバチなどに刺されたり、食物、薬物などによるアレルギーで、アナフィラキシー反応が生じた際に用いる。太ももの前外側に押しつけて注射する。

フルタイドエアゾール
（フルチカゾン）

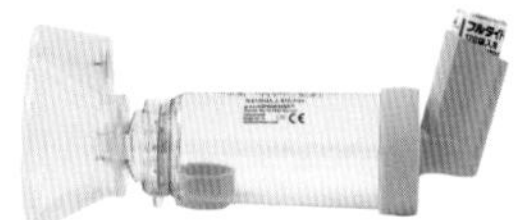

気管支ぜんそくを予防する吸入薬。子どもの場合、スペーサーという吸入補助具を使って吸入。ぜんそくの発作がつらいときに即効性を目的に使う薬ではなく、あらかじめ毎日使う予防薬。

モンテルカスト細粒
（モンテルカスト）

気管支ぜんそくの予防、アレルギー性鼻炎による鼻閉や、アデノイド肥大によるいびきの症状の緩和に有効な内服薬。ストロベリー風味で飲みやすく、1日1回の服用。開封後15分以内に飲むこと。

多くの場合、長期間服用する必要が

アレルゲンはなくなるものではないため、多くの場合、数週間、数カ月と長期間服用する必要があります。症状がひどくならないよう、毎日飲ませるようにしましょう。薬の効果について不安な場合は、かかりつけ医に相談しましょう。

予防的に使い、アレルギー反応を出にくくする

アレルゲンが体内に入り、抗体と結びついてアレルギー反応を起こします。この作用を抑え、アレルギー反応を出にくくする薬。気管支ぜんそくやアトピー性皮膚炎などに使われます。気管支ぜんそくの場合は、予防薬として使います。

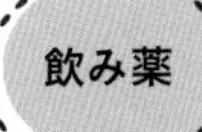

鎮咳(ちんがい)・去痰(きょたん)薬

カルボシステインシロップ
（カルボシステイン）

風邪や気管支炎、気管支ぜんそくのときにたんを切りやすくするほか、中耳炎や副鼻腔炎にも有効。レモン風味で飲みやすい。ただし、抗菌薬のクラリスロマイシンと一緒に飲むと苦みが増すので注意。

ムコサール ドライシロップ
（アンブロキソール塩酸塩）

気道粘膜のすべりをよくして、たんの粘りを取り、出しやすくする薬。風邪、気管支炎、気管支ぜんそくのほか、中耳炎や副鼻腔炎にも有効。ヨーグルト風味で、ミルクやアイスクリームと混ぜると飲みやすい。

水分をとって、たんを出しやすく

たんを出しやすくするには、水分をしっかりとることが大切です。せき込んで薬をうまく飲めないこともあるので、少しずつ飲ませましょう。まれに食欲が落ちることがあります。水分もとれない場合は受診しましょう。

せき症状を和らげ、たんを出しやすくする

鎮咳薬は呼吸中枢に働きかけ、せきを鎮めます。去痰薬はたんをサラサラにしたり、気道粘膜の働きを活発にして、たんを出しやすくします。たんが出ることでせきが軽くなることも。

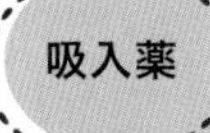

貼付薬

気管支拡張薬

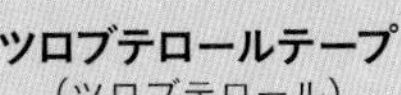

ツロブテロールテープ
（ツロブテロール）

皮膚から成分を吸収させる、貼付薬。貼付後2〜3時間後で効果が現れ始め、8時間で効果が最大に。即効性がない点に注意。風邪のせきには効果がない。1日1回貼り替え、小さい子は手の届かない背中などに。

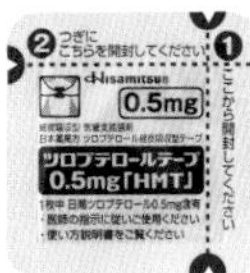

メプチン吸入液ユニット
（プロカテロール塩酸塩）

気管支ぜんそくの発作を和らげる吸入薬。ネブライザーという吸入具を使って吸う。吸入中に泣いてしまうと効果がないため、人形や絵本、動画などであやしながら、しっかりマスクをフィットさせて使う。

決められた用量、回数をしっかり守って

症状によって、貼り薬や飲み薬、吸入薬などタイプがいろいろあります。服用量が多いと動悸など副作用が出やすく、一方で量が少ないと効果がありません。決められた用量、回数はしっかりと守りましょう。

呼吸が苦しいとき、気管支を広げて楽に

気管支が敏感な子どもは、風邪やほこりなどの刺激で気管支が狭まり、ひどいせきが出て呼吸が苦しくなることが。そんなときに気管支を広げて症状を和らげる目的で処方されます。

坐薬　飲み薬

整腸薬・鎮吐(ちんと)薬

ビオフェルミンR散
（耐性乳酸菌）

抗菌薬の服用で起こる下痢に使用。やや甘く、飲みやすい。マイコプラズマ肺炎に使われるニューキノロン系抗菌薬に対しては耐性がないため、併用しない。

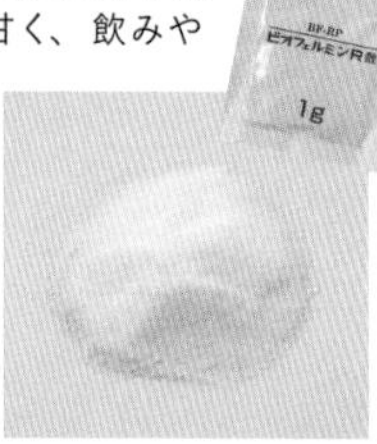

ラックビー微粒N
（ビフィズス菌）

腸に乳酸菌などを補って腸内環境を整え、下痢や便秘を改善させる。わずかに甘く、飲みやすい。ミルクアレルギーがあっても使用できる。空腹時より授乳中や食事中がいい。

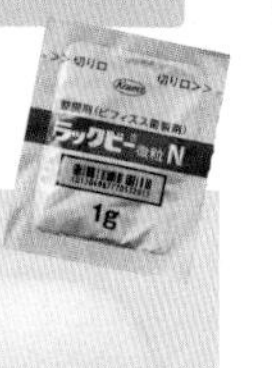

ドンペリドン坐剤
（ドンペリドン）

胃腸の働きを助け、吐きけや嘔吐の症状を改善。飲み薬が飲めないときや吐いてしまうときに使える。高温多湿の場所では保管しない。用量や回数をきちんと守り、残った分は処分すること。

胃腸炎の下痢症状の期間を短くする効果は不明

整腸薬は、便秘と下痢、どちらの症状にも効果が期待できます。しかし、胃腸炎の下痢の期間を短くさせるかどうかについては、医師の意見が分かれるところで明確ではありません。

腸の働きを整える薬と、吐きけを止める薬

整腸薬は腸内環境を整え、腸を健康な状態に戻す効果があります。鎮吐薬は胃腸の消化機能を改善し、吐きけを鎮めます。下痢や嘔吐がひどいときに処方され、脱水症状や、体力の消耗を防ぎます。

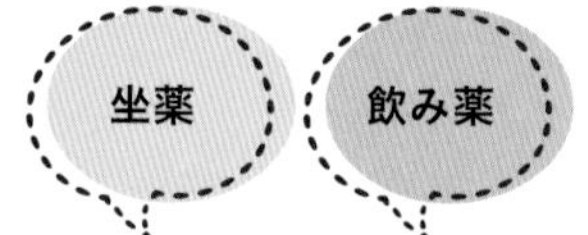

坐薬　飲み薬

抗けいれん薬

脳の興奮を抑え、けいれん、てんかんの発作を予防

熱性けいれんを繰り返す場合や、てんかん発作を起こしたとき、それ以降の発作を予防する目的で処方されます。脳が興奮状態になるのを鎮める薬で、眠けやふらつきなどの副作用が出ることがあります。

けいれんやてんかんの種類に応じて使い分け

熱性けいれんを起こしたすべての子どもが使うわけではありません。けいれんの長さや頻度により、かかりつけ医と相談のうえ、必要な場合に予防薬として使います。てんかんは発作の起こり方によって薬を使い分けます。

ダイアップ坐剤
（ジアゼパム）

熱性けいれんの予防薬として使う。けいれんしてからではなく、37.5～38度を目安に、熱が上がりだしたときに用いる。1日1～2回の使用。軽い副作用として眠気やふらつき、重い副作用として呼吸抑制がある。

バルプロ酸Na徐放顆粒
（バルプロ酸ナトリウム）

全般てんかんの予防に使われる、代表的な抗てんかん薬。ヨーグルトに混ぜると飲みやすい。副作用を防ぐため、服用中の別の薬がある場合は必ず告げること。

エクセグラン散
（ゾニサミド）

部分てんかんや全般てんかんの予防に使われる。においはなく、わずかに苦い。用量や飲む時間、回数はきちんと守ること。途中でやめると、症状を悪化させる恐れが。

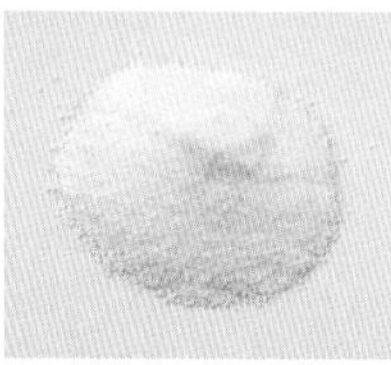

カルバマゼピン細粒
（カルバマゼピン）

部分てんかんの予防に使われる。わずかに苦く、バニラやチョコレートアイス、ヨーグルト、白湯に溶かすと飲みやすい。副作用が出やすいため、グレープフルーツジュースは避ける。

ステロイド抗炎症薬

エクラーローション
（デプロドン）

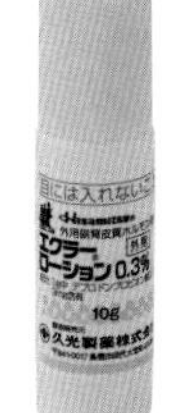

５段階の３番目、Ⅲ群（ストロング）の外用薬。主にアトピー性皮膚炎に使う。ローションタイプで、頭皮にも塗りやすい。ただし、塗る量が不十分になりやすいので注意を。通常１日１回、または２回の使用。

マイザー軟膏
（ジフルプレドナート）

５段階で効き目が２番目に強い、Ⅱ群（ベリーストロング）の外用薬。主にアトピー性皮膚炎で使う。強い薬のため、そのときどきの症状に応じて、かかりつけ医と塗る場所や塗る期間をよく相談して用いる。

ロコイドクリーム
（ヒドロコルチゾン酪酸エステル）

５段階の効き目で２番目に弱い、Ⅳ群（ミディアム）の外用薬。クリームタイプで、広範囲に塗りやすく、効き目もマイルドなため、顔や陰部にも安全に使えるのが特徴。ただし、塗る量が不十分になりやすいので注意。

湿疹や皮膚炎などの皮膚トラブルを解消

主な成分は副腎皮質ホルモンで、塗り薬は皮膚の炎症を抑え、おむつかぶれや湿疹、虫刺され、アトピー性皮膚炎など多くの皮膚トラブルに効果を発揮します。効き目の強さが５段階に分かれ、症状や患部によって使い分けられます。

自己判断でやめると悪化することも

副作用を心配するママ・パパもいるでしょう。でも指示どおりに使うことが大切。自己判断で使用を中止すると、症状が悪化する恐れがあるのでやめましょう。薬の使用で不安な場合は、かかりつけ医にしっかり相談しましょう。

免疫抑制薬

体の過剰な免疫反応を抑える薬

アレルギーは特定のアレルゲンに対して、免疫反応が過剰に起こり、症状として現れます。この過度な免疫反応を抑え、症状を和らげます。塗り薬はアトピー性皮膚炎に使われ、ステロイド抗炎症薬を減らしていくときに有効です。

プロトピック軟膏
（タクロリムス）

炎症を抑える効果は、ステロイド外用薬の５段階の効き目の中、２番目に弱いものと同じくらい。２歳以上で使える。副作用として、塗り始めにヒリヒリ感やほてり感を感じることがあるが１週間程度で治まる。

POINT

アトピー性皮膚炎には非ステロイド抗炎症薬の使用は推奨されません

接触皮膚炎などを起こす心配があったことから、非ステロイド抗炎症外用薬の「アンダーム」は発売中止に。ほかにも非ステロイド抗炎症外用薬はありますが、近年、おむつかぶれやあせものときなどでも一般的に処方されることは少なくなっています。とくにアトピー性皮膚炎での使用は推奨されていません。

決められた部位だけに塗り、用量を守って

免疫抑制薬の塗り薬は、かきむしって傷がひどい部分や、ジュクジュクした部分、おできやにきびのある部分には使用できません。決められた部位にだけ塗るようにして、塗る回数や量もかかりつけ医の指示を守りましょう。

抗菌薬・抗真菌薬

アクアチム軟膏
（ナジフロキサシン）

MRSA（抗菌薬耐性を持ったブドウ球菌）や、アクネ菌の殺菌、除去に有効。とびひやにきびなどに使われる。いろいろな菌に有効なため使用しやすいが、乱用すると耐性菌を増やす可能性がある。適量を１日２回塗布。

デキサンVG軟膏
（ベタメタゾン・ゲンタマイシン）

５段階の効き目で３番目に強い、III群（ストロング）のステロイドであるベタメタゾンと、抗菌薬であるゲンタマイシンが配合された外用薬。副作用はほとんどないが、まれに接触皮膚炎を起こすことがある。

ペキロンクリーム
（アモロルフィン）

真菌（カビ）を殺し、白癬菌が原因の水虫や、皮膚カンジダ症などに用いる。クリームタイプでどのような症状にも塗りやすい。持続性があり、１日１回の塗布でいい。使いすぎるとかぶれを起こすことが。使用回数を守ること。

細菌、真菌（カビ）が原因の皮膚炎に使われる

抗菌薬は、とびひなど細菌感染で起こる皮膚炎に使い、抗真菌薬は皮膚カンジダ症など真菌（カビ）の感染で起こる皮膚トラブルに使います。原因に合った薬を使わないと、悪化することがあります。

薬を塗って悪化した場合は受診を

大きな副作用はありませんが、真菌が原因でない発疹に抗真菌薬を使うと、刺激が強すぎて悪化する場合があるので注意を。逆に、真菌が原因の場合にほかの塗り薬を塗っても治りが悪いため、その場合は受診しましょう。

抗ヒスタミン薬

レスタミンコーワクリーム
（ジフェンヒドラミン）

かゆみや赤み、ふくらみなどの皮膚症状を和らげる。じんましんや虫刺されに使われる。目のまわりの使用は避け、症状によって１日数回塗布。副作用はほとんどないが、赤みやかゆみがひどくなったら再度受診を。

オイラックスクリーム
（クロタミトン）

かゆみを伴う湿疹やじんましん、虫刺されに用いる。アトピー性皮膚炎には使用しない。市販薬では一部成分が異なり、ステロイドを含有することがあるので注意。目の中や口内など粘膜の使用は避ける。

ヒスタミンの働きを抑え、かゆみを和らげる

じんましんや虫刺されなど、皮膚トラブルのかゆみ止めとして処方されます。かゆみは体内でヒスタミンという化学物質が増えることで起こりますが、そのヒスタミンの働きを抑えて症状を緩和します。

市販薬を購入する場合は薬剤師に相談を

抗ヒスタミン薬のかゆみ止めは市販もされています。ただし、子ども本人や、家族がアレルギー体質の場合は、薬剤師に相談してから使いましょう。副作用はほとんどありませんが、塗ったあと、患部が赤くなった場合は医師に相談しましょう。

保護・保湿薬

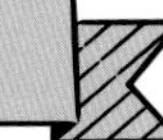

白色ワセリン
（白色ワセリン）

皮膚の保護剤として使用。刺激が少なく、水分をはじくので、口まわりのかぶれ予防にも適している。白色ワセリンの純度をさらに高めたのがプロペト。白色ワセリンより刺激が少ないが、酸化しやすいデメリットが。

ビーソフテンローション
（ヘパリン類似物質）

保湿成分を含み、ワセリンよりも皮膚の水分保持効果が高いのが特徴。アトピー性皮膚炎の素因ケアに用いることもあり、再び悪化するのを予防する効果が。ローションタイプでは塗りやすいが、塗る量が不十分になりやすいので注意。

肌がテカるくらい塗ること

患部を清潔にして、塗る人も手をきれいに洗ってから塗るようにしましょう。肌がテカるくらい塗ることが大切です。副作用はまずありませんが、万が一、かゆみや赤みが出てきた場合は、かかりつけ医を受診しましょう。

皮膚を保護・保湿して、トラブルの悪化を予防

おむつかぶれや湿疹、アトピー性皮膚炎など、炎症によりバリア機能が弱まった皮膚を刺激から守ったり、水分を補ったりして、症状の悪化を防ぎます。副作用の心配はほとんどありません。

点眼薬、点耳薬

パタノール点眼液
（オロパタジン）

抗ヒスタミン薬の入った点眼薬。アレルギー性結膜炎による目のかゆみ、充血などに有効。症状が重い場合は、ステロイド薬入り点眼薬と併用する場合も。ほかの点眼薬を併用している場合は、5分以上間隔をあける。

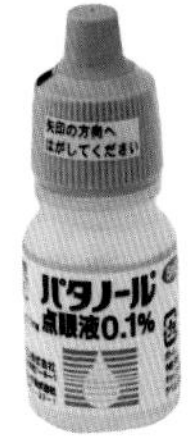

クラビット点眼液
（レボフロキサシン）

抗菌薬の入った点眼薬。細菌が原因の結膜炎、ものもらいなどに使用。症状によって異なるが、通常1日3回点眼。ほかの点眼薬を併用している場合は、5分以上間隔をあけること。

オフロキサシン耳科用液
（オフロキサシン）

抗菌薬の入った点耳薬。外耳道炎や中耳炎のときに処方される。決められた量を守って使用し、点耳したあとは、そのままの姿勢で10分間維持する。副作用はほとんどないが、かゆみや痛みがひどくなるときは受診を。

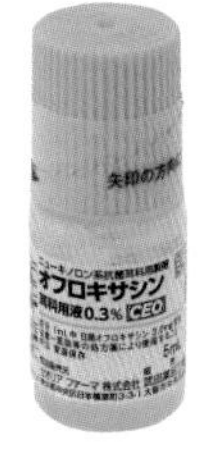

点耳薬は人肌に温めて使う

点耳薬は冷蔵庫に保管している場合、冷たいまま使用するとめまいを起こす可能性があります。使う前にママ・パパの手で容器を包み、人肌に温めてから使いましょう。点眼薬は容器の先端が雑菌に触れないよう、しっかりふたをして保存を。

点眼薬は目のかゆみ・炎症に、点耳薬は耳の炎症に使用

細菌感染による目の炎症には抗菌薬入りの点眼薬が使われ、アレルギーが原因の目のかゆみには抗アレルギー薬入り点眼薬を用います。点耳薬は外耳道炎や中耳炎などで耳だれが出た際に処方されます。

薬の心配Q&A

Q 残った処方薬をとっておいて、同じ症状のときに使っても大丈夫ですか？

A 原則、症状のたびに受診して処方してもらって

薬は飲む人の体重に合わせて処方しています。子どもの成長は早く、体重も変わるので、症状が出るたびに受診して処方してもらうのが原則。処方薬をとっておいて使うのはやめましょう。解熱鎮痛薬のアセトアミノフェンだけはとっておいてもかまいませんが、１年たったら捨てましょう。

Q 整腸剤なら、１歳未満の子でも市販のものを使って大丈夫ですか？

A ビフィズス菌製剤など、１歳未満から飲めるものを

市販の整腸剤には生後３カ月から与えられるものもあり、問題なく使えます。ただし、１歳未満の赤ちゃんの下痢や便秘はかかりつけ医を受診したほうが安心です。市販のものを使う前に、念のため医師に相談してみましょう。

Q 間違えて薬の量を多く飲ませてしまったら、どうしたらいいですか？

A 子どもの様子を見て問題なければ大丈夫です

ママが飲ませたところ、パパがすでに飲ませていて、２回分飲ませてしまったケースなどがあります。間違えないほうがいいのは当然ですが、ほとんどの薬が２倍量飲んでも、大きな影響は起こりにくいです。子どもの様子が変わらなければ、問題ないでしょう。

Q 粉薬とシロップを処方されたときは、混ぜて飲ませてもいいですか？

A 飲ませる直前なら、とくに問題なし

粉薬とシロップ、粉薬と粉薬など、飲む直前であれば、混ぜてもとくに問題ありません。念のため、かかりつけ医か薬剤師に確認しておくと安心です。混ぜたまま放置すると薬の成分が変わってしまうことがあるので注意しましょう。

Q 抗インフルエンザ薬は幻覚が出ると聞き、使うのが心配です。

A 薬自体の副作用ではありません

薬の副作用で異常行動を起こすのではなく、インフルエンザそのものによって異常行動を起こすことが明らかになっています。幻覚の副作用については心配いりません。ただし、タミフルは、嘔吐症状などの副作用を引き起こすことも多いため、薬を使うメリットと副作用を知ったうえで、かかりつけ医と相談して使用を決めてください。

PART 6

赤ちゃんや子どもの 健康に役立つ 最新情報

近年話題となっている、赤ちゃんや子どもの病気や健康関連の情報をピックアップ。また、育児情報の中でも、いろいろな考え方があって迷いやすいテーマの今どき事情についても取り上げました。「よく聞く言葉だけれど、ちょっと難しくてわかりにくい」ことを、必要なことだけまとめて、わかりやすく紹介します。

赤ちゃんのあやし方が問題なの⁉

乳幼児揺さぶられ症候群

topics

虐待によって生じる脳障害 遊んでいて起こるものではありません

激しく揺さぶられることで脳障害が起こる

赤ちゃんの頭が前後にガクガクするほど激しく揺さぶられると、頭蓋骨の内側に脳が何度も打ちつけられ、脳障害を起こします。これが乳幼児揺さぶられ症候群です。

赤ちゃんの脳は、頭蓋骨の間にすき間があり、水の中に浮いているような状態になっています。そのため激しく揺さぶられたり強い衝撃を受けたりすると、脳が頭蓋骨に打ちつけられて、障害を起こすことがあるのです。

あやしたり遊んだりしていて起こるものではない

「ゆらゆらと揺らしてあやしてはいけなかったの?」と心配になるママ・パパもいるかもしれません。でも、日常的なあやしや遊びの揺れで発症することはありません。よく見られるのは、赤ちゃんが泣きやまずイライラして、ママやパパが理性を保てず、頭を前後にしなるほど激しく揺らすなど〝暴力的に〟揺さぶる、明らかに虐待にあたるケースでの発症です。

命を取り留めても多くは重い障害が残る

乳幼児揺さぶられ症候群を発症した場合、早めの処置を怠ると亡くなることもあります。命を取り留めても、硬膜下血腫（こうまくかけっしゅ）や呼吸困難、失明や視力障害など、その後の成長に影響を与える重い障害が残ってしまうことがあります。

低月齢の赤ちゃんが泣きやまないのは…

夕方になると泣きやまなくなる「コリック」という状態は、赤ちゃんの20%に見られます。強く長く泣くのが特徴で、生後2カ月から5カ月ごろまで続きます。知っているだけで気持ちが楽に。

放り投げる「たかいたかい」遊びはNG

通常の「たかいたかい」では乳幼児揺さぶられ症候群にはなりません。ただ、首がすわっていない時期に放り投げるような行為は、赤ちゃんを落下させてしまう可能性があるのでやめましょう。

POINT

赤ちゃんが泣きやまないときはこの方法を試してみて

①ママ・パパのおなかの上に腹ばいにさせて、やさしく背中をさすってみる。
②暑くない季節なら大きくて薄い毛布で体をくるむ。
③授乳が頻回なときは、間隔を2時間から2時間半ほどあけてみる。完全母乳でないならおしゃぶりを与える。
④それでも泣いたら…割り切る、そして外出して気分転換をする。

赤ちゃんが突然亡くなってしまう怖い病気

乳幼児突然死症候群（SIDS）

予兆も持病もない元気な子が突然睡眠中に亡くなる病気

元気だった赤ちゃんが、窒息や事故などが原因ではなく、何の前ぶれもなく睡眠中に亡くなってしまう病気です。原因についてはまだ解明されていませんが、「うつぶせ寝」「人工栄養」周囲の人の「喫煙」の3つが危険因子であることがわかってきています。日本でも、令和元年には78名の乳幼児がSIDSで亡くなっており、乳幼児の死亡原因の第4位になっています。

発症率を低くすると言われる3つのポイントを心がけて

SIDSの予防法はまだ確立されていませんが、厚生労働省は発症を防ぐため、以下の3つをすすめています。①1歳になるまでは、あお向けに寝かせる②できるだけ母乳で育てる③ママ・パパなど家族が禁煙をする、この3つのポイントを守ることで、発症率が低くなるというデータがあります。発症のリスクを少しでも減らすために、ぜひ実践しましょう。

「無呼吸アラーム」は安易に使わないで

眠っている間に呼吸が止まっていないかを感知するのが「無呼吸アラーム」。ただ、無呼吸を感知するだけでは予防はできませんし、効果も実証できていません。安易に使うのはやめましょう。

寒い時期の温めすぎにも注意

赤ちゃんは体温調節機能が未熟なため、衣類を着せすぎたり布団をかけすぎたりすると、高体温に。SIDSの特徴として温めすぎによる高体温の子が多いとも言われているので、寒い時期は要注意。

topics

うつぶせ寝、人工栄養、喫煙が3大危険因子とわかってきています

POINT

赤ちゃんの睡眠中は窒息事故にも要注意

赤ちゃんの睡眠中は、顔のまわりにぬいぐるみやタオルを置いたり、やわらかすぎるベッドや厚い毛布を使用することは窒息の原因になるので避けましょう。また、添い寝や添い乳はOKですが、ママやパパが睡眠薬を飲んだあとやお酒を飲んだあとは、赤ちゃんを下敷きにしてしまうリスクが上がるのでやめましょう。

歯並びに影響するからよくないってホント!?

おしゃぶり・指しゃぶり

topics

むやみに禁止しなくて大丈夫。ただし口腔発達のために早めに卒業を

赤ちゃん時代の指しゃぶりは心配なし

生後3カ月ごろから指しゃぶりを始める子が多く、これは離乳食（固形物）を受け入れる練習になっています。1～2歳になると生活の動作や遊びなどで手を使う頻度が増えるので、徐々に日中の指しゃぶりは減少。暇なときや寝る前などに、一時的にする程度になるでしょう。2歳ごろまでの指しゃぶりは心配しなくて大丈夫です。

3歳で指しゃぶりが習慣化していたら卒業に

3歳になっても指しゃぶりを頻繁にしている場合は、歯並びに影響することがあるため、卒業するための働きかけが必要になります。ただし、強制的に禁止すると、余計に指しゃぶりに固執することになってしまい逆効果。子どもが自然と指しゃぶりを忘れられるような対応をしましょう。

おしゃぶりは便利グッズ 2歳までにやめさせよう

おしゃぶりのほうが歯並びに影響しやすいので、使わないのが理想です。でも、ママやパパが忙しいときに赤ちゃんをあやしてくれる家族がいない家庭では、おしゃぶりが便利なのは確か。なので、ぐずったときだけ使うなど、柔軟に考えていいでしょう。ただし、2歳以上でおしゃぶりを使っていると、明らかに歯並びに影響します。2歳までには使うのをやめてください。

指しゃぶりが就寝時の習慣になっていたら…

眠くなると指しゃぶりをするのが習慣になっているときは、ママやパパが手をつないで寝かしつけをしましょう。手を握ってもらうことで安心でき、指しゃぶりをしなくても眠れる場合があります。

指しゃぶりが日中の習慣なら…

日中に指しゃぶりが多いときは、積み木やブロック遊び、手遊びなど、両手を使って遊ぶことを積極的に取り入れてみましょう。楽しく遊んでいるうちに、指しゃぶりに意識が向かなくなり、回数が減ることがあります。

POINT

指しゃぶり・おしゃぶりは、行動療法で卒業させよう

３歳になると言葉の理解力が高まるので、「寝るまで指しゃぶり（おしゃぶり）をしなかったら好きなシールを貼っていいよ」などと誘う、「行動療法」が効果的です。子どもが指しゃぶりを我慢できてシールを貼ったら、「さすが○○くんだね！ カッコイイ！」などとたくさんほめ、意欲をアップさせましょう。

親が主導？　子どものタイミング？

断乳・卒乳

離乳食が完了したら授乳も完了とは限らない

「離乳食の完了」とは、子どもが固形の食べ物をそしゃくでき、エネルギーや栄養素のほとんどを食べ物からとれるようになった状態を意味します。日本では生後13～15カ月に完了することが多く、遅くとも18カ月までに完了します。でも、「離乳食を完了する＝母乳・ミルクを飲まない」ではないので、離乳食完了後も母乳・ミルクを継続していてもかまわないのです。

栄養がとれていればやめ方は各家庭の都合で

WHO（世界保健機構）は、食事から栄養を補いながら2歳以上まで母乳育児を続けることを奨励しています。3回の食事と補食でさまざまな栄養をとれているのであれば、母乳・ミルクをやめる時期は、ママと子どものペースで決めてOK。さらに、親の主導でやめるか、子どもが自然に卒業するのを待つかも、それぞれの家庭の都合で決めていいのです。

topics

離乳食完了後、卒業は家庭のペースで。WHOは2歳以上までの授乳を奨励

日本の授乳期間は海外より短め

日本の授乳期間は海外に比べて短めです。アメリカ小児科学会では「母乳育児の継続には上限がなく、3歳以上まで継続しても発達に悪影響はない」と報告。海外では3歳過ぎで母乳を飲む子も珍しくありません。

虫歯と夜の授乳との関係は？

虫歯の原因菌が歯に付着した状態で母乳を飲み、そのまま眠ると、虫歯のリスクが高まるのは確か。夜間授乳を行っている間は甘い食べ物（砂糖）を与えるのは控え、歯みがきをしっかり行い、虫歯を防ぎましょう。

こんなときは断乳しても

ママが仕事復帰または妊娠希望

ママの仕事復帰時期が決まっている、次の子を早く妊娠したいなどの場合は、「○カ月になったら母乳をやめる」と決め、計画的に断乳するのもありです。母乳以外の方法でたくさんスキンシップしてあげましょう。

1歳半以降の授乳が原因の夜泣き

1歳半を過ぎてもおっぱいを欲しがって夜泣きし、ママがつらい場合は、断乳するのも一つの手。子どもが夜中の授乳を忘れるまでは寝かしつけをパパに任せ、ママは別室で寝るようにできたらベストです。

気になるくせ

つめかみ、鼻ほじり、性器いじり…など

多くは一時的なもの ほかに興味を向けさせて

爪かみ、鼻ほじり、性器いじりなど、ママやパパはやめさせたいことが、子どものくせになっている場合があります。でも、幼児期のくせの多くは成長とともに減っていくので、あまり心配しなくて大丈夫。くせを見かけたら「○○で遊ぼう」などと誘い、ほかのことに興味を向けさせましょう。

無理にやめさせると くせをこじらせる心配が

くせが欲求不満を解消する手段になっている場合は、無理にやめさせると欲求不満が高まり、余計に執着したり、隠れてするようになることもあります。まず欲求不満の原因を探し、改善できるものは改善しましょう。そして、くせを否定せず温かく見守りつつ、ほかの楽しいことに関心を向けさせるような働きかけをしてください。

こんなときは、 かかりつけ医に相談を

くせの多くは、否定せず、ほかのことに興味を向けさせることでいずれ解消しますが、専門家のアドバイスを受けたほうがいいケースもあります。①自分の体を傷つける②友だちに嫌がられる③くせに固執して生活に支障が出る④子ども自身がやめたいと思っているのにやめられない、といったことが見られたら、まずはかかりつけの小児科医に相談しましょう。

topics

多くが自然に解消しますが、医師に相談したほうがいい場合も

頭を打ちつける くせを見たら…

壁や床に頭を打ちつけるくせ(ヘッドバンギング)は、コミュニケーション能力の発達が不十分なために起こることがあり、言語能力や運動能力を観察していく必要があります。かかりつけの小児科医に相談しましょう。

「チックかな？」 と思ったら…

目をぱちぱちさせる、鼻を鳴らす、肩をすくめるなどのチック(P.165)は、ママやパパが心配したり注意したりすると、悪化することがあります。自然に治ることが多いので、気にせず今までどおり接してください。

こんな言葉がけはNG

罰を与えるような ことを言う

「おもちゃを捨てるよ」「もう抱っこしないよ」など、罰を与えてやめさせようとするのも逆効果。子どもは「見つかると怒られる」と感じ、ママやパパに見られないところで、こっそりやるようになってしまいます。

子ども自身を 否定する

「みっともない」「そんなことする子は嫌い」など、子ども自身を否定するような言葉がけは絶対にやめてください。大好きなママやパパに否定されることが大きなストレスとなり、かえってくせがひどくなります。

赤ちゃんに影響する薬はある？

授乳中のママの薬

授乳中に使えない薬はほとんどない

ママが飲んだ薬は体内に吸収され、血液内に入ります。母乳はママの血液からつくられるので、その母乳の中にも薬は分泌されます。でも、多くの場合、母乳中の薬はごく少量。薬を含んだ母乳を飲んでも、赤ちゃんの血液に入るころには、薬の量はさらに減るため、赤ちゃんに影響が出る可能性は非常に低いのです。そのため、授乳中に使えない薬はほとんどありません。

薬を変更できる場合も小児科で相談を

授乳中の使用に適さないと考えられる薬は、抗てんかん薬などごく限られたものだけですが、不安なときは、赤ちゃんへの影響がより少ない薬に変更することも可能です。母乳と薬に関することは、小児科のカテゴリーになるため、内科より小児科医のほうが詳しいもの。心配なときは、子どものかかりつけの小児科医に薬の選択について相談するといいでしょう。

topics

ほとんどの薬は飲んでも大丈夫。小児科で相談するのがおすすめです

母乳をお休みにするデメリット

母乳を中断すると、母乳の出が悪くなるほか、低月齢の赤ちゃんでは、母乳を嫌がるようになることも（乳頭混乱）。母乳は栄養と免疫の両面で赤ちゃんにとって重要なもの。できるだけ中断せず、続けられる方法を探して。

薬以外に授乳中に注意するもの

母乳から赤ちゃんに影響を与えるのは、薬だけではありません。たばこの有害物質によって赤ちゃんが呼吸器系の病気などになる可能性や、アルコールの過剰摂取が発達の遅れにつながる可能性が指摘されています。

POINT

ママがインフルや新型コロナにかかった際の授乳のしかた

インフルエンザの場合は、授乳前に手洗いをしっかり行いマスクを着用すれば、直接授乳してOK。新型コロナウイルスは同様の方法に加え、授乳前に手指と乳輪の消毒を行うことで、直接授乳が可能です。搾乳した母乳を感染していない人が授乳する場合は、搾乳前に十分な手洗いと手指消毒を行ってください。

発達障害

さまざまなタイプがあり個人差も大きい

自閉スペクトラム症

対人関係が苦手だが優れた記憶力を持つ子も多い

自閉スペクトラム症は脳の機能障害が原因。コミュニケーションが苦手で、特定のものごとやルールに強いこだわりを持つという特性があります。状況に応じた変更を受け入れにくく、周囲から誤解されやすいところも。しかし、こだわりの強さが好きなことに取り組む集中力や記憶力の高さにつながる一面もあります。病気ではなく、「生まれ持った個性」ととらえるのが、近年の考え方となっています。

二次的な問題予防のためにも早めに専門機関に相談を

周囲に誤解され、しかられる、仲間はずれにされるなどの経験を繰り返すと心が傷つき、二次的な問題に発展しやすくなります。たとえば頭痛や腹痛、強い不安、緊張などの心身の不調、暴力、暴言、自傷行為などの問題行動を起こすケースも。将来的に不登校や引きこもりを招く心配もあります。小児科医や行政の発達相談窓口に早めに相談し、特性に合わせて、得意なことを伸ばすサポート（療育）を受けること、ストレスを感じにくい生活習慣や環境を整えることが必要です。

POINT

「自閉スペクトラム症」というとらえ方

以前は「自閉症」「アスペルガー症候群」などに分類されていました。今では別々の障害として考えず“境界線があいまいな虹のように、さまざまな色が含まれる”スペクトラムという言葉で総称されています。

POINT

感覚過敏を持つ子が多い

感覚過敏は本人のわがままではなく、脳の“刺激の受け取り方”の特性です。視覚、聴覚、嗅覚、味覚、触覚の五感が過敏なため、周囲が気にしない程度の音や光を強い刺激として感じてしまうケースもあります。

topics

病気ではなく子どもの特性ととらえ得意なところを伸ばす育児を

保護者を支援する「ペアレントトレーニング」

発達障害やその傾向がある子の保護者を支援するためのプログラムです。正しい知識を学びながら、ロールプレイなどを通じて、子どもの特性を尊重する言葉がけや、生活上の困りごとに対応するトレーニングを行います。

睡眠の問題や育てにくさを感じたら相談を

睡眠リズムが乱れると日中の行動パターンや食事のタイミングが乱れてしまいがち。早寝早起きの生活リズムを整えることが、子育てのしやすさにもつながっていくので、寝つきが悪いなどの睡眠の問題は小児科医に相談を。

注意欠如・多動性障害（ADHD）

多動性、衝動性、不注意の特性を持つ発達障害の一種

「落ち着きがない、しゃべりすぎる」「順番が待てず、ほかの子のじゃまをしてしまう」「注意力散漫で忘れ物が多い」などの特徴があります。また、友だちとトラブルになるなどの問題を起こしやすいため、家庭や保育園、幼稚園などでしかられることが増え、自尊心が低下してしまうケースが少なくありません。

特性をポジティブにとらえて特性の調整法を学ばせる

まずは、ADHDの特性をポジティブにとらえることが大切です。そして、できなかったことを責めるのではなく、できたことをほめてあげて、成功体験を積み重ねていくことが有効です。また、生活リズムを整えるなど環境を調整することで、問題行動が減っていき、育てやすくなっていきます。育児にストレスを感じたときは、行き詰まる前に発達相談窓口などに相談してサポート（療育）を受け、アドバイスをもらうことが賢明です。

POINT

不注意を改善する治療用アプリの開発も

アメリカでは2020年に、医師が処方するデジタルアプリが承認されました。ゲームを通じて集中力や感覚運動機能を訓練し、子どもの脳の神経を活性化させるのが目的です。日本でも製薬会社が臨床試験を進めています。

学習障害（限局性学習症・LD）

知的発達の遅れがなく読み書きや計算が困難

知的発達の遅れはないのに、「読む」「書く」「計算する」のいずれかが困難です。たとえば、読み方が困難な子は形の似た字を間違えやすく、書き方が困難な子は文字の左右を逆に書いてしまうことが。また、計算が困難な子は数字の概念が理解できない場合があります。2学年以上の遅れがめやすとなるため、小学校入学後に診断されるケースが多いでしょう。

個々に合わせた学び方を考えて自信をつけさせることが大切

心理テストや読み書き・計算などの検査で診断されます。診断後は学校や専門機関と連携し、困難に応じた学び方のサポート（療育）を受けます。学びやすい方法を探し、成功体験を重ねることで、障害によるストレスを軽減しやすくなります。

低身長（ていしんちょう）

遺伝なのか病気なのかどうしたらわかる？

背の伸びがよくない場合病気が隠れていることも

子どもの発育や身長には個人差があります。身長も早い時期から伸びる子もいれば、ゆっくり伸びる子もいます。子どもの身長が低いと、正常範囲での低身長なのか、何か病気が隠れているのか、気になるママ・パパもいるでしょう。1つの基準としては、母子健康手帳にある「身体発育曲線」を見て、子どもの成長曲線を描いてみることです。身長の伸びが標準的な範囲から大きくはずれていなければ、まず問題はありません。

一方、範囲から大きくはずれている場合は、病気が原因となっていることがあるため、かかりつけ医に相談しましょう。

成長ホルモン注射の治療を行うことも

病気が隠れているかどうかは、頭部MRIと成長ホルモン分泌負荷試験（3歳以上）によって診断します。低身長の原因はさまざまですが、中でもよくみられるものが、成長ホルモン分泌不全です。成長ホルモンにはたんぱく質の合成にかかわるなどの作用があり、子どもの体では、成長を促すよう働きます。

通常、成長ホルモンは夜寝ている間に分泌されますが、この分泌が十分でないと低身長になることがあります。早めに治療をすることで身長が伸びる効果があるため、成長ホルモンの注射による治療を行います。成長ホルモンが分泌される時間に合わせて、毎日眠る前に皮下注射をします。この治療は、3歳から行うことが可能です。

topics

病気が原因の場合は早めの治療で背が伸びる場合も

背を伸ばすためのポイント

背を伸ばすための大きなポイントは、「睡眠」「運動」「食事」です。毎日22時までに就寝させ、8時間以上の睡眠を。また、適度に体を動かし、肉や魚などのたんぱく質をしっかりとらせましょう。

POINT

背を伸ばすにはサプリより牛乳

背が伸びると謳われているサプリメントは多数ありますが、残念ながら身長が伸びたというエビデンスはありません。身長を伸ばすことが科学的に証明されているのが「牛乳」です。ただし、飲みすぎると肥満につながるので、注意してください。一方、「カルシウム」が背を伸ばすという科学的根拠はありません。

POINT

子どもの身長を予想する計算方法

子どもの身長が何㎝になるか両親の身長から予想する計算方法があります。試してみてください。

男の子

（両親の身長の合計＋13）÷ 2

女の子

（両親の身長の合計−13）÷ 2

小児肥満（しょうにひまん）

将来の病気につながることも

肥満かどうかは肥満度や体脂肪率で判断

子どもが肥満かどうかは、肥満度や体脂肪率でわかります。肥満度＝{（実測体重－標準体重）÷標準体重}×100で求めます。肥満度が20～30％で軽度肥満、30～50％で中等度肥満、50％以上で高度肥満です。3歳以降の小児肥満は、将来の病気につながりやすいため、母子健康手帳の身体発育曲線を見て、肥満度が30％以上であれば、かかりつけ医に相談しましょう。

子どもの肥満の多くは運動不足よりお菓子の食べすぎ

小児肥満の原因は、運動不足よりもむしろ、お菓子の食べすぎによるもの。肥満につながるのは、ごはんなどのいわゆる「食事」ではなく、スナック菓子やチョコレートなどの「おやつ（間食）」です。18歳までに小児肥満を改善させないと、生活習慣病などの発病リスクが高まります。おやつは週1回にとどめるなど、家族一緒に生活習慣を改善していくことが大切です。

topics

3歳以降の小児肥満は将来の肥満につながりやすい

POINT

赤ちゃん時期は体重が多くても大丈夫

肥満については、3歳未満と3歳以降でとらえ方が違います。とくに赤ちゃんの時期に体重が標準を超えているのは、多くは「良性肥満」と言われるもの。よく動くようになると少しずつやせてくることが多いので、心配いりません。

POINT

極端なダイエットは悪影響が大きい

ぽっちゃりしていることを気にして、ママやパパが大人の感覚で子どもに食事制限をさせると、子どもの成長を妨げ、精神面に影響を与えることもあります。絶食のような極端なダイエットは絶対にしないでください。

肥満予防のためのポイント

食べすぎにつながる早食いをさせない

よくかまずに早食いをする習慣がある子は要注意。食事をしてある程度の時間がたつと満腹中枢が働き「おなかいっぱい」と感じます。早食いをさせないよう、一口30回をめやすによくかんで食べることを促しましょう。

糖分たっぷりの甘い飲み物に注意

ジュースなどの清涼飲料水には、想像以上に砂糖が含まれています。飲み物で一気に体に吸収されると、血糖値が急激に上がり、肥満につながりやすくなります。水代わりに飲ませるようなことは避けましょう。

topics

子どもの睡眠障害は成長発達を遅らせる心配が

子どもの睡眠障害

体の成長発達だけでなく知能への影響も

睡眠障害は、睡眠に問題があり昼間の生活に支障があること

寝つきが悪い、何度も目が覚める、起きられないなど睡眠に問題があり、昼間の生活に支障をきたす場合、睡眠障害の治療の対象になります。原因はさまざまですが、多いのは3～6歳児の閉塞性睡眠時無呼吸。鼻の突き当たりにあるアデノイドの肥大が関連しています。また、肥満やアレルギー性鼻炎が原因のことも。スムーズに眠れない子には漢方治療を行うこともあります。

体だけでなく脳の発達にも影響

子どもの睡眠リズムは、3歳ぐらいになると安定してきます。それまでに多少の夜泣きや寝ぐずりなどがあっても昼間の生活に支障がなければ、さほど心配はいりません。ただ、6歳までの睡眠不足は、体のみならず、脳の発達を遅らせる可能性が。また、6歳以降に夜遅くまで起きている習慣がつくと、集中力・記憶力低下、イライラなどの症状が出ることもあります。

子どもの睡眠リズムの発達

● 生後0～2カ月まで

生後1カ月までの睡眠時間は1日16～18時間。2～3時間おきに目を覚まします。

● 生後3～4カ月

昼間に起きている時間が長くなり、睡眠リズムが整ってきますが、個人差も。

● 生後5～6カ月

昼夜の区別がついてきます。日中、活発に動くことで、夜はまとまって眠る子も。

● 生後7カ月～1歳

夜、まとまって眠れるようになり、昼寝の時間が定まる子もいます。

● 2～3歳

睡眠リズムが大人に近づきます。夜中の授乳が続いている子は、夜泣きがある場合も。

● 3歳以降

集団生活が始まり昼間の刺激が増えて、早く寝るように。昼寝がなくなる子も。

POINT

乳幼児の睡眠時間は10～13時間程度が理想

厚生労働省の調査では、日本の3歳未満の子の睡眠時間は、平均11.6時間と世界で最も短いと報告されています。理想は1～3歳では11～13時間、6歳までは10～11時間（昼寝を含む）と言われています。

POINT

睡眠リズムを整えるコツ

睡眠リズムを整えるには「遅くとも22時までには寝かせる」「朝、太陽の光を浴びさせる」「21時以降はテレビやスマホなどは見せない」「適度な運動をさせる」「昼寝をさせすぎない」などが効果的。

知能がぐんと成長する1～2歳児の夜泣き対策法

赤ちゃんの夜泣きは、親のせいではありません。対策としては「朝は太陽の光を部屋に取り入れ、夜は暗くする」「寝るときはトントンする、絵本を読むなど入眠儀式を行う」「泣いたときは抱っこする、添い寝する、マッサージする」などがあります。それでも泣いてしまったら、赤ちゃんは泣くものと割り切ることも大切です。

乳歯の生え始めが歯並びの土台をつくる

歯並(はなら)びと口腔(こうくう)の発達(はったつ)

topics

かむ力があごの発達を促し、きれいな歯並びをつくります

かむ力、飲み込む力は離乳食時代に発達していく

子どもの口腔機能が最も発達するのは離乳食の時期。生後5～6カ月には口の中に食べ物を取り込み、唇を閉じて飲み込む機能を獲得します。続いて生後7～8カ月には、口腔内で舌の上下運動をさせ、食べたものを押しつぶすことができるように。そして奥歯が生え始める1歳6カ月ごろには食べたものを歯ぐきでつぶし、舌の中央でひとまとめにして飲み込むようになります。上手にかんで飲み込む力を育てるためにも、発達段階に合ったかたさの食べ物を食べさせてあげましょう。

かむ力を育てることはあごの発達や歯並びに影響大

6歳ごろから永久歯に生え変わりますが、その際に重要なのが、歯と歯の間に少しすき間があること。すき間がないと永久歯が生えるスペースが足りず、デコボコとした歯並びになってしまいます。

将来的にきれいな歯並びになるには、離乳食期からよくかんで食べさせることが大事です。よくかむことで、歯並びの土台となるあごの骨が発達して丈夫に育ちます。唇を閉じて、前後、左右の歯をバランスよく使い、よくかんで食べるよう促して。

POINT

子どもの歯のかみ合わせが悪いとき

たとえば下の歯が上の歯よりも前に出ていても、奥歯が生えそろうころには正常なかみ合わせになることもあります。矯正が必要かどうかは、乳歯が生えそろってから3歳健診のときにチェックしてもらいましょう。

POINT

子どもの口呼吸は口腔発達と関係がある!?

口をポカンと開けて口呼吸をしている子は、アレルギー性鼻炎で慢性的な鼻づまりを起こしているのが主な原因。そのほかにも口腔の発達が影響しているという話も。かむ力を育てることは、いろいろな面で大切です。

歯並びをよくするためのポイント

一口30回かんであごの発達を促す

よくかむことであごの発達が促されることはもちろん、唾液の分泌を促して消化を助け、脳の血流を活性化させる作用もあります。一口30回かませることを目標にしましょう。食事始めだけでも、親子で数えてみて。

きれいな歯並びで虫歯を予防

歯並びが悪いと、歯みがきをしたときにみがき残しが多くなりがちに。デコボコした部分に汚れや歯垢がたまりやすくなり、虫歯のリスクが高くなります。きれいな歯並びを目指すことが虫歯予防にもつながります。

抗体検査とPCR検査

検査によってわかることが違う

いずれも新型コロナ以外でも行われる感染症診断検査

「PCR検査」とは、体内に病原体が存在しているかどうかを調べる検査です。のどなどにいる病原体の遺伝子を増幅させることで判定するため、無症状でも陽性と出ることがあります。「抗体検査」は病原体そのものではなく、病原体に反応する抗体を調べます。抗体があれば、ワクチンを受けたか、感染したことがあるかがわかります。

新型コロナでは、PCR検査のさまざまな検体採取法が

新型コロナウイルスのPCR検査については、いろいろな検体採取法を開発中です。鼻の奥に綿棒を差し込み粘液を採取する方法や唾液検査が一般的ですが、将来的には呼気（吐く息）を検査するだけで感染の有無がわかるようになるかもしれません。

	特徴	メリット・デメリット
抗体検査	抗体があるかどうか調べるため、過去に感染していたかわかる。	過去の感染がわかるが、現在の感染を知ることはできない。
抗原定性検査	ウイルスそのものを検出するため、今感染しているかわかる。	検査に時間がかからず、費用も安い。唾液検査はできない。また、無症状者への検査もできない。発症後２～９日の場合に有効。
抗原定量検査	抗原定性検査より少ない量のウイルスを検出できる。	感度が高めで、検査に時間がかからない。発症から９日以内または無症状者に対しては唾液検査ができる。
PCR 検査	ウイルスの遺伝子を検出するため、今感染しているかわかる。	検査の感度が最も高いが、検査に時間がかかる。発症から９日以内または無症状者に対しては唾液検査ができる。

新型コロナ検査後のポイント

陽性のとき

軽症の場合、感染症指定医療機関などへの入院、または自宅療養に。保健所からは、症状の経過、行動歴、接触した人などについての聞き取りがあります。結果、濃厚接触者には、２週間程度の健康観察や検査が実施されます。

陰性のとき

陰性でも感染を否定することはできません。症状が悪化する場合などは必要に応じて、診察を受けましょう。外出する必要がある場合や、経過観察の期間については、医師の指示に従いましょう。

POINT

海外渡航者新型コロナウイルス検査センター（TeCOT）とは

TeCOT は、ビジネスで渡航した人などがオンライン上でPCR検査が可能な医療機関を検索・予約できるサービスを提供しています。サイトにアクセスすると、医療機関を検索できます。

https://www.meti.go.jp/policy/investment/tecot/top.html

※2021年１月の情報です

topics

さまざまな感染症診断に用いられる検査。新型コロナでは保険適用なら公費負担に

乳幼児の診療には不向きなことも

オンライン診療（しんりょう）

対面診療の補助として行う診療 乳幼児の診療には適さない

オンライン診療は、病院に行くことなく医師の診察を受けられ、薬の処方もしてもらえます。ただ、現時点では限界もあります。オンライン診療はあくまでも、補助的に行うものであり、対面診療の代わりにはなりません。乳幼児の場合、急性の病気が多く、症状も変わりやすいため、残念ながら適さないことがほとんどでしょう。

オンライン診療には 相互の信頼関係が必要

オンライン診療は本来、普段から対面診療を行っているかかりつけ医が、オンライン診療を挟むことでこまめに患者の状態を知るためのもの。医師と患者の間に信頼関係があり、大人の慢性疾患を診察するにはとても有効と言えるでしょう。

topics

かかりつけ医の診療なら利点大。ただし大人の慢性疾患向き

オンライン診療を受けるポイント

症状の安定が原則

対象となる病気は限られ、せきや発熱など急性疾患では原則診療できません。子どもでオンライン受診が可能な疾患は、症状が安定しているⅠ型糖尿病やてんかん、偏頭痛、緊張性頭痛、脳性まひなどに限られます。

補助診療とする

オンライン診療は、原則、対面診療の補助的な診療として医師が認めた場合のみ受診が可能。日頃から対面診療を重ねていて、かかりつけ医と子どもやママ・パパの間に信頼関係が成立していることが条件となります。

POINT

オンライン診療と医療電話相談の違い

オンライン診療は医療行為です。受診料などの支払いも発生し、医師がお子さんの状態に合わせてアドバイスを行い、薬の処方もできます。一方、医療電話相談は医師でなくてもでき、一般的な対応はできますが、お子さんに合わせた対応はできません。医療機関を受診したほうがいいかどうかのアドバイスは受けられます。

正しく使わせることが大切

スマートフォン・タブレットとの付き合い方

大人向けのものを制限なく見せるのは悪影響が大きい

今の子どもたちは小さいときからインターネット、スマートフォン、ゲームなどのデジタルデバイスにふれる機会がたくさんあります。しかし、乳幼児に大人向けの番組を制限なく見せてしまうと、認知機能の発達に悪影響があると考えられています。さらに問題なのは、視聴そのものよりも、そのことで子どもの体を使った遊びをする時間が減ったり、親子の交流の質と量を低下させてしまうことでしょう。

POINT

スマホネグレクトに気をつけて

親がスマホに夢中になり、子どもを無視することを「スマホネグレクト」と言います。ただ、現代人にスマホのない生活は考えられず、育児にスマホが役立つ面も確かにあります。そのうえでパパやママは「子どもと一緒にいるときだけは、意識してスマホを使わない」と決め、子どもとしっかりと向き合ってあげてください。

topics

デジタルデバイスの利用にはいい面も。上手な利用ルールをつくることが重要

上手に利用すれば、語彙力や集中力などを促す効果も

では、すべて悪いかというとそうとは言えません。子ども向けの番組を見せることで、2歳未満の子でも語彙が増える、2歳以上になると知識が増える、画面をタッチして遊べるゲームのほうが学習に集中しやすい、視覚処理能力や表現力が促されるなどいい効果もあると言われます。ただし、それは娯楽的なものでなく、教育的コンテンツであるというのが条件になります。

親子の交流に活用し親も節度を持って使うこと

親がスマホを使う時間が多いほど、親子のかかわりが大幅に減少することがわかっています。親自身も節度を持って使い、子どもにほかの楽しさを提供することが大切です。また、親子で一緒に画面を見ながら話すなど、デジタルデバイスをコミュニケーションツールとして上手に活用するといいでしょう。

ブルーライトと子どもの睡眠

ブルーライトが、視力低下に直接影響するというデータはありません。しかし、寝る前に浴びると睡眠に影響を及ぼすため、将来的には眠れない、朝起きられないなどのトラブルを引き起こすことも。寝る前はスマホなどを見せないようにしましょう。

デジタルデバイス利用のポイント

デジタルデバイスを利用する時間を定めるなど、ルールを決めましょう。日本小児科医会では、スマホやタブレットは1日1時間まで、テレビゲームは1日30分までをめやすとしています。

誰もが被害者・加害者になる可能性がある

子どものいじめとけんか

topics

いじめても、いじめられても子どもの心のケアは必要です

集団生活にけんかはつきものトラブルがあったら園に相談

保育園や幼稚園は社会性を学ぶ場。「おもちゃの取り合い」「遊びのじゃまをする」などがきっかけとなり、けんかはよく起こります。たたく、引っかく、かむなどのトラブルが繰り返される場合は、けがを防ぐためにも大人が仲裁に入る必要があります。とはいえ、親同士で話し合うと「加害者＝悪」「被害者＝かわいそう」という図式になり、問題がエスカレートするケースも。中立な立場の園の先生に仲裁してもらいましょう。改善が難しい場合は、クラスを別にしてもらうのも一つの方法です。

加害者と被害者の関係が繰り返されるなら「いじめ」

けんかか、いじめか、判断が難しい場合もありますが、悪意がなくても相手がつらい気持ちになれば、それはいじめ。加害者と被害者の関係が繰り返される場合もいじめと言えます。

文部科学省では「自分より弱いものに対して、身体的・心理的な攻撃を継続的に加え、相手が苦痛を感じている」ケースをいじめと定義しています。わが子がいじめをしたときは「相手が泣きたくなることはしてはいけないよ」と言い聞かせましょう。

POINT

子ども同士でトラブルが起きたら

もしも、まだ謝れない年齢の子が、ほかの子をたたいてしまった場合は、「ごめんね。痛かったね」と親が代わりに謝りましょう。そして、わが子に対しては「痛いことをしてはダメよ。順番に遊ぼうね」と言い聞かせましょう。

子どもをケアするポイント

できなかったことよりできたことをほめる

「順番を待てずに友だちをたたいたから」と体罰を与えたり、無視してこらしめるなどの行為は、子どもの心を傷つけます。「順番を待つことができて、えらいね」など、むしろ、できたことをほめてあげるようにしましょう。

わが子が加害者でも被害者でもケアが必要

誰もがいじめの加害者になり得るので、被害者の親は加害者の子を悪く言わないことも大切です。一方、加害者の子が周囲から「いじめた」と責められて、被害者となるケースも。どちらの子にも十分な心のケアが必要です。

きょうだいでおもちゃの取り合いをしたときは？

取られた子の持ち物であることを認めたうえで「貸してあげて」と提案し、貸したときは大いにほめましょう。拒否した場合もその子を責めず、泣いていたらほかの部屋へ連れていき、絵本を読むなどして気分転換させてあげて。

索引

※とくに詳しく説明しているページを太字で紹介しています。

監修者プロフィール

岡本光宏（おかもと みつひろ）

兵庫県立丹波医療センター小児科医長。2009年奈良県立医科大学医学部卒業。同年神戸大学大学院医学研究科小児科学分野に入局。姫路赤十字病院、明石医療センターを経て、2019年より現職。専門はアレルギー疾患。新生児から思春期の心の疾患まで幅広く診療している。日本小児科学会小児科専門医、認定小児科指導医、日本アレルギー学会アレルギー専門医臨床研修指導医、日本周産期・新生児医学会新生児蘇生法インストラクター、アメリカ心臓協会小児二次救命処置法インストラクター。３児の父として、子育てにも積極的にかかわっている。著書に、『研修医24人が選ぶ小児科ベストクエスチョン』（中外医学社）、『小児科ファーストタッチ』（じほう）など。

症例写真提供

太田こどもクリニック 院長
太田 裕

こおり小児科 院長
桑折紀昭

みやけ内科・循環器科 院長
三宅良平

和久医院 院長
和久晋三

兵庫県立丹波医療センター
金光聖隆
河野一誠
小松弘和
竹内純一郎
寺岡 駿
村田洋三
岡本光宏

スタッフ

カバー・本文デザイン　川上範子
カバーイラスト・本文マンガ　林 ユミ
本文DTP　村上幸枝
本文イラスト　すぎやまえみこ
撮影　成田由香利
取材・文　東裕美、大石久恵、笹川千絵、樋口由夏、茂木奈穂子
校正　関根志野、木串かつこ
構成　笹川千絵
企画・編集　時政美由紀（マッチボックス）
企画・編集　端 香里（朝日新聞出版 生活・文化編集部）

取材協力

モデル協力　笹川 陸、絢子、葵央ファミリー（P.14〜19、189〜190）
近藤陽希（P.98）、桑原千月、希弦（P.99）

［0〜6歳］最新版
ママとパパの
赤ちゃんと子どもの
病気・ホームケア事典

2021年３月30日　第1刷発行

監　修　岡本光宏
発行者　橋田真琴
発行所　朝日新聞出版
〒104-8011　東京都中央区築地5-3-2
電話（03）5541-8996（編集）
（03）5540-7793（販売）
印刷所　図書印刷株式会社

ISBN 978-4-02-334014-5

定価はカバーに表示してあります。

落丁・乱丁の場合は弊社業務部（電話 03-5540-7800）へご連絡ください。

送料弊社負担にてお取り替えいたします。